戦国大名今川氏と葛山氏

有光友學［著］

吉川弘文館

目次

総説　群雄の台頭と戦国大名
――東国を舞台として――

一　戦国時代の到来

1　戦国時代の時期区分

地方の時代　本論は、十六世紀を中心とする戦国時代を対象としている。この時代は、中央の政治体制が崩壊しつつあり、それに比して、各地で自立的な地域権力が登場し、国人領主、戦国大名といった群雄が割拠して、相互に離合集散を繰り返した動乱の時代であった。まさに「地方の時代」の到来といってよい。

それぞれの地方の動静は、巨視的に見れば、時代の制約を受け歴史的所産としての共通の側面をもつものの、歴史的背景や地域的特質の差異による特徴を具え、個性的な動きを示す。それ故研究上においても、多種多様な実態と多岐にわたる課題が、地域的に、また個別的に追究され、多くの成果が蓄積されてきている。

時代区分　一般に戦国時代は、一四六七年（応仁元）に引き起こった応仁・文明の乱から、織田信長が最後の室町将軍となる足利義昭を奉じて入京した一五六八年（永禄十一）、あるいはその信長が義昭を追放して室町幕府が名実ともに滅亡した一五七三年（天正元）までのおよそ一〇〇年間とされている。

実際、応仁・文明の乱は、将軍家の後継者争いをはじめ、幕府管領職を務める畠山氏や斯波氏といった有力守護大名家における家督争いが要因として引き起こっており、東西両軍に分かれて骨肉相食む形で一一年の間戦乱が続き、政権の所在地であった京都は荒廃し、中央の対立が全国に波及、各地で大小の戦乱が絶えなかったことを考えれば、それが戦国時代の始まりと捉えることもあながち間違いとはいえない。また、戦国の動乱を終息させつつ、全国統一の道筋をつけた最初の天下人である信長が中央政界に登場し、幕府を滅亡に追いやった時点を戦国時代の終期と見ることもこれまた一概に誤りとはいえない。

しかしながら、応仁・文明の乱に先立つ二〇数年以前の一四四一年（嘉吉元）に、時の六代将軍足利義教が播磨・備前・美作の守護赤松満祐に惨殺されるという事件が起きている（嘉吉の政変）。また、関東においても、一四五四年（享徳三）に、東日本の統治権を有していた鎌倉府（関東幕府ともいわれる）の頂点に位置する公方足利成氏が、関東管領上杉憲忠を謀殺し、これ以降、公方と上杉方との対立が激化し、戦闘が繰り返される。この結果、鎌倉は「六代の相続の財宝、この時皆焼亡して、（中略）永代鎌倉亡所となり、田畠あれはてける」（『鎌倉大草紙』）という状況になり、公方成氏も下総国古河に移らざるをえなくなる。これに対して、幕府は、将軍義政の弟政知を公方に送り込むが、鎌倉に入ることができず、伊豆国堀越に御所を構える。こうして鎌倉府は古河公方と堀越公方に分裂し、東国は、これ以降錯乱状態に落ち入り戦国の動乱に移って行くのである。

西国では、開幕当初から幕府によって遠隔に位置する九州地方の統治のために筑前国博多に九州探題がおかれており、長く足利氏一族の渋川氏が世襲していた。しかし、すでに十五世紀二〇年代（応永年間末期）には、筑前など北九州の有力守護少弐氏や、肥後の守護菊池氏らによって圧迫され、かろうじて周防・長門などの守護大内氏の支援によってその地位にとどまっている状況で、実質上は大内氏の傀儡にしか過ぎなかった。このように探題の地位が低下し、また、全国的にも幕府の影響力が次第に衰えてくると、西国の守護勢力も家督争いや国人の台頭に直面して支配権を維持するのに腐心する状況にあった。こうしたことなどを考えれば、戦国時代の様相は応仁・文明の乱以前から生じていたといえる。

一方、中央では、応仁・文明の乱が一応終息した後も、将軍は七度交替し、六人のものが一〇〇年近くその職に就いており、年々その及ぶ支配圏は狭くなりつつあったとはいえ、なお、将軍家および幕府の形体は存続していた。そして何よりもこの応仁・文明の乱の時点では戦国時代における地方権力の担い手といってもよい、いわゆる戦国大名が目に見える形で登場するには至っていない。そうしたことから、応仁・文明の乱の生起をその始点とするのには、前後の状況から見て、なお問題を含んでいるといえよう。

次に、一五七〇年前後の信長の登場、幕府の滅亡といっても、その時点では、信長の支配の及ぶ範囲やその政策の内容からいって全国統一の覇者としての実質を手にしていたとはいえない。何よりも全国的状況としては、少なからずの戦国大名が群雄割拠を続け、地域国家ともいうべき相対的に独立した領国を築き、強大な軍事力を動かして覇権争いを行っていた。こうしたことを考えると、信長の登場や幕府の滅亡といったことで戦国時代の終焉とするのにも問題が残る。

では、戦国時代はいつからいつまでと考えればよいのか。

戦国の始期・終期　まず、その始期であるが、室町時代（中世後期）の政治体制は、近年、将軍権力と守護権力とによる相互に依存・牽制し合う「室町幕府—守護体制」と捉えられている（川岡勉「室町幕府—守護体制の変質と地域権力」『室町幕府と守護権力』吉川弘文館、二〇〇二年）。それが、いつどのようにして崩れていったのかが問題となるが、幕府の所在した畿内及び周辺地域についてみれば、一四四一年の将軍義教の殺害という嘉吉の政変は、その大きな節目といえよう。しかし、当時の管領家である細川氏や侍所頭人である山名氏などによって赤松満祐は倒滅され、一応「室町幕府―守護体制」は維持された。しかし、将軍が家臣である守護によって殺害されるという下剋上の最たるこの事件は、幕府・将軍の権威が急速に衰退したことを世間に示したといえる。事件直後、畿内・近国では将軍代替わりの徳政を求めた大規模の土一揆が引き起こり、まさに政局は極度に不安定な状態に陥ったのである。ここに戦国時代への序曲が始まったということが出来よう。

ついで一四六七年に応仁・文明の乱が起こり、京都の町は市街戦のために焼亡し、「仏法王法ともに破滅」（『応仁記』）とか、「よりて日本国は、ことごとくもって御下知に応ぜざるなり」（『大乗院寺社雑事記』文明九年十二月十日条）と記される状況となる。まさに戦国の様相が一段と深まったといえよう。さらに、一四九三年（明応二）四月には、細川政元によって将軍義材（義尹・義稙）を廃し、義高（清晃・義澄・義遐）をつけるという将軍廃立クーデターが引き起こされる。これ以降、将軍の地位は傀儡化する。この同じ年に北条早雲が、伊豆堀越公方足利茶々丸を急襲して、その後関東一円に勢力を張った戦国大名北条氏の第一歩が踏み出されることとなる。ここに、戦国時代の幕が実質的に切って降ろされたといえよう。

では、そうした戦国時代がいつ終わるのかということである。一五七三年（天正元）に、織田信長が室町幕府一五代将軍足利義昭を追放し、幕府が名実ともに滅亡したわけであるが、それは形式的な画期であり、それ以前の一五六八年（永禄十一）に、信長が義昭を擁して入京した時点が戦国時代の終わりという捉え方が、前述したように一般的である。信長は、前年には有名な「天下布武」の朱印を用いて武力統一を標榜している。しかし、一方では統一権力としての織田政権の始まりは、一五七六年（天正四）、近江に安土城を築き、そこへ移ってからで、そこに戦国時代の終期をおくべきという意見もだされている。さらに、織田政権は、いまだ政策的には戦国大名権力と変わらないという見方もあり、その倒滅をもたらした一五八二年の本能寺の変こそその画期とすることも考えられている。これは、直前に東国で覇権を争っていた戦国大名武田氏が没落しており、時代の移り変りの節目の年といえる。しかし、本能寺の変が、豊臣秀吉を登場させる契機になったとはいえ、いまだ統一政権としての豊臣政権の誕生とはいえない。名実共に中央権力として豊臣政権ができあがるのは、彼が関白になり、四国・九州平定を果たし、関東へも惣無事令を発した一五八七年に求めるべきであるという意見も近年だされている。さらには、秀吉による一五九〇年（天正十八）の、巨大な地域国家を築き、最後まで独自の道を歩もうとしていた戦国大名北条氏の倒滅こそ、戦国の動乱に終止符を打ち、全国平定を果たした画期であるともいえる。

以上のごとく、戦国時代がいつからいつまでであるのか、という日本の歴史上における位置づけとしての時代区分についても、種々の意見が出されているのが、今日の研究の状況である。本論では、一応、一四六七年の応仁・文明の乱勃発から、一五八二年の本能寺の変までのおよそ一二〇年の期間ということで、その間における畿内から東国にかけてという限定つきであるが、全国統一に向けての権力抗争の帰趨を追いかけることとする。

戦国時代への視点　では、以上のごとく十五世紀後半から十六世紀末までのおよそ一世紀余りの間続いた戦国時代とはどのような時代であったのだろうか。全国的に戦乱に明け暮れた一〇〇年余りであったが、地域権力や戦国大名がお互いに離合集散、合従連衡を繰り返しながら、それなりに新しい秩序をうち立てようとしていたわけで、その帰結が数ヵ国にまたがる領国が築かれ、相対的に独立した地域国家の出現となったのである。そのプロセスを、下剋上・地域・法治主義というキーワードで以下考えて行きたい。

なお、一世紀余り続いた戦国時代にもいくつかの画期が見られ、事態は段階的に進んだが、大局的に見て一五五〇年代前後（天文十五年から二十年頃）を境として時代の様相は大きく変貌する。この時期、畿内では実質的に幕府権力を掌握していた細川晴元政権から三好長慶政権への交代期であり、東国では、北条氏が古河公方や関東管領上杉氏を武蔵国河越で破り、西国では、大内義隆が陶晴賢に攻められ自刃し、毛利氏の台頭が見られる。このように、全国的に政治権力の担い手が、それ以前の「室町幕府—守護体制」の内に位置づけられる権限に依拠していた者から、それとは別個の自らの力によって勝ち上ってきた者へと激変する。また、戦乱の様相も、それ以前は、守護や地域権力が個別的に各地で抗争を繰り返しながら戦国大名化し、領国体制を築いていた時期である。それに対して、これ以降はそうした戦国大名が、お互いに同盟と相剋を繰り返しながら覇権を競い合い、より強大な地域国家を築いていく時期ということができる。

2　応仁・文明の乱

将軍・管領家の分裂　戦国の様相を一段と深めることとなった応仁・文明の乱の一方の旗頭であった細川氏は、将軍家足利氏の支流の一つであり開幕初期から管領家として幕府中枢の位置にあった。十四世紀末の頼元の時期より摂津・丹波・讃岐・土佐の守護を世襲し、庶流一族で阿波・備中・和泉・淡路などの守護職を継承するなど、一族として結束力を高め、畿内から四国にかけて広大な分国を形成していた。政元の父勝元は、将軍義政のもとで三度管領職に就き、山城・大和・河内に勢力を有する同じ管領家の畠山家当主持国と対立しながら、中国筋の有力守護である山名持豊（宗全）と姻戚関係を結び、その勢力の拡大と維持につとめていた。しかし、嘉吉の政変によって没落していた赤松氏の再興問題を契機に、再興を支援する細川氏と、赤松氏の旧領播磨国を併呑しようとする山名氏との対立が顕在化して行く。

これに対して、度重なる飢饉と頻発する一揆、国人などの在地勢力の自立化と守護権力からの離反、といった領国の情勢に危機感を抱く東海から九州にかけての諸大名は、その対応策として強力な後ろ盾を確保しようとして、いずれかの陣営に結びつくこととなり、幕府を構成する諸権力は、細川党か山名党かに二分される状態となった。山名氏は、十四世紀末には山陰地方を中心に一一ヵ国の守護職を占めるほど強大な勢力を誇っていたが、一三九一年（明徳二）の明徳の乱の敗北でその勢力は一時衰えた。しかしその後、十五世紀初頭には侍所頭人に復帰し、幕府内における地位を確保、播磨の守護職を手にすることにより、細川氏に対抗する力をつけてきたのである。

ちょうどその頃の一四六五年（寛正六）に、将軍義政の夫人日野富子が義尚を生んだことにより、義政の後継者をめぐって、養子の義視にするか、実子の義尚にするかといった将軍家の継嗣問題が引き起こる。また、管領家の畠山家においても、当主持国の後継をめぐって、同じく養子の弟持富あるいはその子の政長にするか、妾腹の子の義就にするかで一族の間で内訌状態にあった。さらに同じく管領家である斯波家においても、一族の義敏と九州探題渋川氏から養子に入った義廉との間で家督争いが生じており、これらの後継・家督争いをする当事者それぞれが、細川氏や山名氏と連携しあって対立を深めていった。こうした中央権力を担う諸家における家督争いがきっかけとなって両党の対立に火がつき応仁・文明の大乱となったのである。なお、これ以降畠山氏は政長流と義就流とに分裂し長く対立し続ける。

日本国中、下知に応ぜざるなり　幕府が東西に分裂し、戦乱は一進一退を繰り返し一〇年あまり続いた。在京守護のみならず駿河の今川氏、越前の朝倉氏や西国の大大名に成長した大内氏など、各地の有力守護たちも上洛していずれかの陣営に加わり、対立は複雑化、深刻化する。そればかりか、飢饉で飢えた難民や徳政を要求する土一揆勢、あるいはこの時期各陣営に雇われ急速に姿を顕しだした足軽などが、政争の間隙をぬって京中に乱入し高利貸や商家を標的として略奪を繰り返す事態も生じる（藤木久志「応仁の乱の底流に生きる」『飢餓と戦争の戦国を行く』朝日選書、二〇〇一年）。

また、当主の留守に乗じて各地で在国の守護代や国人たちが、所領や国支配の覇権を争い、戦乱は全国的様相を示した。そのうえ、畿内及び周辺地域では一四八五年（文明十七）の山城の国一揆や一四八八年（長享二）の加賀の一向一揆といった大規模な土一揆や一向一揆の蜂起が相次いで起こり、幕府・守護権力の基盤が全面的ともいうほどに崩壊しつつあった。

こうした状況は、「室町幕府―守護体制」、および膝下荘園からの貢納物や京都洛中洛外の町衆からの地子や運上金などによって、かろうじて政務や生計を維持していた朝廷及び公家勢力（荘園領主）を根底から脅かすことともなった。大和興福寺の別当として幕府や朝廷の首脳たちと交流し事情に通じていた学僧尋尊は、「就中、天下の事、さらにもって目出度き子細これなし。近国においては、近江・美濃・尾張・遠江・三河・飛驒・能登・加賀・越前・大和・河内、これらはことごとく皆御下知に応ぜず。年貢など一向進上せざる国共なり。その外は紀州・摂州・越中・和泉、これらは国中乱るゝの間、年貢などの事是非に及ばざる者なり。さて公方御下知の国々は、播磨・備前・美作・備中・備後・伊勢・伊賀・淡路・四国などなり、一切御下知に応ぜず。守護の躰たらく、則躰においては御下知畏み入るの由申し入れ、遵行などこれをなすといえども、守護代以下在国の者、中々承引能はざる事共なり。よりて日本国は、ことごとくもって御下知に応ぜざるなり」（『大乗院寺社雑事記』文明九年十二月十日条）と書き残している。その困惑ぶりが目に見えるようである。そして、両軍のトップである持豊と勝元とがあい次いでなくなることによって京都を舞台とした戦乱は一応終息する。しかし、尋尊も記しているように、守護代などの在国の者が、中央権力から離脱して自らの勢力拡大に奔走していたわけで、全国の状況は常在戦場という有様となり、まさに戦国時代の様相が深まったといえる。

流浪する将軍　そうした中で、細川勝元の跡を継いだ政元は、斯波氏や畠山氏のように家督争いを引き起こすこと

表１　将軍の流浪状況表

代数	将軍名	在位期間	将軍就任後の流浪状況	没年	死没地
９代	義尚（義煕）	1473〜1489		1489	近江鈎
10代	義稙（義尹・義材）	1490〜1493	越中・近江坂本・河内・周防山口		
		1508〜1521	近江甲賀・淡路・阿波	1523	阿波撫養
11代	義澄（義高・義遐）	1494〜1508	近江甲賀	1511	近江岡山
12代	義晴	1521〜1546	近江坂本・朽木・（３度）帰京・坂本	1550	近江穴太
13代	義輝（義藤）	1546〜1565	近江坂本・堅田・朽木・帰京	1565	京で自殺
14代	義栄	1568	摂津富田	1568	摂津富田
15代	義昭（義秋）	1568〜1573	河内若江・紀伊由良・備後鞆・帰京	1597	大坂

もなく、族的結束力を強めていった。その上で、将軍義政のもとで管領職に就き、その被官である内衆が管領代として幕府奉行人や侍所・所司代の権限を吸収して、それ以前の「将軍家御教書」に代わって「管領代奉書」を出して行き、その勢威は他の守護などに比して強力となり、専横化する。政元は、義政なき後、畠山氏などの対立勢力を退けつつ幕府権力を掌握し、将軍義尚が出陣中の近江鈎陣中で早世すると、堀越公方足利政知の子で、上洛し天竜寺香厳院主となっていた清晃の擁立を図る。しかし、政元に対立する畠山政長らは、いち早く義政の甥で、義視の子である義稙を一〇代将軍に擁立していた。そこで、政元は、東国にあった北条早雲や山内上杉氏などと気脈を通じて周到な準備を行い、一四九三年（明応二）閏四月重臣安富元家・上原元秀らを河内に出陣中の政長のもとに出兵させ、政長を殺害し将軍義稙を廃し、義高（清晃）を一一代将軍に据える。これが、政元の将軍廃立クーデター（明応の政変）といわれるものであり、下剋上の時代を象徴する政変といえる（家永遵嗣「明応二年の政変と伊勢宗瑞（北条早雲）の人脈」『成城大学短期大学部紀要』二七、一九九六年）。

細川政元の将軍廃立クーデター以降、幕府権力の推移、中央の政治情勢は、細川家の動静を中心としてめまぐるしく変転する。クーデターで追われた将軍義稙は、北陸に逃れ、その後転々と所在を移すことになる。

これ以降、歴代将軍は、表1のようにしばしば京都を逃れ流浪の身となり、多くはその地で没しており、その権力や権威は地に落ち傀儡的存在に過ぎなくなったといえよう。一方、政元は、畿内の領国化を進め、一旦は養子澄之を家督相続者とするが、有力内衆の中から阿波守護細川義春の子澄元を相続者にしようとする動きが生まれ、結局それに従うこととなる。その結果、細川家および内衆の中で澄之を推す一派と澄元を推す一派とが形成され分裂する。ここに、幕府権力を実質的に掌握していたところの細川氏においても二派に分裂し、対立と抗争を繰り返す事態となる。

一五〇七年（永正四）に、内衆で摂津守護代である薬師寺長忠や讃岐出身の山城守護代香西元長らが澄之を擁立し、主君細川政元を殺害する。これに対して、阿波から畿内に進出していた同じく内衆の三好之長の支援を受けた澄元が、澄之を倒し宗家の家督を継ぐ。翌年には、庶流の細川政春の子で政元の養子になっていた高国が、巻き返しを図り澄元を排除する。澄元は、近江から四国阿波へ没落したのに対して、高国は、自ら管領職に就き、西国の大内義興の支援を受けて京都に戻っていた義稙を、義澄にかえて将軍に復帰させ、大内義興を管領代として政権を樹立した。めぐるしい権力の交代であるが、ここに義稙―高国政権の成立を見る。

堺幕府の興亡　この細川高国政権は、比較的持ちこたえることができたが、一五一八年（永正十五）に大内義興が領国に帰国すると、翌年暮、澄元を推す三好之長らがその間隙を狙って阿波で挙兵し、兵庫の津に上陸する。そのため、一五二〇年正月、高国は将軍義稙を京都に残したまま近江に出奔する。また、一五二一年（大永元）には、将軍義稙も高国と対立して淡路に出奔し、その結果将軍の地位を追われる。高国は義澄の子の義晴を一二代将軍に据え、三好之長を処刑するが、一五二七年には、之長の孫元長に擁立された澄元の子の細川晴元によって追放され、将軍義晴も近江に逃れる。

細川晴元は、将軍足利義晴の弟義維を擁立して和泉国堺を本拠として政治権力を掌握する。当時の史料で「堺公方」

と記され、近年「堺幕府」と称されている事態である（今谷明『戦国期の室町幕府』角川書店、一九七五年）。しかし、この政権も、支える細川氏の内衆で管領代である摂津国衆茨木長隆らと、山城守護代三好元長らとの対立・分裂や、義就流畠山氏の河内守護代であった木沢長政（のち山城守護代）らの攻撃によって一五三二年（天文元）に崩壊し、晴元は、京都に戻り将軍義晴を迎え入れる。しかし、その後も、晴元が、京都の法華門徒と結託して山科本願寺を焼き討ちしており、翌年一向門徒に追われ淡路に逃れるなど依然として政局は安定しなかった。将軍義晴も支える勢力の分裂や対立によってしばしば近江に逃れては帰洛しているように、将軍職とは名ばかりであったといえる。しかも、その間に将軍職を僅か一〇歳の子の義藤に譲っており、一五四九年（天文十八）には、三好元長の子の長慶らに追われ、義藤・晴元らとともに三度近江坂本に逃れ、ついに帰洛することなく、義晴は穴太の地で病死する。晴元も再び京に戻ることはなかった。

この間、京都およびその周辺において各種一揆が連年のごとく引き起こっており、また、権力抗争の中では下剋上が頻発していたのである。

3　下剋上と一揆

下剋上の至り・土民蜂起す　「下剋上」とは、下級の者が上級の者に実力で打ち勝って、その地位に取って代わることを意味し、日本では、すでに鎌倉時代には使われ出している言葉であり、建武新政期の有名な「二条河原落書」に「下剋上スル成出者」とあり、地方武士が、没落しつつある公家貴族をしりめに勝手な振る舞いをしている様子を、当時の庶民がうわさし、揶揄したものであり、この言葉は社会的にも流布していた（酒井紀美『中世のうわさ―情報伝達のしくみ―』吉川弘文館、一九九七年）。そして、前記嘉吉の政変の守護赤松満祐による将軍義教暗殺事件は、その代表的なも

表2　土一揆（徳政一揆）・一向一揆・惣国一揆一覧表

西暦	和暦	畿内					畿内周辺						西国			北陸						東海	
		山城	大和	摂津	河内	和泉	近江	紀伊	伊賀	伊勢	播磨	丹波	備中	備後	安芸	若狭	越前	加賀	能登	越中	飛騨	三河	遠江
1428	正長1	◎◎	◎	◎	◎	◎	◎	◎	◎	◎	◎												
1429	永享1		◎	△						◎	◎	◎											
1432	永享4		○							◎													
1433	永享5	△					◎																
1434	永享6		○				◎																
1441	嘉吉1	◎◎	◎				◎			◎						△						△	
1443	嘉吉3	◎														○							
1444	文安1	○																					
1447	文安4	◎	◎		◎		◎																
1451	宝徳3		◎																				
1452	享徳1															◎							
1454	享徳3	◎○									◎												
1456	康正2						○																◎
1457	長禄1	◎◎	◎																				
1458	長禄2	◎																					
1459	長禄3	◎◎	◎														◎						
1462	寛正3	◎◎	◎																				
1463	寛正4	◎																					
1465	寛正6	◎																					
1466	文正1	◎◎	◎																				
1467	応仁1		◎																				
1469	文明1	◎	▽										◎	◎									
1472	文明4		◎				○																
1474	文明6																	□					
1475	文明7														◎								
1480	文明12	◎	◎								○	◎											
1481	文明13																			□			
1482	文明14	◎																					
1483	文明15		▽			◎																	
1484	文明16	◎ ①																					
1485	文明17	◎◎	◎				◎																
1486	文明18																						
1487	長享1	◎																□					
1488	長享2	◎																	□	□			
1490	延徳2	◎◎◎◎	◎																				

		畿内					畿内周辺						西国			北陸						東海	
西暦	和暦	山城	大和	摂津	河内	和泉	近江	紀伊	伊賀	伊勢	播磨	丹波	備中	備後	安芸	若狭	越前	加賀	能登	越中	飛騨	三河	遠江
1491	延徳3	◎					◎																
1493	明応2	◎																					
1495	明応4	◎									◎												
1496	明応5	◎																					
1497	明応6	◎	◎																				
1498	明応7		◎																				
1504	永正1	◎																					
1506	永正3																◎北陸		□				
1508	永正5	◎																					
1509	永正6	◎																D					
1511	永正8	○																					
1520	永正17	◎○																					
1526	大永6	◎																					
1532	天文1	○■				C			②														
1546	天文15	◎		□																			
1554	天文23																						
1555	弘治1																						
1557	弘治3																						
1558	永禄1							③															
1562	永禄5	◎																					
1563	永禄6																					□A	
1569	永禄12							E															
1570	元亀1	○					B																
1572	元亀3						C											E					
1573	天正1									D										D			
1575	天正3						D								F		□ E					D	
1581	天正9																						
1585	天正13																						
1591	天正19																				□A		

土一揆　◎：『国史大辞典』第９巻「つちいっき〈土一揆〉」の項（佐藤和彦作成）
○：『岩波日本史辞典』「土一揆関連年表」
△：田中倫子「徳政一揆」（『一揆』第２巻「一揆の歴史」）
一向一揆　▽□：金龍静「中世の宗教と一揆」（『一揆』第４巻「生活・文化・思想」）及び池上裕子「戦国期の一揆」（『同前』第２巻「一揆の歴史」）
A門流的形態　B寺院・坊主衆の集合形態　C小地域内の門末衆の形態　D直門徒団と国郡門末との形態
E御坊が設置されている場合の形態　F大名権力の統制下にある場合の形態
惣国一揆　▒：池上上掲論文他による　①山城国一揆　②伊賀惣国一揆　③紀伊雑賀一揆
法華一揆　■

のといえるし、上述した中央権力の抗争の過程でも様々な局面で下位の者が上位の者を倒すといった事件が見られた。しかし、下剋上なるものは、こうした個人的勢力による地位の簒奪といった個別的な事象を意味するだけではなく、山城国一揆に際して、先述の大和興福寺大乗院尋尊が「下剋上之至也」と書き記したように、一揆のように上位権力を下位の勢力が圧倒するといったような社会的変動をも下剋上と言われていたのである。

土一揆とは、一四二八年（正長元）、「天下の土民蜂起す。徳政と号し、酒屋・土倉・寺院等を破却せしめ、雑物等恣にこれを取り、借銭等悉くこれを破る。管領これを成敗す。凡そ亡国の基、これに過ぐべからず。日本開闢以来、土民蜂起是れ初めなり」（『大乗院日記目録』正長元年九月日条）と記された正長の土一揆以後、表2に見られるように、十六世紀後期にかけて、主として畿内およびその周辺諸国において、土民と称される人々が徳政を要求して引き起こした蜂起のことである。彼らは、直接的には酒造生産や金融業を営み、富を蓄積して、土地集積を行っていた酒屋・土倉などを襲撃し、一方で幕府のみならず守護や在地の諸勢力に対して債務破棄や土地取り戻しを認める徳政令の発布を要求した。それ故、研究上においてその多くは徳政一揆ともいわれている。当時京都の酒屋・土倉は有徳人と呼ばれ、幕府をはじめ寺社権門は多額の課税や献物を彼らに強要し、それがまた、都市・村落住民に転嫁されるといったように矛盾が蓄積されていたのである。

応仁・文明の乱の直接的原因ともなった一四六六年の文正の変では、山名持豊の被官や「馬借」らが、京都を出奔した将軍義政の側近勢力に対してばかりか、酒屋・土倉などに対しても略奪行為を働いたがために、幕府は徳政令を出さざるをえず、そうしたことから「文正元年土一揆」（『政所賦銘引付』『親元日記』三、文明九年二月九日条）と称されている。また、一五二〇年（永正十七）の細川澄元や三好之長らによる細川高国政権に対する攻撃と高国らの近江への敗走という政変の局面においても、正月十二日下京で始まった土一揆の蜂起が同二十八日に将軍邸の木屋や洛中七ヵ所に付け火するなど最高潮に達する。そして二月十二日の日付で徳政令が発布されるが、ちょうどそうした折りの二月十日に高国勢は摂津の尼崎で三好勢に破れ、同十七日に京都に帰り、翌日近江に出奔している。その際に京都郊外西岡あたりで一揆勢に苦しめられたと伝えられている。土一揆の蜂起はその後も続き、三月一日には千本釈迦堂の地蔵堂に籠もっている状況である。このように、土一揆の蜂起と権力抗争が連動し、同時進行的に展開していたのである。

一向一揆・惣国一揆　土一揆は、その後も引き続いて起こるが、応仁・文明の乱終息後は、一四八〇年（文明十二）に再建された山科本願寺を拠点として一向衆徒による、守護や武家勢力の苛酷な支配に対抗する宗教的色彩を帯びた一向一揆が、北陸地方を中心に頻発し、一四八八年（長享二）には、加賀・能登・越中の二〇数万ともいわれる門徒が加賀の守護富樫政親の拠城高尾城を包囲し政親を敗死させ、ついに、同国はその後「百姓ノ持タル国ノヤウニナリ行キ候」（『実悟記拾遺』）といわれる事態となる。その三年前には、山城国で、国人と土民の結集した国一揆が引き起こっており、三十六人衆と呼ばれる月行事の指導のもと三箇条の国中掟法（『大乗院寺社雑事記』）が定められ、自治の体制がつくられており、守護になりかわって、検断権・裁判権を有し一〇数年間にわたって同国を治めていた。まさに惣国一揆と呼ばれる状況が現出していたのである（黒川直則「地域史としての『山城国一揆』」、脇田晴子「山城国一揆と自由通行」日本史研究会・歴史学研究会編『山城国一揆』東京大学出版会、一九八六年）。

戦国中期の一五五〇～六〇年代の成立と思われる伊賀惣国一揆の掟書（神宮文庫蔵、『中世法制史料集』五）には、年齢一七歳から五〇歳までの侍被官・足軽・百姓の区別なく、武者大将のもとに在陣し、その下知に従うべきことなど一一箇条が定められている。きわめて組織的な一揆集団が結成されていたことがわかる。同国に隣接する伊勢国小倭郷では、すでに一四九四年（明応三）に、三四九人の百姓衆が村落秩序を維持するための起請文を作成し、四六人の地侍衆が、同じく郡内の秩序を維持するために一揆連判状（成願寺文書、『同右』四）を残している。こうした、郷村や郡規模での結集が前提となって惣国一揆が成立していたといえる（瀬田勝哉「中世後期の在地徳政」永原慶二編『戦国大名の研究』吉川弘文館、一九八三年）。同時期、紀井雑賀でも、同様の組織形態による惣国一揆が引き起こっており、ここでは一向一揆との共通性が認められる。一向一揆では、一五三二年（天文元）に、近江の六角氏や法華門徒によって山科本願寺が焼き討ちされ、本願寺が摂津石山に移った結果、そこを中心として近江・摂津・紀伊などで頻発し、ついには織田信長との間で前後一〇年間にわたるいわゆる石山合戦が引き起こされるのである（神田千里『信長と石山合戦』吉川弘文館、一九九五年）。

東国においては、土一揆のような目立った民衆の蜂起は少ないが、百姓たちによる年貢減免・納期の先延ばしを求める動きは至るところで年を追って引き起こっていた。こうしたまさに全国的な一揆状況が、中央権力を動揺させ下剋上という権力抗争を激化させていたのである。戦国の動乱とは、単に地域権力や戦国大名と呼ばれる群雄が割拠し、権謀術数を巡らしながら、お互いにしのぎを削っていたというだけではなく、そうしたことはどちらかといえば表面的なことで、社会全体が、それぞれの要求と利害を追求し、集団化し相争っていたわけである。戦国大名は、そうした矛盾を集中的に体現した中で、自己の利害を追求するとともに新たな権力体制の構築を課題としていたといえる。まさに、下剋上と一揆の波動が戦国時代をもたらしたといえよう。

一揆の基盤・構成　土一揆やそれに続く一向一揆・惣国一揆の基礎には自治的な惣村とか惣郷といわれる村落結合が存在していたとされているのが一般的である。そもそも、一揆とは、「揆を一にする」という言葉で横断的結集を主旨とする。例えば一四五七年（長禄元）に、京都で起こった土一揆に、近郊の山科七郷では、「東郷より注進候也、徳政同心つかまつるべく候や、今夜七郷同心とて攻め候也」（『山科家礼記』長禄元年十一月二日条）と記録されている。また、応仁・文明の乱中の一四六九年（文明元）に、東寺領荘園備中国新見庄では守護細川氏の進出に対して、「おく里村男数一人も残らず罷りいで候て、御八幡に大寄合つかまつり候て、東寺より外は地頭にもち申まじく候と、大鐘を撞き土一揆を引きならし候」（『東寺百合文書』サ四一―五三）と記され、村や郷の住民がこぞって一揆に参加している。一向一揆においても多くの場合、村落全体が本願寺の末寺や御坊・道場を中心として真宗門徒によって構成されており、惣有財産が後生菩提のために寺に寄進され闘争の経済的基盤とされていた。惣国一揆では、惣村を基盤とした惣郷が、郡ごとに組を結成し郡中惣を成立させ、さらにそれらの代表が集まって惣国掟が作成されているように、いずれにおいても地域総ぐるみの体制が作られつつあったことがそれらの背景に存在していたのである。

村落の住民は、水利灌漑や山野用益に関わる結束、また、神仏を媒介とした宮座などの結合を基礎とした村落共同体を結成し、またそれらについて他村や隣郷との間で連携や協定を結ぶことによって次第に地域的な結束を深め惣村・惣郷を生み出してきた。当時「百姓之習一味也」（『東寺百合文書』ほ一―三二）と表現された事態である。それはまた、従来荘官や代官によって割り付けられ収取されていた年貢などが、彼らの直接的支配を排除して、村の責任において請負い納入する地下請・村請制を成立させていたことと軌を一にしている。また、都市では、増え続く都市民が、飢饉や戦乱による生活難のために高利の借銭に苦しむ状況にあり、日常的に生活や信仰、治安維持のために相互に結ばれていた住民の自治的な寄合などが、こうしたことを契機に集団的蜂起に点火する基盤となっていたといえる。

しかしながら、以上のような村や町の総ぐるみ体制ばかりでなく、中には近郊の百姓や飢饉による難民などが都市に流入し、一揆に参加している場合もあり、むしろ彼らが中心となっている場合もある。また、流通経済と都市の発展による馬借や車借といった交通業者が中心となって引き起こされた一揆も多く見いだされる。さらに、大名被官や足軽など、時として鎮圧にまわる者たちが参加している場合もあり、一四八五年（文明十七）の一揆では、細川政元の被官三好・物部などが一揆の「帳（張）本」となり、政元が館の前で一揆勢を閲兵するといったようなことも起こっている（『蔭涼軒日録』文明十七年八月十四日条）。翌年には、将軍足利義尚が東寺で集会を行った一揆に対して、政元の被官人に与同を禁じているように（『長興宿禰記』八月二十五日条）、彼らの参加が常であったこともうかがわせる。また、山門の僧や神人が先導し参加している場合もある（『建内記』嘉吉元年九月十三日条）。このように、すべての一揆が惣村や惣郷、町寄合を基盤としていたということではなく、政情不安な状況の中で様々な身分や階層の人々が組織・動員されたり、自発的に参加しており、社会情勢が一揆状況にあったということを示している（神田千里「土一揆像の再検討」『史学雑誌』二〇―三、二〇〇一年）。

この背景には、中世後期における在地武士勢力の伸張や流通経済の発展などによる荘園制的政治体制や経済の崩壊が進んできていることがあげられる。従来の朝廷や公家・寺社などの権門勢家による荘園・公領制的支配にたいして、在地における地主・小領主・国人といった諸階層の台頭が村落支配を塗り替えつつあったといえよう。関東でも領主と百姓との間に位置する「中間層」と性格づけられている階層のものが、たとえば鎌倉の外港六浦で活動する荒井氏や武蔵品川の鈴木道胤やその系譜に連なる人々のように、流通を担いながら経済力を身に付け、有徳人に呼ばれ、地域の寺院を創建し、都市的場をつくりだしていた（山田邦明「室町期関東の支配構造と在地社会」『鎌倉府と関東―中世の政治秩序と在地社会―』校倉書房、一九九五年）。まさに、在地、地域から矛盾が噴出し、新しい体制が生み出されようとする時代の到来といえる。中央の政治情勢の混乱は、こうした広範な在地における矛盾の集中的顕れといえよう。

二　地域権力の登場

1　畿内・中部・北陸の情勢

地主・小領主・侍衆　応仁・文明の乱によって中央権力の衰退が加速される一方で、前章で見たように地方では惣村・惣郷といった村落住民の自治的結集、それを基盤とした一揆が各地で頻発し、また、一揆的行動にまで高まらなかったとしても郷村における富の蓄積や流通が進展し矛盾が高まっていた。こうした状況を背景として村落内あるいは村落を越えて加地子（剰余物）収取や土地を集積する地主、あるいは上級領主への被官化を果たす小領主や一揆的集団としてそれ自身領主的権能を有する侍衆が台頭してくる。いずれにしてもこうした在地中間層は、小百姓や下人層を包摂して在地ヒエラルヒーを構築しつつあった。彼らもまた、逐電や欠落など自己解放の動きを示す最下層の人々の突き上げを受けていたのである。こうした全国的状況に対して守護や国人領主は、在地との矛盾を止揚するために軍事力を行使して、所領の拡大や一族・家臣を結集して支配の深化をはかり、自立度を深め、規模の大小はあるものの地域権力を確立する。彼らの内ある者は次第に在地に対する一元的・一円的支配権を強化して戦国大名化し、大小の大名領国を構築する。以下、各地方の主な国々を取り上げてこうした地域権力の成長や戦国大名登場の経緯を見ておきたい。

畿内・周辺の状況　畿内・周辺では、十六世紀初頭における細川氏の家督相続をめぐる澄元派と澄之派の対立が、阿波国衆三好元長らと摂津守護代薬師寺長忠らとの争いを引き起こし、国衆の台頭を招いた。堺公方府の管領細川晴元を支えた管領代茨木長隆は摂津国衆であり、当時の山城守護代三好元長・郡代塩田胤光らは阿波国衆である。また、この堺公方府が崩壊するのもこうした摂津国衆と阿波国衆との対立が顕在化した結果である。このように、概して畿内・周辺地方においては、守護の戦国大名化や守護代などの大名化の動きは弱く、弱小の地域権力が相互に争い潰しあっていたというのが実情である。僅かに、近江において、六角氏と浅井氏が戦国大名として成長していった。

近江では室町時代を通じて、ともに佐々木氏の出である京極氏と六角氏が、それぞれ江北と江南に分かれて半国守護をつとめていたが、応仁・文明の乱で西軍に属した六角高頼は、東軍に与した京極氏と対立し、国内で二〇数度の合戦を行なうなど国内支配を強めていた。乱後も、二度にわたって寺社本所領の押領の廉で将軍義尚・義稙の征伐を受けているように、また、延暦寺領に対する押妨など、荘園侵略を続け、一五〇二年（文亀二）には、重臣伊庭貞隆の乱を鎮圧するなど、観音寺城を拠点として在地に対する勢力拡大を図り、地域権力として成長していった。その後、定頼・義賢・義治と三代にわたって在地掌握を深め戦国大名化して行くが、京都に近いこともあってたびたび中央の政変に巻き込まれたり、関係して、領国支配が必ずしも順調には進まなかった。とくに、在地の小領主層による「地域的一揆体制」（宮島敬一「荘園体制と『地域的一揆体制』」勝俣鎮夫編『中部大名の研究』吉川弘文館、一九八三年）と呼ばれている社会集団を背景とした国人領主層を家中とする六角氏にとって、常に彼らとの軋轢に悩まされ、その主張を受け入れざるを得ない状況にあった。

一方、守護京極氏の被官であった江北の浅井氏は、亮政の時代の一五二五年（大永五）に、守護家の内訌に際して当主高清を自己の居城小谷城に移し、次第に守護権力を簒奪、利用して江北の国人層を被官化し、地域権力として自立化していった。その後も京極氏や江南の六角氏と再三にわたって争うが、子の久政の時代には、郷村間の用水争論の裁定などを通じて在地掌握につとめ、戦国大名として成長していった。

織田・斎藤氏の台頭　尾張・美濃・飛驒・信濃といった中部地方における戦国時代の動向は、それぞれの国で様相は異なっているが、次第に周辺の戦国大名を含めた一つの流れの中に収斂されて行くことになる。

尾張では、幕府三管領の一家である斯波氏が十五世紀初期より代々守護職を襲封し、越前・遠江の守護も兼ね、越前から入部した織田氏が守護代をつとめていた。しかし、前述のように十五世紀中期における斯波氏の家督争いが、応仁・文明の乱の一因となり、斯波氏の在地における支配力は後退し、代わって守護代織田氏の影響力が強まる。もっともその織田氏も乱に際しては斯波氏の分裂に伴って分裂する。西軍山名方の守護義廉の守護代は岩倉城の織田敏広であったが、東軍細川方に与した守護は義敏の子義寛（義良）で、守護代は清洲城を居城とする織田大和守敏定であった。尾張八郡の領有をめぐって両守護代が実質的に争い、守護の権威は形だけのものとなっていった。しかも、実権はさらに下降し、両守護代織田氏の支族や奉行人の手に移り、彼らが独自の勢力を築き始めていたのである。なかでも清洲の三奉行の一人である弾正忠織田家の信秀が勝幡に城を構え他の勢力を圧倒するようになる。一五三三年（天文二）、尾張に下向した公家山科言継は信秀の招きで勝幡に滞在したが、その豪勢な館構えや典雅な生活振りに驚いた様を書き残している（『言継卿記』天文二年七月七日〜二十七日条）。信秀は、津島神社の門前町であり、伊勢湾の奥にあって、木曽川の下流域に属し、水陸の交通の要衝地として栄えた津島を所領としていた。弾正忠織田家の台頭は、こうした尾張南西部を支配の基盤としていたことによって、その経済力に支えられて、尾張の地域権力として頭角を現してきたのである（小島広次「勝幡系織田氏と津島衆―織田政権の性格をさぐるために―」『名古屋大学日本史論集』下、吉川弘文館、一九七五年）。

美濃では、室町幕府当初より土岐氏が守護としてほぼ安定した支配を行っていた。応仁・文明の乱末期の一四七七年（文明九）には、山名方の西軍に擁立されていた足利義視が、西軍の将であった土岐成頼をたよってその守護所革手

（岐阜市川手）に下向している。当時の革手は、長良川の川床から発展した交通の要衝で、堀がめぐらされた革手城を中心に重臣たちの居所や京から避難してきた公家らの館などが建ち並ぶ城下町としても発展していた。乱中も在国していた守護代斎藤妙椿は、革手城の近くに加納城を築き、地域権力として台頭し、中央の公家や僧侶とも親交があり、幕府奉公衆として自立性を保っていた。ついで、一四九四年（明応三）より九六年にかけて、斎藤氏を主家とする石丸利光が主家に取って代わろうとして、前守護土岐成頼と末子元頼を奉じて、守護政房や守護代斎藤利国に反旗を翻し敗れるという船田合戦が引き起こっている。この戦いは周辺諸国の織田・朝倉・六角・京極・北畠などの諸氏を巻き込んだものとなり、美濃における戦国時代の始まりといえよう。この後、斎藤氏は、家臣長井氏に実権を奪われ、その長井氏は、父の代から長井氏に仕え、長井氏を称していた長井新左衛門尉規秀によって打倒される。この規秀こそ、油商人から身を起こしたと伝承されている斎藤道三その人であり、近年その伝承が正されるようになった。道三は、その後、斎藤家をも乗っ取り、ついには、一五三五年（天文四）に守護土岐頼武を追放して美濃一国を壟断することとなるのである（勝俣鎮夫「美濃斎藤氏の盛衰」勝俣鎮夫編『中部大名の研究』吉川弘文館、一九八三年）。

飛騨・信濃の状況　飛騨では、幕府四職（侍所所司＝頭人）家の一つである京極氏が近江半国とともに代々守護をつとめていたが、国司として姉小路氏が、小島・小鷹利（小島向）・古河と三家に分かれながらも中世後期を通じて存続し、在地領主化していた。また、十五世紀後期には、加賀を中心とした本願寺勢力の教線が越中から当国にも伸び、白川郷照蓮寺を本寺として各地に末寺・道場を開き一揆勢力を形成し、同じ白川郷の在地領主内ヶ嶋氏との間で衝突を繰り返していた。十五世紀末期には、内ヶ嶋氏が一向一揆勢を敗ったとされているが、一五〇一年（文亀元）に、本願寺法主実如の仲介により和睦する（中野効四郎「応仁の乱とその後の濃飛両国」『岐阜県史』通史編中世、一九六九年）。京極氏は、応仁・文明の乱後一族に内紛が起こり次第に衰退し、一五四四年（天文十三）に幕府の攻撃を受けて滅亡するが、その被官であった南飛の三木氏と北飛の江馬氏とが代わって台頭する。こうして、本願寺勢力と国司姉小路家、西部の内ヶ嶋氏、北部の江馬氏、南部の三木氏とが相互に牽制しあっていた。まさに、飛騨における戦国の様相といえよう。

信濃国では、十五世紀にはいると小笠原氏がほぼ守護職を継承していた。しかし同中期頃からは、一族の間で惣領職をめぐる争いが絶えず、国内は安定せず、山系によって分かたれた地域ごとに諸豪族(諏訪郡＝諏訪氏、木曽郡＝木曽氏、佐久郡＝大井・伴野氏、小県郡＝海野・禰津・望月氏、更級・埴科郡＝村上氏、高井郡＝井上・高科氏、水内郡＝島津・栗田氏、安曇郡＝仁科氏)が、地域権力として割拠し、相互に対立、抗争を繰り返していた。その結果、ここでも周辺諸氏の介入があって彼らの内から持続的な自立的地域的権力が生まれることはなかった。一五四〇年(天文九)以降、甲斐の武田氏が侵入し、逐次諸氏を撃破していた。こうして、この地方は、織田・斎藤・武田氏や越後の上杉氏ら近隣の戦国大名らによる争奪の場となって行くのである。

一向一揆と朝倉氏　北陸地方における戦国時代は、加賀を中心とした本願寺勢力と、越後における守護代長尾氏の動向を基軸として展開したといってよい。

加賀では、在庁官人家から台頭した富樫氏が南北朝時代から守護の地位にあったが、幕府の有力大名斯波氏や赤松氏も一時期守護ないし半国守護になっており、必ずしも安定的ではなかった。とくに、一四四一年(嘉吉元)に引き起こった家督をめぐる富樫氏の内訌が、幕府内部の細川・畠山氏の対立の影響を受け六年間にわたって続き、その後も将軍義政の介入もあって、加賀一国が富樫政親の支配に入るのは、応仁・文明の乱中の一四七四年(文明六)のことであった。しかし、ほとんど同時期の一四七一年(文明三)に本願寺八世法主蓮如が、加賀と越前の国境の吉崎にきて布教を始めたことによってこの国の様相は一変する。極楽往生を希求する念仏信仰の場としての道場を中心に講で結ばれた農民や地侍(小領主)の門徒集団は、畿内や周辺地域において頻発していた徳政一揆などの基盤であった惣村結合と同一の性格をもつものであり、しばしば荘園領主や守護に対して一揆を起こし、ついに一四八八年（長享二）には、政親をその居城高尾城で滅ぼし守護を国から追放した。一五四六年（天文十五）には、金沢御堂（尾山御坊）を政庁とする本願寺王国が成立し、加賀は、「百姓ノ持チタル国」となったのである。

越前では、応仁・文明の乱を契機に、守護斯波氏の支配は後退し、守護代甲斐氏と国人領主朝倉氏との間の抗争に移って行く。甲斐氏は、国内の興福寺領荘園などの代官職を請け負い現地を掌握して独自の地域権力としての基盤を

図1　一乗谷遺跡赤渕地区周辺模式図

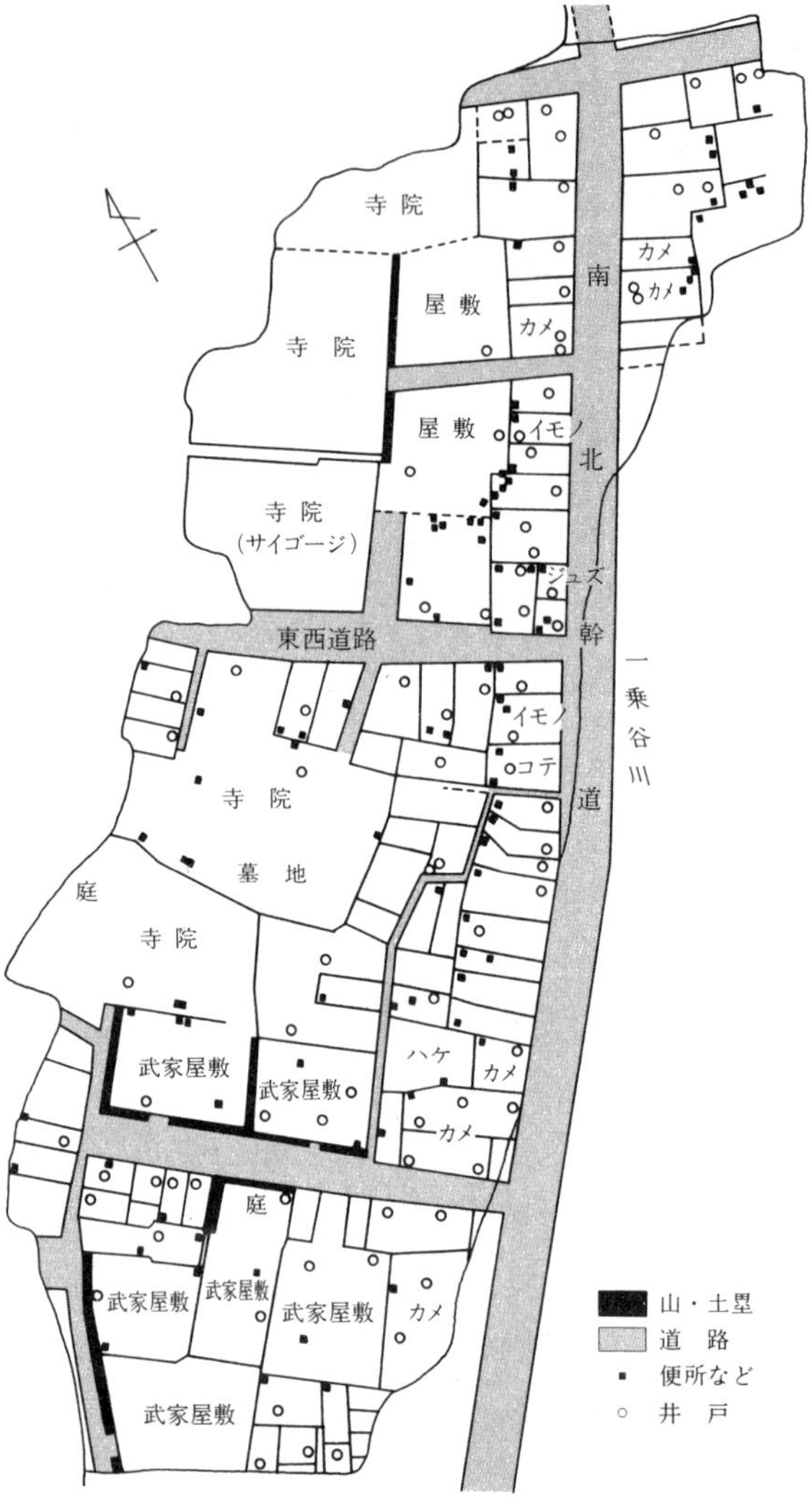

築き、管領として幕府の重職にあった斯波氏に代わって領国支配を委ねられ、応仁・文明の乱に際し守護義廉に従って西軍に属していた。朝倉氏も、十四世紀半ば頃より一条家領黒丸荘など国内各地の荘園の代官職や預所職・地頭職を手に入れ、地域権力として成長していった。応仁・文明の乱に際しては、甲斐氏とともに孝景（敏景）が義廉を助け各地に転戦し、また、上京して、西軍に加わり主力として活躍し、国外においてもその存在が知られるようになった。しかし、帰国後、次第に東軍に与するようになり、一乗谷に本拠をおき甲斐氏と対立、一四七二年（文明四）にはこれを圧倒して越前一国を手に入れるのである。

一乗谷については、ここ三〇年以上に及ぶ発掘調査と復元整備によって、当主居館・庭園・政庁・武家屋敷・寺院・商工業者の住宅や店舗などが、整然と立ち並んだ計画的町割りの行われた城下町の様相が明らかにされてきている。朝倉氏は、ここに家臣を集住させ、人材登用を行い、また、戦国家法的内容を含む「朝倉孝景十七箇条」の家訓を制定している。その後、氏景・貞景・孝景・義景と受けつがれていくが、その間、終始加賀を中心とした一向一揆勢力と戦い、また、幕府や朝廷と連携して近江の六角氏攻めなど周辺諸国に出兵している。孝景やその後の義景の天文年間には、将軍家や京都の公家・寺社の斡旋で本願寺との和議の交渉がたびたび持たれているが、和約が調うのは一五六二年（永禄五）を待たなければならなかった。

越後長尾氏の奪権　一方、越後では、関東管領家の山内上杉氏から分かれた越後上杉氏が十四世紀後期頃より守護をつとめ、守護代も山内上杉氏の家宰・奉行人であった長尾氏の一族（越後長尾氏）がつとめていた。しかし、関東錯乱状況のなかで越後守護は国を離れている時が多く、国内は守護代の長尾氏に委ねられていたといってよい。一四六六年（寛正七）に、関東管領房顕が没すると越後守護房定の次子顕定が管領職につき、房定の地位は相対的に高まってくる。房定は、京都にあって、将軍家や朝廷・五山寺院との交わりを深め、国政においても検地を実施したり国内の豪族層を屈服させるなどその支配強化に努めていた。しかし、房定の跡を継いだ房能が、一四九八年（明応七）に、それまで慣行として国人層の特典として認められていた守護の任命した役人である郡司が所領内に立ち入り検断する事を拒否し得る権限である郡司不入権を否定し、所領内への守護権の介入を認めさせたことにより、国人層の反発を受けた（中野豈任「越後上杉氏の郡司・郡司不入地について」阿部洋輔編『上杉氏の研究』吉川弘文館、一九八四年）。このため国人層は、折から越中に出陣し一向一揆勢と戦い、また、国内の叛乱分子を鎮定した守護代の長尾為景のもとに結集するようになる。為景は、一五〇七年（永正四）に、房能の養子定実を擁して幕府とも通じてクーデターを敢行し房能を自害させた。越後における戦国動乱の始まりといえよう。

これに対して関東管領の顕定は、一五〇九年（永正六）に関東の軍勢を伴って越後に侵入し、為景を追う。国内の国人層も顕定方と為景方とに分かれ、京都に「一国ことごとく滅亡」（『実隆公記』八月二十九日条）と伝えられるほどの混乱に陥った。定実・為景方は居城春日山や府中を捨てて越中に逃れる。しかし、翌年為景は佐渡から中越に上陸し、顕定方の軍勢にも離反者が出、府中に一揆もおこり、顕定は敗走して自害する（永正の乱）。こうして再び越後の覇権を回復した為景は、顕定方国人層を掃討するとともに守護定実とも対立するようになり、一五一四年（永正十一）には、定実を幽閉して実権を掌握する。その後、一五三〇年（享禄三）から三八年（天文七）にかけて一〇年近くに及ぶ為景と、上条上杉定憲や彼に結集する下越の揚北衆など国内諸勢力との抗争が引き起こり、為景はその中途で没する（享禄・天文の乱）。為景の後を継いだ嫡子晴景は、揚北衆や上田長尾氏などと和し、定実を守護の座に復活させた。しかし、定実が、奥羽の伊達稙宗と結びつくことによって、越後の国は、再び乱れることとなる。

こうした中で為景の末子景虎（のちの上杉謙信）の武名があがり、兄晴景や上田長尾政景らと対立する結果となる。しばらく守護定実と晴景勢さらに景虎の三つ巴の抗争が続くが、一五四八年（天文十七）に、景虎が晴景の跡を継ぐという形で春日山城に入り、一五五〇年に定実も没し、翌年上田長尾氏を屈服させることによって、景虎がようやく越後国全体の実権を握ることができ、北陸道最大の戦国大名に成長していったのである。

2　東海・関東・奥羽の情勢

松平氏一族　三河から駿河にかけての東海地方の戦国時代は、西に隣接する尾張の織田氏や三河の松平氏の台頭と、駿河守護今川氏の戦国大名化を基軸に展開し、戦国時代の終息にも大きな役割を果すこととなる。

三河では、応仁・文明の乱直前に、守護細川氏と前守護一色氏との間で守護職をめぐる争いが引き起こっていたが、京都における戦乱の中で守護代東条国氏が一色義直勢を討ったことや、細川氏も中央の政争に明け暮れ三河の支配に余裕がなくなり、次第に守護の支配から離れ、各地に割拠する在地勢力同士の抗争の場となっていった。その中で岡崎を中心とする西三河では、加茂郡松平郷を出自とする松平氏が一族を分出させ勢力を広げ、また、西部では東条氏や一色氏の庶流などが割拠していた。一方今橋（吉田・豊橋）を中心とする東三河では、牧野氏や戸田氏が勢力を築いていた。こうした在地勢力の小競り合いの状況の中で介入してきたのが、駿河の今川氏であった。

今川氏は、幕初以来一貫して駿河の守護であったが、隣国遠江に対しても、十五世紀初めまで一族の管轄国であったことや、応仁・文明の乱以降同国守護斯波氏の勢力が次第に衰え各地の国人領主が台頭し不安定な状況にあったことから、早くから触手を伸ばしていた。しかし、今川義忠が、一四七六年（文明八）に斯波氏の勢力を破って同国からの凱旋の帰途、不慮の討死をした結果、かえって今川家に家督をめぐる争いが生じることとなる。その結果、義忠の夫人北川殿の兄である（一説では弟）伊勢新九郎盛時（のちの北条早雲）の助けを受けて嫡子龍王丸（氏親）が家督を継ぎ、早雲と共同して遠江平定に取りかかり、ついに一五一七年（永正十四）に、斯波氏の勢力を遠江から掃討する。また、氏親は、公家中御門宣胤娘（のちの寿桂尼）を正室に迎え、京都の政界や文化・宗教人との交流を強め、内政面では早くから検地を実施し、晩年の一五二六年（大永六）には、戦国家法「今川かな目録」を制定して、東西日本を結ぶ東海道という重要交通幹線を占める駿遠両国にまたがる戦国大名として、強大な分国を築いていくのである。氏親は、その間にも、一五〇六年（永正三）には、早雲とともに三河に侵攻し、今橋城の牧野氏を破り、東三河まで進出している。

その後しばらく今川氏親は遠江の平定に専念するが、三河国内においては、西三河岡崎の松平清康が各地に転戦して勢力を広げていた。ところが、一五三五年（天文四）に、清康が、三河平定の余勢をかって尾張守山に出陣した時、近臣に殺害されるという不慮の出来事が起こり、若き当主を失った松平軍は総崩れとなり（守山崩れ）、三河は再び千々に乱れることとなった。そうした折に侵食してきたのが尾張の織田信秀で、一五四〇年に、松平一族の守る安城城を攻める。これに対して、今川氏も対抗し、両者は、一五四二年に小豆坂で衝突する。しかし、信秀は、北の美濃国で勢力を拡大していた斎藤道三の脅威を受け、今川氏も、駿東地域で北条氏と戦っており（河東一乱）、互いに三河から後退せざるをえず、三河はしばらく松平氏など在地勢力の抗争の場となっていた。

今川氏と武田氏　今川氏の本国駿河では、一五二六年（大永六）氏親亡きあと家督を継いだ嫡男氏輝が、一五三六年（天文五）に早世したために、ともに氏輝の弟で出家していた梅岳承芳と玄広恵探（花蔵殿）との間で家督争いをめぐって国を二分する花蔵の乱が起こった。北条氏の助けを受けた承芳が勝利して還俗し義元を名乗る。ところが、翌年義元は、それまでの北条氏との同盟関係を破棄して、武田信虎の娘と婚姻関係を結んだため、北条氏はすぐさま駿河に侵攻し、早雲旧領の由緒に基づき富士川以東を占領する。この結果、一五四五年（天文十四）に至るまで今川氏と北条氏との抗争が続き（河東一乱）、駿河東部は不安定な状態が続くのである。この間、駿東地域には、将軍家奉公衆である葛山氏が盤踞し、今川氏・北条氏・武田氏の三戦国大名に挟まれて独自の地域権力として存続していた。

こうした東海道筋に位置する諸国の動きとは別に戦国の動乱に大きな刻印を残したのが、駿河の北に位置する甲斐国の動向である。甲斐では、鎌倉時代以降、一貫して武田氏が守護として治め、室町時代には、庶流が安芸や若狭の守護職をも継承しているように源氏一流の名家として勢力を拡大していた。しかも、甲斐国は、鎌倉時代には、関東御分国の一つであり、室町時代においても鎌倉府の管轄に入っていて、応仁・文明の乱では遠国でもあり直接的な影響を受けることは少なかった。しかし、十五世紀後期になると幕府及び鎌倉府の権威失墜による政情不安定は、国内中小の領主層の自立を促し、また、一四八二年（文明十四）には地下一揆なども起こっており（『王代記』）、武田氏による国内統一は順調に進まなかった。とくに、十五世紀末から十六世紀初頭にかけての信縄・信恵兄弟による家督争いを発端とした内乱状況は、各地の国人領主層を巻き込み、また、隣国の今川氏や北条氏の介入もあって、当国においても戦国の様相を深めていった。その間、弱冠一四歳で家督についた信虎が、順次反守護勢力を抑えながら国内統一を進める。とくに、一五一〇年（永正七）には、最大の抵抗勢力であった都留郡の国人領主小山田氏を屈服させ、さらに有力国人である大井氏や栗原・今井氏などを抑えた。一五一九年には、居館を従来の石和から府中に移し、家臣団を集住させ、戦国大名化していくこととなる（柴辻俊六「甲斐武甲氏の伝馬制度」『戦国大名領の研究』名著出版、一九八一年）。その後も、国内のみならず今川氏や北条氏の進出を撃退し、信濃にも手を伸ばし、一五三二年（天文元）頃には、ほぼ国内統一を完了させている。一五三七年には、前述のように今川義元との縁組みを成立させ、同盟関係を結ぶ。信虎は、その後も信濃への進出を続けていたが、一五四一年（天文十）に、後継者の嫡男晴信（信玄）や家臣によって駿河に追放されるという事態が起こり、甲斐は、信玄の時代を迎えるのである。

北条早雲の登場　関東地方における戦国時代は、鎌倉府の崩壊の後、その奉公衆であった各地の伝統的豪族層と、一四九三年（明応二）に伊豆国北条の堀越公方足利茶々丸を急襲して、同国の平定を行ない、関東に進出してきた伊勢新九郎盛時（北条早雲）との間の抗争を基軸として展開する。とくに、利根川を境目として西南の相模・武蔵で地歩を築いた北条氏に対して、東北部の諸国に盤踞する伝統的豪族層が離合集散しつつ、北条氏に対抗して行くという構図であった（市村高男「戦国末期における北条氏の武蔵支配の展開」『戦国期東国の都市と権力』思文閣出版、一九九四年）。早雲の出自については、近年研究が進み、幕府政所執事家の伊勢氏の出身であることが明らかにされてきている（家永遵嗣「北条早雲研究の最前線」北条早雲史跡活用研究会編『奔る雲のごとく—今よみがえる北条早雲—』北条早雲フォーラム実行委員会、二〇〇〇年）。早雲は、応仁・文明の乱の最中に姉（妹かも）の婚家先である駿河今川氏に客将として抱えられる一方、中央政界と東国の諸勢力との間の仲立役をつとめていたふしがある。そして、乱が未だ終息しない一四七五年（文明七）に、駿河今川家における家督争いに際して、嫡男龍王丸（今川氏親）を助け、当主の地位につけたことにより同国駿河郡興国寺城（富士郡善得寺城とも）を与えられていた。その後、早雲は、一四九一年（延徳三）に没した公方政知の跡を継いだ子の茶々丸が母や異母弟を殺害するという専横ぶりであったことから、その処断という名目で堀越御所を急襲したのである。この襲撃は、前述した中央の細川政元のクーデター（明応の政変）と呼応した行動ともとらえられている（家永遵嗣『室町幕府将軍権力の研究』（東京大学日本史学研究叢書１）一九九五年）。ここに、その後一〇〇年間五代にわたって続く戦国大名北条氏の第一歩が印されたのである。まさに東国における戦国時代の始まりといえる。

早雲は、前述のように今川氏親とともに遠江に遠征する一方、少なくとも一五〇一年（文亀元）頃までには、鎌倉公方の有力な奉公衆の一人であった大森藤頼が居城としていた相模小田原城を陥れている（佐藤博信「大森氏の小田原退去」『小田原市史』通史編原始古代中世、一九九八年）。関東地方における戦国動乱の本格的な幕開けといえる。その後、一五一二年（永正九）から一六年にかけて、当時の相模守護で三浦半島から同国の中央部の岡崎城にかけて勢力を有していた三浦義同を破り、同国をほぼ手中におさめ、鎌倉の西北に玉縄城を築き、関東制覇の拠点とした。早雲は、終生伊豆韮山城を居城としていたが、すでに一五〇六年（永正三）に小田原周辺で、在地からの収取と家臣への知行給付の統一的体系としての貫高制を構築する先駆けともいうべき検地を実施している。

早雲亡き後（一五一九年没）、二代目氏綱は、東国の統治機関であった鎌倉府の正当な継承者であるという名分を得るために、鎌倉時代の執権北条氏になぞらえて北条姓を名乗り、代替わり検地を実施するとともに、一五二二年（大永二）の相模一宮寒川神社の再興に続いて、一五四〇年（天文九）から八年がかりで、源頼朝以来武家の守護神で、関東の鎮守とも考えられていた鶴岡八幡宮寺の再建造営を行っている。その間、前述したように一五三七年（天文六）に駿河に攻め入り、一〇年近く今川・武田氏と戦っており、また、翌年には、下総国府台で鎌倉府奉公衆で房総地域に勢力を有していた里見氏を破っている。一五四一年に家督を継いだ三代目氏康は、伊豆・相模で広範囲に代替わり検地を実施するとともに、一五四六年には、下総古河にいた公方足利晴氏や関東管領家の上杉氏などを武蔵国河越で破り、同国をほぼ制圧するようになる。

北関東豪族衆の動き　北関東では、こうした北条氏の勢力拡大の中で、古河公方の存在と関東管領を称する上杉氏の動向に影響を受けながら、とくに佐竹・宇都宮・佐野・結城氏などの利根川東部の豪族層が、相互に姻戚関係を結びながら地域権力として台頭していた。

常陸の守護佐竹氏は、十五世紀には、一族内における内紛によって庶流山入氏とともに半国守護の時期もあったが、一五〇四年（永正元）に義舜が山入氏義を破り、本拠太田城を奪還して同国奥七郡を一応統一する。その後、義篤・義昭と続き、本宗家および北家・東家と一体化を進め、また、有力家臣の岩城氏や江戸・小野崎氏らと姻戚関係を結び、人格的な結合関係を通じて、家臣編成を強化していった（市村高男『戦国期東国の都市と権力』思文閣出版、一九九四年）。一方では、戦乱による逃散民に対する人返し策を講じて在地掌握につとめ、地域権力として確立して行く。十六世紀後期の義重の代になると、北進する北条氏や南進する伊達氏と抗争しつつ、北関東豪族層と同盟関係を構築して独自の支配勢力を築き、同地域に大きな影響力を有するようになる。また、北条氏に対抗するために遠交近攻策によって武田氏や上杉氏と交わっていた。

下総の豪族結城氏は、一四四〇年（永享十二）に鎌倉公方足利持氏の遺児を擁して幕府に抗して戦ったいわゆる結城合戦の敗北によって一時衰えたが、一四九九年（明応八）に、政朝が、重臣多賀谷氏を討って家中統制に成功して以降、東関東における有力な地域権力としての基盤を築いていった。その後、政勝・晴朝の代になって、山川城主山川氏、下館城主水谷氏、下妻城主多賀谷氏と同盟関係を結び、洞と呼ばれる東国における独自の結合・結集形態によって、結城城を中心として下総北部、下野南部、常陸西部にまたがる広大な勢力圏を築き、地域連合権力として自立する（市村高男「戦国期における東国領主の結合形態」『戦国期東国の都市と権力』思文閣出版、一九九四年）。

下野の一宮である二荒山神社の社家宇都宮氏は、鎌倉時代には幕府の要職（評定衆など）をつとめており、室町時代には足利氏に仕える関東八館の一つとして勢威をふるっていた。戦国期には、重臣芳賀氏との抗争、また同国守護小山氏や豪族那須氏などと対立し、さらに古河公方や結城・佐竹・北条氏などの外部勢力の介入を受けたりして、外戦内訌を繰り返していた。十六世紀中期の広綱の時代に、親類・家風・寄衆より構成された軍事編成をつくりあげ、地域権力として自立していた（荒川善夫『戦国期北関東の地域権力』岩田書院、一九九七年）。

上野では、山内上杉氏が代々守護をつとめ、長尾氏一族が守護代をつとめていた。在地には、箕輪城の長野氏や金山城の由良氏などがいたが、一五一〇年（永正七）に、守護顕定が扇谷上杉定実と戦い戦死して以降、同国は、外部勢力である越後上杉氏・武田氏・北条氏などの争奪の場となり、合戦が繰り返されていた。

伊達氏と奥羽諸氏　陸奥では、鎌倉府の解体以降十五世紀においては、奥州探題であった大崎氏が中央部で勢力を有していたが、その後次第に勢いを失い、群雄の割拠する状態となる。そうした中で、戦国期に地域権力として台頭したのは、北の南部氏と南の伊達・葛西・留守氏などで、とくに南部では、伊達氏の動向を基軸として展開した。一五二二年（大永二）に、それまで不設置であった陸奥守護に伊達稙宗が就任し、家臣に買地安堵による所領の保証を与え、次第に他の諸氏を従えたり、多くの子女を中南部の国人領主である相馬・大崎・二階堂・田村・葛西氏などに入嗣・入嫁させることによって、同国最大の勢力を築き、領土拡大を果たした。また、稙宗は、一五三五年（天文四）に「御むねやくの日記」（『伊達家文書』）を、一五三八年に「御段銭古帳」を作成しており、一五三六年には一七一条よりなる戦国家法「塵芥集」を制定しているように、在地掌握と家中統制につとめ、戦国大名としての基盤を築いた。しかし、こうした領国支配の強化は、領内や周辺の領主層との間に軋轢を生み、一五四二年（天文十一）から四八年にかけて、嫡子晴宗との対立による伊達氏天文の乱とか洞の乱と呼ばれる家督争いが引き起こされている。これは伊達家中を二分しただけでなく周辺国人層をも巻き込んだ抗争事件で、結果的には伊達氏の戦国大名化への画期となった（誉田慶恩「伊達領に於ける段銭徴収について」、藤木久志「戦国大名制下の守護職と段銭」、小林清治「大名権力の形成」小林清治編『東北大名の研究』吉川弘文館、一九八四年、小林宏「塵芥集の成立と伊達家天文の乱」『伊達家塵芥集の研究』創文社、一九七〇年）。

この伊達氏に対抗していたのが、南奥の会津地域に古くから勢力を有していた蘆名氏である。天文―永禄年間（一五三二―一五七〇）の盛舜・盛氏の時代に、伊達・佐竹・田村氏などと対立しながらも中通り（現福島県中央部）に進出し、最盛期を迎えた。とくに、前後六回に及ぶ徳政令の施行や商人司簗田氏を使って、関東や畿内の商人などとの商業活動を保護・統制した商業政策は特筆すべきものがある（大石直正「戦国大名会津蘆名氏」小林清治編『東北大名の研究』吉川弘文館、一九八四年）。

出羽では、羽州探題斯波氏の流れをくむ最上氏が、最上・村山郡を中心として同国南部に勢力を有していた。しかし、十六世紀初頭には、伊達稙宗に攻め込まれるなど、勢いが衰えていたが、一五七五年（天正三）に同家を継承した義光が登場して対立する一族や国人を平らげて、領内を統一し、伊達氏や武藤・小野寺氏などと戦い山形盆地から庄内平野にかけて領地の拡大を図った（大島正隆「奥羽に於ける近世大名領成立の一過程—最上義光と伊達政宗—」小林清治編『東北大名の研究』吉川弘文館、一九八四年）。

在地・家格・公権　以上、畿内から東日本における各地方、各国における戦国の様相を見てきたが、ここで各地での地域権力や戦国大名の台頭する要因をまとめておきたい。

まず第一には、彼らが在地に根ざした権力であったことである。国人層については改めていうまでもないが、彼らは、それぞれの国において本領を有し流通経済の結節点などに居住して在地に根づいていた。守護代や守護の内衆などの多くはそうした存在である。また、戦国大名化した守護の多くは在国守護で、常時在京していた守護の場合は、やはり応仁・文明の乱を契機に衰微していった。幕府奉公衆の場合でも在国していたものが、その勢力を拡大して地域権力化していったといってよい。彼らは、在地において、一族や譜代の家臣の結集を強め、小領主や地主層を被官化、組織して、軍事力を高めていた。また、荘園・公領への侵食や加地子の収取、買得を行い、未熟ながらも検地を通じて土地領有を確実にし、年貢・公事などの増徴をはかっていた。さらには、流通経済に関与し、市・町や商人・職人の掌握にも意を用いた。いずれにしても、在地にあって政治・軍事・経済力を培った者が勝ち残ってきたといえよう。

次には、どの地域権力や戦国大名でもほとんどその台頭、登場の過程で家督争いや主家を乗っ取るといったような内訌をくぐり抜けていることである。すなわち、それぞれの家や家中における頂点を目指した激烈な争いを通過しているということである。まさに下剋上の時代を体現した存在ということができる。しかし、だからといって、こうした争いが全く無秩序な権力闘争であったのかというと、必ずしもそうではなかった。彼らが目指したのが、主家の当主の地位であったり、家督であったように、そこには、血筋や家格が一定の意味を持っていたのである。一介の素浪人から身を起こしたと云われていた北条早雲の場合でも、その出自は、幕府政所執事伊勢氏の庶流であり、彼自身、備中荏原荘の領主であった時期もあり、また、将軍家の申次をつとめ、それなりの血筋と家格を有していたのである。斎藤道三にしても、前述したように、まず美濃守護代斎藤氏の重臣長井氏に仕え、長井氏を名乗り、その上で、長井氏の家督を奪い、さらには、斎藤氏を名乗っているのである。織田信長の父信秀も同様の道筋を通って尾張を制するようになった。彼らには、この段階では、零からの出発ではなく、既存の血筋や家格に入り込み簒奪して台頭してきたのである。新たな家や権威を生み出すまでには至っていなかったといえよう。

第三には、しかも、彼らの多くが守護であったり、守護代とか管領代であったり、幕府や鎌倉府奉公衆であったように、あるいはそうした地位を簒奪しているように、既存の身分と権限に依拠しての台頭であり、権力の拡大を図っていることである。この段階では、いまだ公権力としての「室町幕府—守護体制」に依拠し、その原理を踏襲しての台頭であったということができる。あるいは、手にした権力は、そうした公権に裏付けられたものであったということである。

もちろん、以上のことはあくまで彼らが登場する契機であって、彼らが地域権力として持続的に存続し、さらにはより大きな権力に成長して行くためには、いうまでもなくその対抗勢力との確執を通じて発揮された軍事力と政治力が重要な意味を持っていた。戦国後期とは、次節で見るように、こうした地域権力や戦国大名が、離合集散・弱肉強食の覇権争いをおこない、強大な地域国家を創り上げていく過程である。

三　群雄の相剋と地域国家

1　同盟と相剋

駿甲相三国同盟　一五四五年（天文十四）、それまで一〇年近く駿河東部の領有権を争っていた今川義元と北条氏康との間で（河東一乱）、武田晴信（信玄）の調停により休戦協定が成立する。この背景には、信玄の娘と義元との婚姻関係や、今川氏と北条氏との蜜月時代に成立していた義元の妹が氏康夫人であるという姻戚関係が作用したことはいうまでもない。しかし、一方では、今川氏の遠交近攻策によって、関東管領山内上杉憲政や扇谷上杉朝定、古河公方足利晴氏らが、北条氏の守城となっていた武蔵国河越城へ攻撃を仕掛けており、向背に敵を持つという不利な状況の打開策として、氏康が調停を受け入れ駿河国から撤退せざるを得なかったという戦略的事情もあった。また、信玄は、今川氏に対して、「たとえ氏康を滅亡に追い込んだとしても、これ以上戦いを続けるならば、上杉氏らの関東の勢力と北条氏とが一味するということも起こり、かえって今より力関係が悪くなる」（『静岡県史』資七―一七六四）という見通しを述べて休戦協定に同意を促している。これには、関東や駿河・伊豆への進出を企図する武田氏の戦略も込められていたと解釈できる。こうした様々な要因や思惑が介在して休戦が実現したのである。これ以降、今川・北条氏の間で若干の衝突はあったが、一〇年ほどの間に三者の間でそれぞれの子女間での婚姻関係が結ばれ、いわゆる駿甲相三国同盟が成立する。この結果、東国社会における戦国の動乱にとって新たな段階を画することとなった。次に見るように三氏は、それぞれの領国経営とその拡大に専念することができ、それぞれ地域国家ともいうべき大名領国が建設されて行くのである。

義元は、氏親の時代に引き続いて在地相論の解決策として公事検地を各地で実施するとともに、太原崇孚雪斎の働きによって兄氏輝の菩提寺である駿府の臨済寺を頂点とした駿遠領国にまたがっての臨済禅による本末制度を調え、また、今川氏が代々崇敬していた駿府と富士大宮の浅間社に対する郷村からの課役の体系を構築して、信仰を通じての領国統制を強めていた。一五五二年（天文二十二）には、戦国家法「かな目録追加」を制定し、また、「訴訟条目」を定め、法治主義に則った国家建設を推し進めた。さらに、一方では、軍事的に尾張の織田氏と衝突しながらも三河を領国化し、東海道筋における伝馬制度なども調えていた（有光友學「今川領国における伝馬制」『戦国大名今川氏の研究』吉川弘文館、一九九四年）。こうして駿遠参三ヵ国にまたがる地域国家が実現されて行くのである。

信玄もまた、甲斐の内、都留郡の郡内地域は小山田氏に、富士川流域の河内地域は古くからの一族であった穴山氏に委ね、自らは甲府盆地を中心とした国中地域を抑え、信濃への進出を本格化させた。信濃各地の地域権力である諏訪・小笠原・伴野・真田氏などを次々に従え、同国の領有権を手に入れようとしていた。それがため越後の上杉氏と北信の川中島でたびたび争うこととなる。一方では、一五四七年（天文十六）に戦国家法「甲州法度之次第」を定め、鉱山開発・新田開発・治山治水・伝馬制度など領国経営に腐心し、地域国家の建設に乗り出すのである（柴辻俊六『戦国大名領の研究—甲斐武田氏領の展開—』名著出版、一九八一年、『戦国期武田氏領の展開』岩田書院、二〇〇一年）。

氏康もまた、領国内での検地を引き続いて実施するとともに、一五五〇年（天文十九）には、それまでの雑多な公事銭を貫高制に基づく懸銭に一本化するという税制改革を施行して財政の安定化を目指す（佐脇栄智「後北条氏の税制改革について」『後北条氏の基礎研究』吉川弘文館、一九七六年）。また、一五五九年（永禄二）には、総数五六〇人に及ぶ家臣・寺社・職人などに給付した貫高とそれに基づく役高を明記した「小田原衆所領役帳」を作成して、当時の領国の支配体系を整備するとともに、翌年家督を氏政に譲り、代替わり徳政令を発布する。自らは関東制覇のため北関東から南奥にかけての有力豪族衆の蘆名氏や佐竹氏、結城氏から分かれた白川氏などに対して活発な外交活動を展開し、巨大な地域国家を実現して行くのである。このように三氏とも内に対しては領国経営を進展させ、外に対しては領国の拡大をめざし、その影響は東国社会にとどまらず、北陸や奥羽の地域にまで及び、動乱は東日本全域を一つの舞台として展開して行くこととなる。

桶狭間の戦い　その一つの表われが、一五六〇年（永禄三）の桶狭間の戦いである。尾張国南部を平定しつつあった織田信秀は、しばしば三河国にも進出して今川氏と衝突し、一五四九年（天文十八）には、信長の庶兄で安城城の守将であった信広が、今川氏に敗れ捕虜とされたことにより、人質としていた松平惣領家の嫡流竹千代（元康、のちの徳川家康）と交換している。竹千代は、今川氏の保護下に移り、三河はほぼ今川氏の領国となって、今川氏の軍師といわれる雪斎が岡崎城に入り松平一族を抑えて直接統治を行う（所理喜夫「戦国大名今川氏の領国支配機構」永原慶二編『大名領国を歩く』吉川弘文館、一九九三年）。一方、信秀はまた、美濃の斎藤道三と争っていたが、一五四八年には、道三の娘濃姫を子の信長の妻にする婚姻関係を結んで和議を図っていた。一五五二年に、信秀が亡くなると信長が家督を継ぎ、国内の敵対勢力を次々と打倒し、一五五五年（弘治元）には異母兄信友を滅ぼしその居城清洲城に入り、続いて弟信行を殺害、一五五九年（永禄二）には、尾張上四郡の守護代家といわれている岩倉城の織田信賢を下して、同国をほぼ手中におさめる。しかし、美濃では、一五五六年に、道三が長良川の合戦で子の義龍に敗れたため、織田氏と斎藤氏との友好関係が破れる。こうして信長は、北に斎藤義龍、南に今川義元の脅威を受けることとなる。このような状況の中で、義元は、三河の領国化に続いて、那古野今川氏の由緒に基づき旧領尾張の回復を狙ってとも考えられる軍事行動を起こし、一五六〇年五月、二万五〇〇〇の軍勢を引き連れて同国に侵入する。しかし、戦術に長けた信長の前に「おけは

図2　桶狭間合戦展開推定図

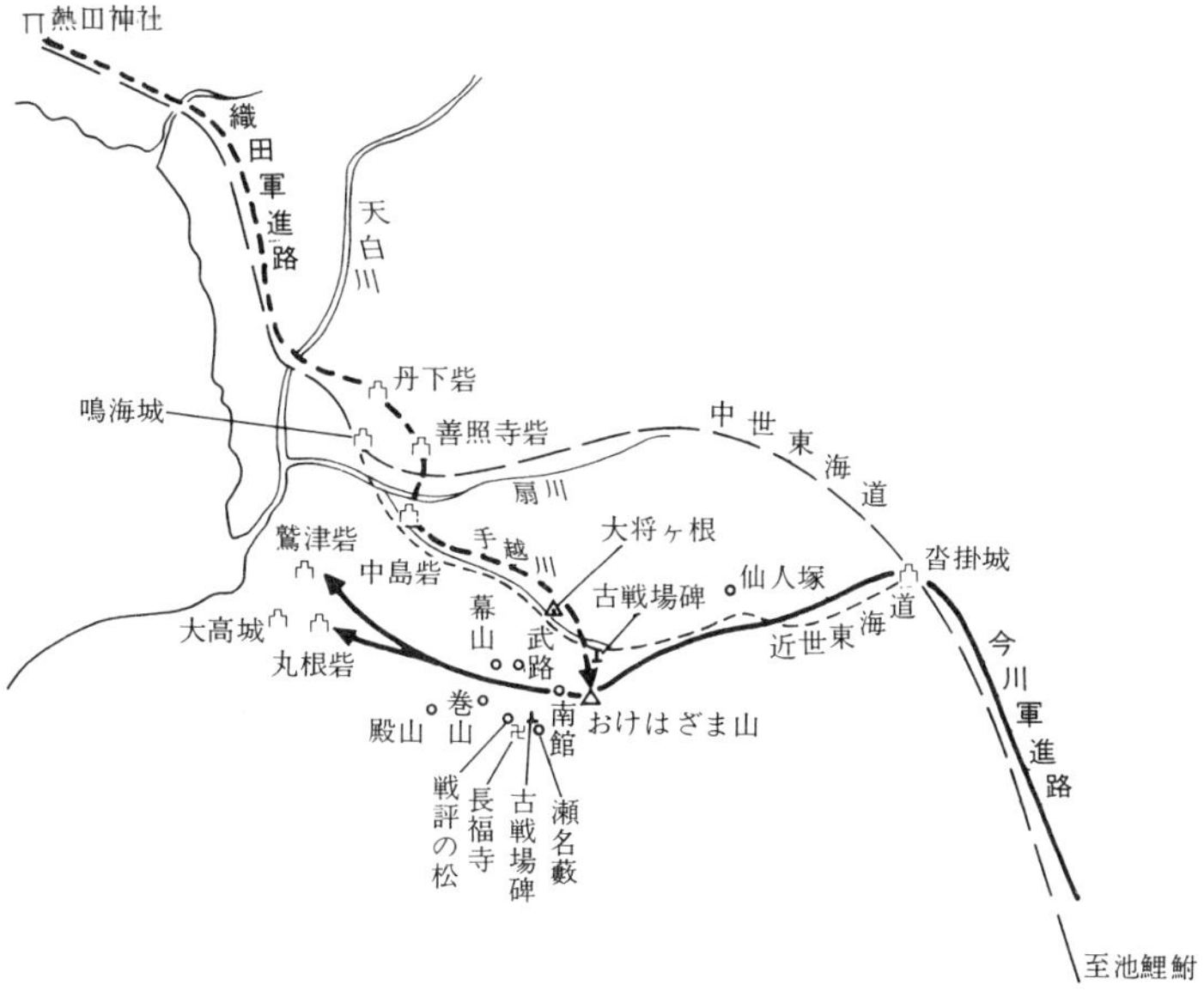

ざま山」で敗死し（藤本正行『信長の戦国軍事学』ＪＩＣＣ出版局、一九九三年）、駿遠参尾四ヵ国にわたる地域国家建設を夢見た今川氏は、嫡子氏真に受けつがれるが、この敗戦を契機に衰退の道をたどることとなった。一方、信長は、勝利の余勢をかって美濃の義龍をも敗り天下取りへ歩を進めることとなる。また、今川氏に抱えられていた松平元康（徳川家康）は、信長と盟約して独立し、西三河で強固な教団を結成していた本願寺勢力の一向一揆を抑えることによってその後の天下取りの足がかりをえる（新行紀一『一向一揆の基礎構造―三河一揆と松平氏―』吉川弘文館、一九七五年）。こうして桶狭間の戦いは、この地域の政治状況を大きく変えるとともに、戦国の動乱から統一政権樹立への歴史的転換の第一歩となったのである。

北条・武田・上杉氏の相剋　一方、関東甲信越地域においても緊張関係が続いていた。一五四五・六年（天文十四・五）の前述の武蔵河越城をめぐる合戦によって、北条方が勝利し、扇谷上杉朝定は戦死、古河公方足利晴氏は古河に退きしばらく挽回の機をうかがっていたが、一五五四年（天文二十三）に子の義氏が北条氏の庇護のもとに入る。また、山内上杉憲政は、一五五七年（弘治三）に長尾景虎（上杉謙信）をたよって越後に去るという事態になり、公方・管領を頂点とした鎌倉府体制は名実ともに崩壊する。北条氏は、氏康と氏政との二頭政治によって、前述したように領国支配に邁進するとともに、一五六一年（永禄四）には、小田原近くまで攻め込んできた上杉景虎を撃退し、一五六四年（永禄七）には、下総国府台で再び里見氏を敗り、また、武蔵岩付城の太田氏を逐い、関東中央部の豪族衆を次々と従えていった。

これに対して、下総北部の結城氏は当初北条氏と連合して、周辺の国人層を従え、佐竹・宇都宮氏などと対立していたが、北条氏の強大化に伴って、彼らと連合してその関東制覇に対抗した。その間、一五五六年（弘治二）に戦国家法「結城氏法度」を制定し、刑事・民事にわたる多彩な条項によって家中統制を目指していた。

越後の上杉景虎は、これより以前の一五五三年（天文二十二）より、信濃国川中島において信玄と五度（〜一五六四年）にわたって戦っており、また、上野・下野の諸氏に対する影響力をめぐって北条氏と対立していた。そして、山内上杉憲政から上杉家の家督と関東管領職を譲られ、一五五九年（永禄二）には上洛して将軍の許諾をえ、一五六一年に北条氏の小田原城を攻撃し、鶴岡八幡宮寺に参詣して上杉氏を名乗り、名を政虎さらに輝虎と改めている。この時に作成されたと思われる上杉軍の幕下名簿には、二五〇余名の関東一円の武将の名が連ねられており（「関東幕注文」『上杉家文書』）、この地域における影響力は大きかったといえる。また、越中の一向一揆とも戦い北陸方面へも進出していた。しかし、一五六八年（永禄十一）暮れの信玄の駿河侵入、今川氏攻撃によって、それまで対立していた上杉氏と北条氏との関係は対武田氏という共通の敵を持つことになったことにより和睦に向かい、翌年越相同盟が成立する。これによって武田氏と北条氏とは駿甲相三国同盟以来の同盟関係は破れ、信玄は、小田原を攻め（三増峠の合戦）、さらには、今川氏より譲り受け北条氏の支配下に入っていた駿河東部や北条氏の本領である伊豆に対しても攻撃を仕掛け、両氏の関係は再び悪化する。北条氏は、この間の一五六六年には、欠落百姓の帰村を命じる召返し令において「国法」の文言を用い（土屋二郎氏所蔵文書、『戦国遺文　後北条氏編』九七四）、地域国家としての国家意志を示している。

信玄の攻撃を受けた今川氏真は、北条氏の救援をえながら遠江懸河城に籠もるが、三河から遠江に進出していた徳川家康の包囲を受け、ついに一五六九年五月に開城し北条氏に抱えられることとなる。この結果、信玄は、東西に北条氏と徳川氏の脅威を受けることとなり、一五七一年（元亀二）、再び北条氏との間に甲相同盟を結ぶ。この間の一五六八年には、信長は、明智光秀らとともに足利義昭を奉じて上洛し、天下取りの第一歩を印している。

これに対して、信玄は、悲願の海に面した駿河を占領するとともに、一五七二年（元亀三）に、越中の一向一揆に上杉輝虎（謙信）を牽制させ、北からの脅威を取り除いて西上の軍を起こし、遠江三方が原で家康・信長連合軍を敗り、北陸の朝倉氏や北近江の浅井氏、さらに本願寺と連携して信長包囲網を形成して対決する。しかし、翌一五七三年（天正元）に陣中で発病し帰国の途次に没する。跡を継いだ勝頼は、一五七五年三河長篠で信長・家康の連合軍と相対するが、大量の鉄砲隊を組織した信長方に敗れる。

一方、上杉輝虎は出家し謙信と名乗り、一旦は信長と同盟して越中を平定するが、一五七六年（天正四）には、本願寺と結び信長と断交して、能登から加賀に軍を進め、越前・加賀の一向一揆勢と対決していた信長勢力と衝突することとなる。しかし、謙信も一五七八年には病死し、翌年甥の景勝と北条氏から養子に入った景虎との間で家督争いが起こる（御館の乱）。甲相同盟によって景虎を助けるために来攻した勝頼との間で和睦が成立し、景勝が上杉氏を引き継ぐこととなる。他方、勝頼は、甲相同盟の破棄によって、一五七九年に駿河に北条氏政の侵攻を受け、敵対していた徳川家康によって一五八一年遠江高天神城を包囲され、甲府に撤退を余儀なくされる。

このように、今川氏衰退・滅亡に伴って、北条・武田・上杉（長尾）三氏の関係はめまぐるしく変転し、合従連衡を繰り返し、そこに新たに織田信長とその同盟関係にある徳川家康が加わり、この地域の政治状況はさらに複雑化して行く。それはまた、戦国期の同盟、領土協定が、それぞれの当知行・本主権・名跡相続や自力次第など中世社会の法慣習に根ざすものであり、当事者間の実力の平衡によって保たれるという不安定なものであったということを示しているであろう（藤木久志「戦国大名の和与と国分」『豊臣平和令と戦国社会』東京大学出版会、一九八五年）。

伊達政宗の登場　奥羽では、一五四八年（天文十七）に、伊達天文の乱に勝利した晴宗が、父稙宗を幽閉し、居城を出羽米沢に移し、重臣・家臣を集住させ城下町建設を進め、一五五三年には家中の知行判物を一斉に再交付するなど（「晴宗公采地下賜録」仙台市立博物館所蔵）、権力の強化につとめ、奥羽地方最大の戦国大名となっていった。また、以前から関係のあった板東屋富松といった政商を使って幕府や朝廷との絆を強め、一五五〇年代（弘治年間）には、左京大夫と奥州探題に補任されている。一五六三年（永禄六）に幕府が作成した「永禄六年諸役人附」には、この地方の「大名」としては、伊達氏と蘆名氏が見え、「関東衆」の中に葛西・南部・最上・相馬・岩城氏らの名が見える。伊達氏は、晴宗から輝宗を経て政宗に代が替わるが、その間に米沢を中心とする置賜地域の家臣が中心となり、南奥から北関東にかけての諸氏との衝突を繰り返していた。

出羽では、最上氏が、伊達天文の乱では当初稙宗方についていたが、乱末期に晴宗方につき、一族内の対立を清算し反対勢力を排除して権力の強化につとめた。とくに、父子の対立により引き起こった元亀の乱を経て家督の地位についた義光は、天童地域における国人連合勢力（天童八楯）を敗り、庄内地域に勢力を有する武藤氏との対立を深めてゆく。この対立に介入するのが、越後の上杉氏で、一五八三年（天正十一）からの武藤氏の内紛を契機に、局面は、上杉・最上氏の対立という構図になり、その解決は豊臣政権の登場に待たなければならなかった。

2　地域国家の登場

室町幕府の滅亡　これより以前、畿内では、三好長慶が、摂津越水城（兵庫県西宮市）を拠城として摂津・山城・和泉を中心として勢力を拡大しつつ政局に参画し、はじめは細川晴元政権の一翼を構成していたが、一五四九年（天文十八）に、晴元に対抗して細川氏綱（高国養子、幕府最後の管領）を擁立して事実上畿内を制圧することに成功する。その後、播磨・丹波・淡路・讃岐・阿波・伊予といった畿内周辺から四国にかけて広大な領国を形成し、一族などの三好三人衆（三好長逸・同政康・石成友通）と右筆であった松永久秀らに支えられて戦国大名化していった。近年、その地理的位置と経済基盤から環大阪湾政権と呼ばれたりしている。

これに対して、時の将軍義藤は、前後一〇年近く近江の坂本・堅田・朽木を流浪しており、義輝と改名した後の一五五八年（永禄元）十一月に、漸く同国の戦国大名六角義賢の仲介で長慶と和睦して京都に戻った。六角氏では、義賢の跡を継いだ義治が、一五六七年（永禄十）に著名な戦国家法「六角氏式目」を制定しているが、これは当主と重臣との間の領主間協約としての性格をもっており、同国の在地勢力との間に内的矛盾をかかえた存在であり（宮島敬一『戦国期社会の形成と展開―浅井・六角氏と地域社会―』吉川弘文館、一九九六年）、また、京都と東国を結ぶ重要な地理的位置に存在することによる外的圧力によって、大きく発展、成長することができず、上洛する信長の前に滅びることとなる。

信長は、前述のように一五六〇年に今川義元を破って後は、美濃を併呑するとともに伊勢にも侵攻して、本拠を斎藤氏の居城であった美濃稲葉山城（井之口城）に移し、岐阜城と改め、「天下布武」の朱印を使い始めるとともに、一五六七年（永禄十）には城下町加納を楽市としている。こうして領国の拡大と繁栄を図り環伊勢湾政権ともいえる権力を築いていたのである。それ故、一五六八年の信長の上洛は、環伊勢湾政権による三好・松永氏の環大阪湾政権との戦いであったといわれたりしている（藤田達生「織田政権と尾張—環伊勢湾政権の誕生—」『織豊期研究』創刊号、一九九九年）。結局、松永久秀に支えられた三好長慶の養子義継は信長に降伏し、大和・河内の領地は安堵されるが、ほどなく将軍義昭の暗躍に荷担し武田信玄などと通じ信長包囲陣の一翼を担うこととなる。

上洛した信長は、将軍義昭のために二条城を造営するが、一方では義昭を牽制する「幕府殿中掟」（「仁和寺文書」）を定めたり、京都及び周辺に撰銭令を交付し、また、石山本願寺や堺の会合衆に矢銭を課すなど、自らの意志による中央政権の樹立を目指す。これに対して、義昭は、武田信玄や上杉謙信と連絡を取り、また、本願寺顕如や三好義継、近江の浅井長政や越前の朝倉義景らと提携して信長包囲網を結成する。信長は、一五七〇年（元亀元）に、徳川家康の応援をえて、近江姉川で浅井・朝倉の連合軍を敗り、包囲網の一角を破るとともに、摂津に転戦して三好氏や石山本願寺の一向衆徒らと戦い、さらには、浅井・朝倉氏に加担した比叡山延暦寺を包囲して焼き討ちを行い、包囲網の要であった将軍義昭を一五七三年（天正元）に河内若江城に追放して、名実ともに政権を手にし、天下統一へ歩み出すこととなったのである。室町幕府の倒滅である。

信長政権　信長は、引き続いて越前一乗谷に朝倉氏を攻めて、義景を自刃させ、近江小谷城では浅井久政・長政父子を討っている。また、伊勢に入り長島一向一揆勢を「みな殺し」にし、本国の尾張・美濃と京都との間の敵対勢力を一掃する。そして、越前には、信秀以来の家臣である柴田勝家を据え、一五七五年に「国中掟書」（『信長公記』）を出し身分統制と民政の原則を示している。翌年、勝家も「国中条々」（「大連文書」『中世法制史料集』五）を発布し、検地を実施しており、ここに織田政権としての基本方針が示されている。すなわち、その一ヵ条に「名主・百姓、手前内徳・小物成、先規のごとくたるべき事」とあり、土地に対する重層的な所職を従来通り認めている。依然として中世的土地支配政策をとっていたのであり（脇田修『織田政権の基礎構造』東京大学出版会、一九七五年）、戦国大名の域を脱していなかったことがわかる。しかし、彼の軍事的・政治的革新政策は、次のように目覚ましいものがあった。鉄砲隊を組織して三河長篠で武田勝頼を敗り、越前一向一揆勢を「撫で切り」殲滅し、一五七七年（天正五）二月には、近江湖南の水陸交通の要衝に安土城を築き、本拠を岐阜より移して、城下の山下町中に楽市・楽座の市中掟（近江八幡市所蔵文書、『同右』五）を発布して、東西流通の結節点として領国の繁栄を策した。

こうした信長の動きに対して越後の上杉謙信が本願寺と同盟して加賀・能登に進出し、西国の毛利輝元が、水軍を派遣して本願寺に兵糧を搬入するなど、謙信—本願寺—輝元の反信長包囲網が新たに結成される。しかし信長は、本願寺に加担し反旗を翻した三好義継や大和の松永久秀、摂津有岡城の荒木村重を敗り、鉄甲船による水軍によって本願寺と毛利氏との海上輸送を遮断するなど、包囲網を破綻させて行く。この結果、ついに、一五八〇年に本願寺顕如は、信長に降伏し、紀伊雑賀に立ち退く。これによって、前後一〇年断続的に続いた石山合戦に終止符がうたれ、また、一世紀続いた加賀の一向宗門徒による「百姓ノ持チタル国」も崩壊し、各地の一向一揆も衰退することとなる。

地域国家の版図　こうして、一世紀余り続いた戦国の動乱は、漸く天下人信長の登場によって、その最終段階を迎えるが、しかし、全国的に見た場合、なお、相対的に広大な地域国家を築く群雄が割拠しており、さらなる統一戦争への前夜であったといえる。奥羽では伊達氏が自からに対する包囲網をうち破り南奥羽一帯を支配しつつあった。関東では、北条氏が伊豆・相模・武蔵から東関東・北関東へその領国を拡大しつつあった。日本海側では、上杉氏が越後から越中・加賀・能登へ伸張しようとしていた。武田氏は、甲斐・信濃・駿河三ヵ国をほぼ手中に収め、周辺地域へ侵攻を企てていた。三河・遠江といった東海道筋の要衝は徳川氏がおさえていた。中国筋では、毛利氏がその大半をおさえ、四国では長宗我部氏が土佐・阿波・讃岐を制圧していた。九州では島津氏、大友氏、龍造寺氏が鼎立してしのぎを削っていた。そして、畿内およびその周辺地域では織田信長が敵対勢力をほぼ撃破し、最大の地域国家を築

図3　戦国の地域国家図（1582＝天正10年武田氏滅亡直前）

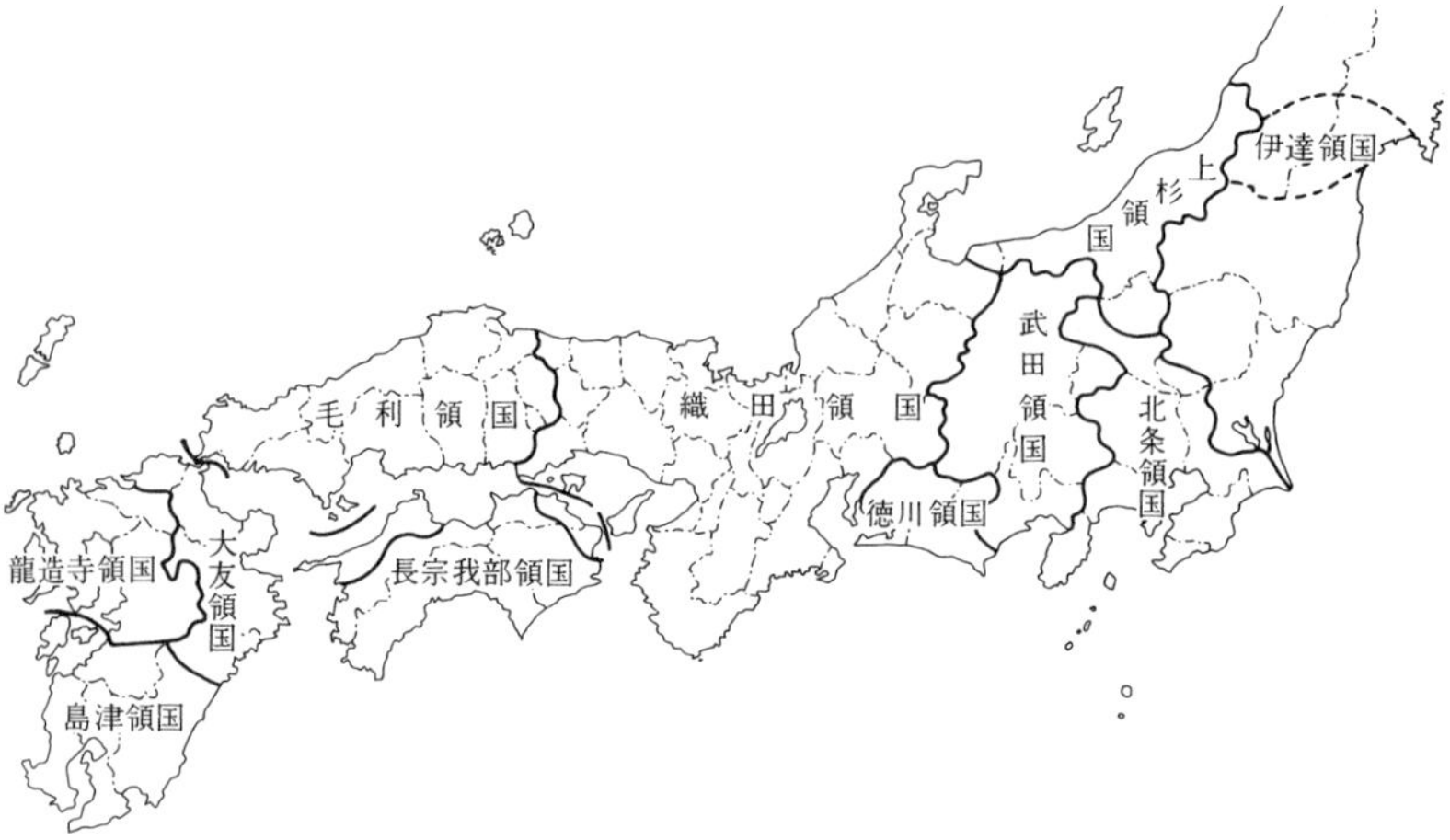

いていたのである。

信長は、畿内を平定した後、家臣木下藤吉郎（豊臣秀吉）を中国筋に派遣して、西国の巨大大名毛利氏に対抗させ、信長自身は、武田氏との決戦のために一五八二年二月、甲斐に出兵し、武田勝頼を天目山で滅亡させる。そして、武田氏旧領の内信濃・甲斐は自身の直轄領とし、駿河を家康に与え、上野には家臣滝川一益を入れるなど戦後処理を行って帰京する。この時点における織田政権の支配領域は、同盟者徳川家康の領国を含めると、北は上野から西は因幡・備前に至る日本の中央部の広大な地域に及び、群雄割拠情況を清算する天下統一の第一人者に相応しいものであった。そして、朝廷に対して、太政大臣か関白か征夷大将軍かのいずれかに推任してもらいたいと要求し（立花京子『信長権力と朝廷』岩田書院、二〇〇〇年）、強大な権力に見合った権威の付与を迫ったのである。しかし、そのことに決着がつかない内の六月に、家臣明智光秀の裏切りによって京都本能寺で嫡男信忠とともに倒れ、まさに「下天の内をくらぶれば、夢幻のごとく」（『信長公記』）消えていったのである。

その結果、家康は、三河・遠江・駿河に加えて、甲斐・信濃をも手に入れ、五ヵ国を領有することとなる。一五八九年（天正十七）か

図４　織田信長版図図（1582＝天正10年本能寺の変直前）

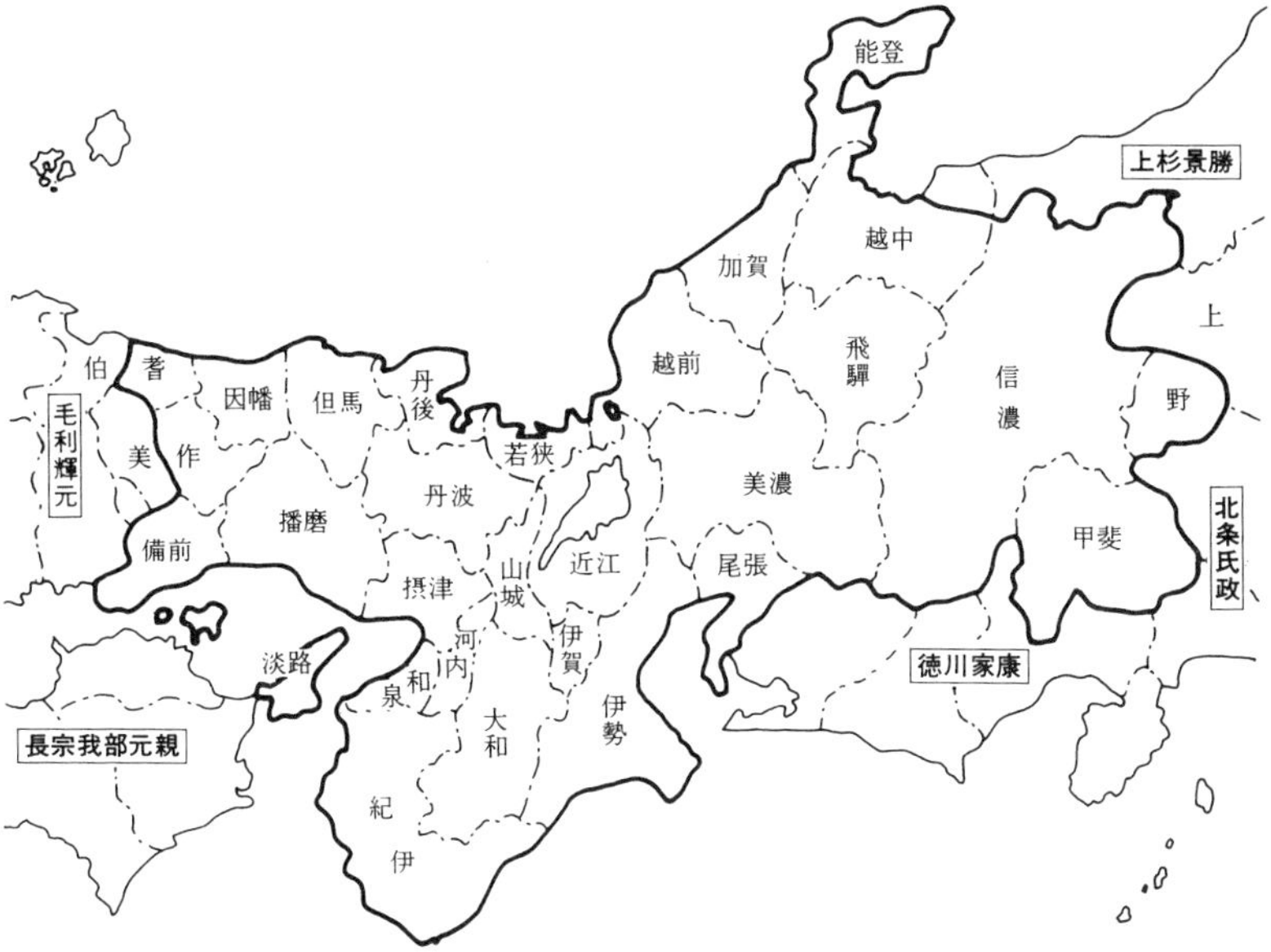

ら翌年にかけて、領国に総検地を実施するとともに、農政の統一を図るために年貢・夫役の納入に関する七ヵ条の定書を各郷村に与え、地域国家建設に取り組んでいった（所理喜男「関東転封前後における徳川氏の権力構造」『徳川将軍権力の構造』吉川弘文館、一九八四年、本多隆成「初期徳川氏の五ヵ国総検地」『近世初期社会の基礎構造』吉川弘文館、一九八九年）。

こうして、戦国の動乱は最終段階にはいるが、その統一戦争を勝ち抜いたのは、これらの地域国家の盟主の内からではなく、信長の配下にあった豊臣秀吉によってである。わずか七、八年の間で、こうした盟主たちはその膝下に服するか、敗れるかして力を誇示していた地域国家はもろくも崩壊し、新たな統一国家が誕生するのである。

第一章　戦国大名今川氏の権力機構

はじめに

戦国大名の権力編成や支配機構の実態や性格・特質を明らかにしようとする研究についても、近年次第に積み重ねられつつあるが、なお、トータルな姿を提示するまでにはいたっていない。それにはそれなりの事情があるわけで、その一つは、わずか一世紀前後の期間ではあるが、その間に登場し、また、姿を消していった数多くの戦国大名を比較したとき、それらの出自や規模、また、登場し没落した時期、あるいはそれらが支配下に治めた地域の歴史的背景や条件など、いずれをとってもそれぞれに違いがあり、そこに全体としての共通性が汲み取りにくく、一つの像を得ることがきわめて困難なことにある。今一つはこの時代の史料の残存状況に起因する。個々の大名領国における支配体制を制度的に書き残した史料は皆無といってよく、また、日々の政務や訴訟の状況を記した記録や実録なども一・二を除いてほとんど残されていないことによる。わずかに成文法としての戦国家法の存在が研究の拠り所となっているにすぎない。しかしながら、戦国家法も惹起するであろう紛争や訴訟に備えての裁許の基準を先例をもとに定められたものであって、そこから権力支配の原理的な指向性は窺えるとしても、権力編成や機構そのものの実態を即座に把握することはできない。以上のような史料的制約により、個別の戦国大名についてさえ、その権力編成や機構の実態や性格を明らかにすることが難しい状況にある。結局、これまでの研究は個別的戦国大名のさらに個別の問題について、戦国家法や当主発給文書などの断片的記載より、その実態を復元しその特質を論ずるという段階にあるといえよう。

そうした研究状況の中で、比較的手が付けられ、一定の具体像が提示されている問題として、家臣団編成の問題がある。また、寄親寄子制といった軍事的編成についても比較的論じられており、さらに、訴訟手続き上における奏者制についてなどが論議されている。そうした中で後北条氏については、郡代や城主・城代といった領国内の領域支配・統治者についての研究が最近注目を集め、また、奉者制や奉行人制について論及されていたり、代官制や小代官・定使・名主などの在地支配にかかわる支配系統についても研究が進められている。しかしながら、それら相互の関係やトータルな実態、構造・特質・性格ということになると、いまだ十分に解明されているとはいえない。

戦国大名今川氏についていえば、研究の状況はさらに遅れており、上述の問題について具体的に実態を究明した研究はきわめて数少ない。家臣団編成を扱ったものとして、古くは在地領主制の観点から考察した佐々木俊輔氏の研究[1]やその他二・三の研究があり[2]、また、近年個々の今川氏一族や

図5　戦国大名今川氏支配システム概念図

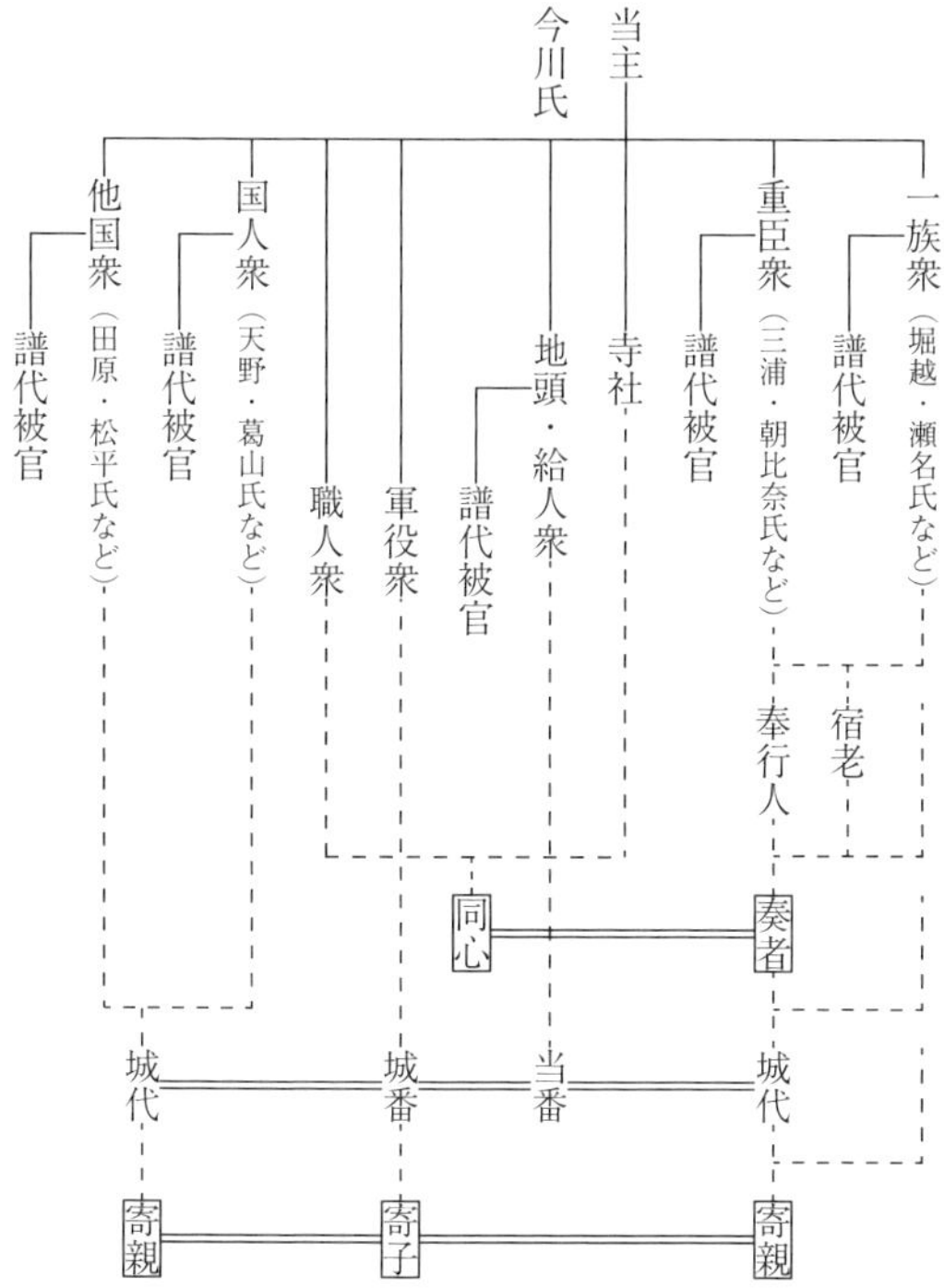

給人の個別的研究も行われているが、それらの編成の実態や原理について深められているとはいえない。筆者は、最近、戦国期今川氏の通史的叙述の必要に迫られて、この問題について一応の素描を行い、結論的には、今川氏一族衆、重臣衆、地頭・給人衆、軍役衆、国人衆、そして他国衆に類別できるのではないかということを提示し、図5のような「戦国大名今川氏支配システム概念図」を描いて見たが、(3)いまだ硬固とした権力構造を明らかにするにはいたっていない。

また、一般にいわゆる軍事的編成としてとらえられている寄親寄子制について、菊池武雄氏の言及以来、(4)下村效氏(5)や上野史朗氏(6)の訴訟制度上における奏者同心制との関係から論じた研究が生み出されているが、それが、軍事・訴訟両面における問題として明らかにされるにはいたっていないといえよう。(7)拙著においても論じることのできなかった問題である。

さらに、領国支配機構の問題として、今川義元の三河国進攻以降の同国について、新行紀一氏の研究(8)を受けて所理喜夫氏(9)や久保田昌希氏(10)らの研究があるが、本来の領国である駿遠両国を含めた今川氏全領国にわたって考察したものはない。なお、三河国支配について、所氏は、松平国人層の一円領主化の道は閉ざされ、「駿府政権→奉行人→小奉行人(松平宗家上層家臣)→松平庶家一門・被官」といった体制となっていたと主張するのにたいして、久保田氏は、西三河と東三河とでは支配機構に差がみられ、西三河では基本的に松平氏の譜代給人が奉行となり、在地との関わりをもっていたと主張する。このような三河国における研究の視角と成果は、今川氏領国全体におけるその問題を考えるに際して示唆を与えるものであろう。

以上のような研究状況の中で、数少ない先行研究を手掛りとしながら、今川氏領国における権力編成や支配機構の実態と性格について、少しでも前進させようとするのが本稿の目的といえる。

一　戦国大名今川氏の職掌

戦国期の今川氏領国において、権力機構を構成する職掌として、どのようなものがおかれていたかについても必ずしも明確ではない。ただ、その領国法ともいえる大永六年（一五二六）制定の「今川かな目録」（九一六号）、天文二十二年（一五五三）制定の「同追加目録」（二一七二号）、さらに上記と同時期制定と思われる「定」と名付けられた「訴訟条目」（二一七三号）には、以下のような名辞が見える。すなわち、「宿老」「評定衆」「奉行」「目代」「代官」「公方人」といった職掌である。また、これら以外に、特定の職掌ではなくそれらのいくつかのものを不特定に示す「当職」という文言もしばしば使われている。一方、こうした成文法にではないが、当主発給文書中にも、上記の名辞のうち「奉行」「代官」「公方人」などがかなりの頻度で見られる。また、それら以外にも「郡代」「守護代」「催促使」「譴責使」といった名辞がそれぞれわずか一・二例であるが見える。さらに、これらの職掌は、政務や裁判、あるいは検断に関わるものであるが、軍事的意味合いを強い職掌として「城主」「城代」といった城砦を守護する城将についても考える必要があろう。

問題は、こうした職掌がそれぞれどのような職務と権限を有していたのか、また、当主を頂点とした権力機構の中にどのように位置付けられるのか、さらには、具体的にどのような人物が任じられ、役目を果たしていたのか、などの実態が解明される必要がある。その結果、その歴史的性格や特質がはじめて明らかになろう。

また、問題は、上述の事柄は言ってみれば領国統治に関わる問題で、大名権力を総体としてとらえるには、他方で、当主を頂点とした人的関係、権力編成の問題を考える必要があろう。すなわち軍事面における寄親寄子制、司法面における奏者同心制、さらには政務を遂行するにあたっての奉者制といった事柄のうちに見られる人的関係の問題である。研究の方向性としては、これら統治面と人的関係の両面から明らかにすることが求められ、そこではじめて大名領国を構造的、立体的にとらえることが可能といえよう。しかし、厄介なことは、現実的には、それらが重なりあい、結びあって史料的に表出していることである。それらを腑分けして、一つ一つの職掌や人的関係を明確にする必要があるが、それには史料があまりにも少なすぎるという現実が存在する。本稿では、そうした研究の方向性を念頭に置き、その階梯の第一段階として、個々の職掌について可能なかぎりその実態を明らかにし、今川氏全領国における権力機構の復元を試みたいと考える。

二　城主・城代

今川氏領国において、各地の城砦を守備するいわゆる城将について、総体を示すような史料は勿論存在しない。また、そのことを追究した研究もいまだ行われていない。そもそも、各地に存在した大小さまざまな城砦の格付けも明かでないし、それらの有機的関係についても明らかでない。「今川かな目録」などの分国法においても、何らの規定も存在しない。特定の城砦と城将の結びつきについても、駿河国富士郡大宮城の富士氏、遠江国佐野郡懸川城の朝比奈氏、同山名郡犬居城の天野氏、同敷智郡引間城の飯尾氏などは、世襲的、固定的であったことが知られているが、それら以外については、必ずしも明らかでないし、たびたび交替している事例も見られる。そうした中で、城将の性格がいかなるものであるのかを見極めることはたいへん難しいことである。

領国内における城砦を拠点としての領域支配者の有り様については、近年後北条氏の研究で精力的に進められており、その到達点ともいえるものが黒田基樹氏によって示されている。(12)それによると、後北条氏領国においては、その権限の違いによって、「郡代」「城代」「支城主」「支城領主」といった四種に区分できるということである。その詳細は氏の論考に譲るが、区分のメルクマールである権限の違いについて、「郡代」は、「郡」に対する領国制的公事の賦課・収取権の行使にとどまり、「城代」は、それに加えて、「支城」配属の軍事力（「衆」）に対する指揮権を有するということである。「支城主」は、さらに大名支配権の一部である知行宛行・安堵権、領内裁判権などが付与されたものであり、「支城領主」とは、後北条氏領国の外縁部を構成する支配領域に見られるもので、上記の権限を含めて領域支配権の全権が認められていたものであるという。比較的豊富な史料と、研究の蓄積によって得られた見解であって説得的といえよう。

では、今川氏領国において、こうした区分が確認できるのかということであるが、まず、今川氏領国においては、今川氏当主以外に、個々の家臣が自己の私領を除いて、他の者に所領の宛行や安堵を行ったり、寺社領を寄進するといった知行宛行・安堵権を行使した明証は現在のところ得られていない。たとえば、天文十八年（一五四九）に三河国太平寺領において、検地の結果としての「寺領目録」（一九二八号）が、太原崇孚雪斎によって作成されているが、それにも当主義元の朱印が捺されているし、寺領安堵状も義元が発給している。すなわち、知行宛行・安堵権は当主の専決事項であったと思われる。そういうことでは、今川氏領国においては、後北条氏におけるような「支城主」とか「支城領主」といった本来の大名が持っている領域支配権を有した職掌は考えられないということである。史料的にも、次のようにわずか二例ではあるが、いわゆる城将のことが「城代」と記されている。

その一つは、天文二十三年に行われた三河国吉田天王社社殿造立の際の棟札に「吉田城代駿州藤原朝臣伊東左近将監元実」（一二三二号）と記されているものである。今一つは、次の永禄四年（一五六一）の今川氏真判物である。

年来葛山甚左衛門尉仁申付、富士大宮司分代官職之事
右、只今甚左衛門尉令改易訖、然者信忠（富士）為城代申付之条、人夫諸公事等、如前々相計之、当城普請以下、無懈怠
可相勤之者也、仍如件、
永禄四辛酉年
七月廿日　　氏真（今川）（花押）
富士兵部少輔（信忠）殿
（二九五三号）

そして、同時代の史料においては、「城代」以外の、たとえば城主とか城守といったような文言は見られず、今川氏領国においては、「城代」が、城将を示す唯一の名辞であったといってもよい。「今川家譜」で懸川城代とも記された朝比奈氏のことを（六七六号）、京都公家山科言継は「守護代」と書き残している（一七三二号）。このことは、今川氏領国における城将が、当主（守護）の代官であって、上意遵行の役目を負う存在で、その領域においてすら主権者としての独自の権限を有する存在ではなかったことを示している。右の文書の「人夫諸公事等、如前々相計之、当城普請以下、無懈怠可相勤之者也」からも窺えるように、今川氏領国における「城代」も、黒田氏が性格付けした後北条氏の「城代」と同様に、その権限は、軍事力の構築とそのための領国制的公事（城砦普請や兵糧調達）の所務にとどまるものであったと考えられる。

ただ、三河国における雪斎の位置付けは問題となるところである。前述のように今川氏征服後の三河国における支配機構を論じた所氏も、三河国における今川氏「侵攻期の特質は、『三河国事』としての雪斎の地位と権限の中に象徴的に示され」ているとして、雪斎の権限を①軍団の総指揮権、②兵糧調達権と所領の改替などの下地支配権、③禁制の発給や検地の施行といった行政権をあげている。ここからは、雪斎が、知行宛行・安堵権を有していたとは認めら

れないが、領国統治権のかなりの部分を行使していたことになり、所氏なども「まさに非常時における大名権力の代行者である」[13]とされる。確かに「城代」を超える権限が付与されていたといえる。現に、三河国の吉田城や岡崎城などの城将（前記伊東氏など）について、史料的にも研究の上でも「城代」としての位置付けがなされてきており、雪斎は彼らの上位に位置付けられるべき存在といえよう。

このことは、義元から氏真への家督相続の問題と、きわめて関連する問題を投げ掛けているといえる。弘治三年（一五五七）正月までには今川氏の家督が義元から氏真に継承されていたと思われ[14]、その後、義元は三河国支配に専念していくわけである。なぜ、老年でもなく病床に就いていたとも考えられない義元が、この時期に氏真に家督を譲り、三河国支配に専念するようになったのかということであるが、それは、雪斎が弘治元年閏十月に死没したことにより、雪斎が行っていた上記のような三河国支配の継承が必要であったがゆえと思われる。すなわち、三河国については、その侵攻・占領期から雪斎に大名の代行者として特別な権限が付与されるという支配方式がとられ、雪斎の死後、義元がそれを引き継がなければならなかったということではないかと考えられる。すなわち、「三河国事」が雪斎に委ねられ、その死後は、義元によって名実共に分割統治されるという三河国固有の統治方式を考える必要があろう。

次に、「城代」の性格についてであるが、本節冒頭にあげたような駿遠両国における主要な城砦については、「城代」は交替することなく、世襲的に一族で固定的に同一の城砦を守備していた。そして、そこには、「城代」の館や宿所が設けられ、家族や被官が住み着いていたことは、東海道などを往来した文人や公家の書き残した種々の記録（二三六〇号他）などから窺うことができる。おそらく、役所的性格の施設も存在し、当主派遣の「奉行人」や「代官」といった職掌の者も詰めており、役務が行われていたと考えられる。おそらく、こうした城砦は、軍事的機能というよりは、領域統治の役割の面が強かったことによるものと思われる。そしてこれらの城砦が、駿府の今川館およびそれに付随して設けられた城砦を全体として今川氏本城ととらえた時、その支城であったと思われるが、いわゆる本城・支城領制といった整った編成が布かれていたかどうかについては不明といわざるをえない。

しかし、上述したような主要な城砦の「城代」に対して、同じく駿遠両国に存在した城砦でも「城代」がしばしば交替している事例もある。たとえば、遠江国鵜津山城（宇津山城）についてであるが、永正三年（一五〇六）に近くの鷲津本興寺に対して、今川氏一家の瀬名一秀が、次のような判物を下している。

当寺之事、無縁所之事候間、代官并家風等兎角之不可有扱候、万一有非儀申者者、直可有注進候、可成其成敗処、仍如件、

永正三丙寅十一月九日　（瀬名一秀）（花押）

本興寺

（四一六号）

この文書については、天文年間の当寺の住持日礼が「日礼私云、瀬奈一秀之判也、当郷被領時也」という端書を付記している。このことから、即座に瀬名一秀が、松本真子氏の主張する(15)ように鵜津山城主であったとは決め付けられないが、「無縁所之事候間、代官并家風等兎角之不可有扱候」という文言は、私領主としてより今川氏の意向を代弁したものととらえることもでき、あるいは、鵜津山「城代」であった可能性も考えられる。永正十三・四年に、本興寺に対して、『静岡県史料』第五輯の下註で「新居中ノ郷領主」とある中山民部入道生心が寺山の安堵とか、家来の乱妨を止める判物を出しているが（六三五・六四五号）、松本氏はそうした中山生心もやはり鵜津山城主であったとされる。『静岡県史料』が、どのような根拠によって、そのような註記を施したのか不明であるが、「新居中ノ郷」というきわめて小地域の領主と註記されるような存在を、鵜津山城主とか城代と想定することは難しいであろう。次に、大永年間になると、同五年（一五二五）に、長池左衛門尉親能が本興寺に奉書形式の禁制を与えている（八八二号）。それには、

異筆で「鵜津山城第二代長池殿書なり」という端書が付記されている。この記載からすぐに判断できないが、「宗長手記」の同七年の箇所に長池九郎左衛門尉親能が敵に備えて鵜津山城の普請を行っている記載があり（九六九号）、前後あわせて考えると「城代」であった可能性が高いといえよう。続いて松本氏は、「正太寺記録」「宇津山記」「武徳編年集成」などの記載より、朝比奈氏泰・泰充・真次といった遠江朝比奈氏の一族の者が城主であったとされる。たしかに、氏泰については、本興寺に対して、前掲の瀬名一秀の判物とほぼ同文の判物を享禄五年（一五三二）に下している（一一九〇号）。そして、端書には「私云、宇津山二代目、朝比奈兵部少輔殿判形」と付記されており、瀬名氏と同様に「城代」としての可能性は考えられよう。ただ、そのあとの泰充・真次については、松本氏は、本興寺と同様に鵜津山城の近くの吉美郷の妙立寺や富士浅間社への、永禄末年の寺社領の安堵状（三三〇七号）や寄進状（三三七四号）をもって、鵜津山城主であったと主張されているが、それだけの傍証で決定付けるのは難しいのではないかと考える。次に、永禄末年になると大原肥前守資良が禁制などを本興寺に与えている（三六三四、四―一〇八号）。また、「武徳編年集成」では、徳川家康が、永禄十一年（一五六八）末に遠江国に進攻した時点で、鵜津山城は大原資良（小原肥前守鎮実）が守備していたと記されている。

以上、鵜津山城について、先行研究や関連史料を検討してきたが、「城代」としての確かな史料には恵まれないが、その可能性のある人物として、瀬名一秀・長池親能・朝比奈氏泰・大原資良などをあげることができる。かなり頻繁に交替しているといえよう。これは、おそらく三河国に近く、常に防備態勢を調えておく必要があるという軍事的要請により、その時々において、全領国における軍事力の配置という観点から、領国周縁部の「城代」の決定が行われ、それによる交替であると考えられよう。前述した領域統治のための城砦との機能的差異が窺える。

次に、「城代」の役割という点では、たとえば、遠江国引間「城代」であった飯尾乗連が、天文十三年（一五四四）に河東一乱の再乱ということで、駿河国蒲原城当番を務めているということが、東国下向の途次に引間に立ち寄った連歌師宗牧によって書き残されている（一七一六号）。この飯尾乗連は、また、弘治三年（一五五七）には、「三州岡崎之番」を務めていることが、帰洛途中の山科言継によって記されている（二五五一号）。まさに臨戦態勢にある城砦については、このようにたとえ領域統治の「城代」であっても、「当番制」が取られていたといえよう。

以上のことから、今川氏領国における「城代」には、その役割からいって「統治城代」と「防備城代」、さらに「臨戦城代」といった違いが存在したと見ることは考えすぎであろうか、今後の検討を待ちたい。

なお、後北条氏研究のもとで、「郡」に対する領域支配者としてとらえられている「郡代」については、今川氏領国においては三河国渥美郡東観音寺に繰り返し出された義元・氏真の判物（一九一三・二一〇七・二八三一・三〇〇七号）に、次のように見えるのが唯一の事例である。

参川国渥美郡小松原山東観音寺領之事

右、如先規可有寺務、幷門前棟別諸役漁船五艘、任先例為守護使不入之地、停止郡代・奉行人等之綺、可為寺家進退之旨領掌、永不可有相違、守此旨修造勤行不可有怠慢者也、仍如件、

天文廿一年二月十七日　　治部大輔（今川義元）（花押）

東観音寺／学首座

（二一〇七号）

「停止郡代・奉行人等之綺」と、「奉行人」と並記して見えることから、奉行人とは別に「郡」規模での領域統治の役割を担った職掌と思われるが、その権限については明らかにしがたい。ただ、寺領に対する諸役公事免除に関する文書に登場することから、前述の後北条氏における「郡代」と基本的に同様の存在であったと考えられる。ただ、三河国の史料でしか見えないということは、駿遠両国では、その役割は前述の「統治城代」にとってかわっているがた

めとも考えられる。

三　宿老・評定衆・奉行人

まず、「宿老」と「評定衆」についてである。これらの職掌は、前述の「訴訟条目」に唯一見いだされるものである。その第一条の毎月の評定日を定めた条文において、「宿老并奉行人数、巳之時よりあつまり、申刻まて、諸公事議定、披露怠慢せしむへからす」として見える。また、諸沙汰の座敷出入りの者を定めた第七条において、「但評定衆并奉行人、同心一人召具すへし」と記されている。これらの記述より、「宿老」と「評定衆」とは同一の実態を示すものであろうと考えられている。事実、永禄四年（一五六一）九月三日付けの今川氏真の佐竹高貞に与えた同又七郎の知行・跡職を安堵する裁許状において、「令訴訟之間、度々及裁断、諸老之面々、遂評定之処、為証文明鏡之条」（二九六七号）と記されている。すなわち、訴訟の裁許において「評定」を行うものが「諸老」とも記されており、「訴訟条目」に見える「宿老」と「評定衆」とは同一の実態をしめすものといってよいであろう。鎌倉・室町幕府においても、評定衆・引付衆などの訴訟に携わるものを宿老といったが[16]、今川氏においても同意にもちいられていたといえよう。ただ、戦国期には、評定は単に訴訟（公事）を裁くだけでなく、政務全般の議定を行うことであり、宿老（評定衆）は、大名支配の最高の意志決定職制として設けられているのが常で、今川氏の場合も同様であったろう。

問題は、ではこうした「宿老」「評定衆」は、具体的にどのようなメンバーであったのかということであるが、その人数やメンバーは、必ずしも固定したものではなかったと考えられるが、残念ながら明らかにしえない。「今川かな目録」第三二条に特別に出仕の座敷が定められている三浦二郎左衛門尉と朝比奈又太郎などは、その一員であったろう。

また、所氏が検討された天文年間後半における三河国長沢城跡職をめぐる牧野保成の申し出にかかわる一連の文書群の内に、雪斎が、牧野に「朝丹《(朝比奈丹波守親徳)》無疎遠候、諸老も別儀不被存候、涯分可被申立候」（二三〇二号）と、公事（訴訟）の中立てを勧めている記載がある。ここで記されている「諸老」は、一連の文書中で雪斎と連署している朝比奈親徳・同泰能、飯尾豊前守乗連などととらえてよいであろう（補遺二一四・二一五、二〇五四号）。所氏[17]は、朝比奈親徳を奏者、同泰能を奉行人として、「宿老」（「評定衆」）レベルとしてはとらえていないようであるが、「屋形被遣判形之上、不可有別儀候、尚只今承候間、我等加印申候者也」（補遺二一四号）とあることより、この件においては三者を区別する必要はとくにないのではないかと考える。また、引間「城代」であった飯尾乗連が署判しているのも、「宿老」としての立場からであったと考えてよいのではないか。以上、雪斎、三浦氏、駿河朝比奈氏、遠江朝比奈氏、飯尾氏などが浮かび上がってくる。さらに、さかのぼって永正年間における遠江国大福寺領をめぐって寺側に出されている福嶋範為などの書状の中で、福嶋氏の宗家助春が駿府に滞在して留守であることが記されている（四四八・四六二号）。あるいは、「宿老」の一員として在府していたのではないかと考えられる。こうしたことは、弘治年間の「言継卿記」の記載で、懸川「城代」朝比奈泰能が、参府していることが記されているが（二三五九号他）、同様の「宿老」としてのものであったと考えられよう。

以上、雪斎を含めて、上にあげた人々などが「宿老」（「評定衆」）であったと思われるが、当然これら以外にも存在したであろう。しかし、その全貌は明らかにしがたい。やはり、史料的に同姓の者が数多く登場する家々の宗家とか惣領であるものがそのような地位にあったといえよう。後掲の表3はそうしたことを考えさせるものといえよう。

次に「奉行人」についてであるが、「奉行人」も、「訴訟条目」によると、評定の場に臨んでいるが、その名辞からいって、基本的には、評定などで決定された権力の意志を実行する立場の行政官的職掌といえよう。「訴訟条目」においても、「奉行人」の役割については、裁許の披露とか、論人・訴人との仲立ち役を行う者として規定されており、評定＝公事議定に直接関わるような規定は見られない。しかし、一言で「奉行人」といっても、後述するようにかなり多様な役目と権限の異なるものがあったと思われる。「訴訟条目」に規定された「宿老」（「評定衆」）と並記され評定の場に臨む「奉行人」などは、人数的にも限られ、かなり家格の高い上級の武将が任じられたと思われる。彼らの多くは、常に駿府にあって当主の近くに仕え、政務全般を取り仕切ったと思われる。ただその場合、具体的に史料に見えるものが（後掲表3参照）、「宿老」であるのか「奉行人」であるのか区別しがたい。前引史料の「諸老」などは、「奉行人」を含めて呼ばれていたともいえよう。具体的には、「奉行人」には、当主の書状などで、使者や口上役として名前の記されている人々がそれに当たるであろう。天文年間の河東一乱の際などに武田氏との応接を行い「高白斎記」にしばしば登場する一宮出羽守や高井兵庫助などはまさにその例であろう（一七四四号他）。

こうした評定の場に臨む「奉行人」に対して、特定の任務を帯びた「奉行人」が数多く存在した。そうした「奉行人」には、領国内の特定の地域の行政的支配を委ねられたものと、職務の内容に応じて設けられたものと二通りあったようである。前者の地域別奉行としては、「宗長手記」にみえる遠江国浜松庄奉行（飯尾賢連・乗連、三〇三・七九九号）を始めとして、駿河国富士上方職奉行(18)（井出千熊、二九〇六号）・三河国吉田奉行（二八六七・三〇五一号）・遠江国引間奉行（三二五五号）などが具体的にみられる。「今川かな目録」で、借銭の取り立てなどについて、しばしば「当奉行幷領主にことハり」（第一八・一九・二一・二五条）と記されている「当奉行」とは、こうした地域別奉行のことではないかと考えられる。

職務別奉行としては、大永三年（一五二三）の遠江国授竜庵所領をめぐる相論にあたって校正案文を保証する証明奉行（八二四号）を始めとして、駿府浅間社の流鏑馬銭に対する裁許を行った清断奉行（光盛・元秋、一九三二号）や、棟別奉行（四五九号）・寺奉行（四八五・一六〇六号・「かな目録追加」第一八条）・津留奉行（三四八〇号）などが文書中より拾える。この内、棟別奉行については、永正年間初めに遠江国大福寺領に対する棟別銭の賦課が問題になった時、寺側の申し出の取次を行った福嶋範為が、その書状で、「彼料足（棟別銭）寺家ニ御預尤候、奉行誰ニて候哉、不存候へ共、状を遣候、大嶋か、不然者、小坂縫殿左衛門ニて可有候哉」（四五八号）と記しているように、関係者にとって必ずしも周知の人物でなかったことが窺える。ということは、これらの奉行に特定の人物が、固定的に任命されていたということよりは、その時々に応じて任じられたのではないかと思われる。

以上の地域別・職務別奉行は、恒常的におかれていたものであろうが、これら以外にも、検地奉行（二九九六・三〇六七号）や、今川氏当主などを寄進者・大旦那とする神社社殿の造営に対しておかれた奉行・小奉行人・作事奉行・公物奉行などは（六五二・一〇一九・一四七八・二〇二一・二二三二号）、随時的に設置されたものであろう。「今川かな目録」第一五条に見える井溝相論に際しては、「奉行人をたて」と記されていることから、随時「用水奉行」のようなものもおかれたと考えられる。この内、検地奉行には、三浦安芸入道・鶴千代（三〇六七号）や興津美濃守（三二三五号）などがなっている。この三浦氏は、氏親葬儀（大永六年＝一五二六、補遺一九三号）に際して太刀持ちを務めた三浦平五の系統の家筋の者であり(19)、興津氏も、同じく葬儀に際して氏親の馬を牽いた興津藤兵衛正信（補遺一九四号）の系統の家筋の者であり(20)、かなり家格の高い人物が務めているといえる。また、永正十七年（一五二〇）に、遠江国高松社神主に注進された神田の「踏渡目録」（七五四号）を作成した福嶋春久・栗林元重・矢部信定などもこの時の検地奉行であったと思われ、前述のこの時期の「宿老」の一員であったと思われる福嶋助春の一族が名を連ねている。

神社社殿造営の「奉行人」としては、次のような事例が認められる。

◎永正十四年、駿河国有度八幡社再興（氏親）（「有度八幡神社所蔵」六五二号）

（奉行人）福嶋三郎右衛門尉平盛助・斉藤加賀守安元・福嶋豊後守平春久

◎天文七年、三河国新神部郷吉田社造立（義元）　（「吉田神社所蔵」一四七八号）

（奉行人）岡部輝綱・吉徳

◎天文十九年、同郷神明社造営（義元）　（「安久美神戸神明社所蔵」二〇二一号）

（奉行人）朝比奈筑前守輝勝・岡部出雲守輝綱・山田新衛門景高

いずれも、今川氏の支配権力にとって重要な位置にあった家筋の者である。

「奉行人」として名を連ねているものたちが、それぞれの家系図でどのような系譜関係であるか明らかにできないが、以上、宿老（評定衆）や奉行人として、当主に代わって文書を発給したり、受領したり、他国との応接や特定の職務を帯びて奉公している事例を、連名で記されているものに限って一覧したのが表3「戦国大名今川氏宿老・奉行人等一覧表」である。表を一覧してわかるように、三浦氏や朝比奈氏、飯尾氏、あるいは岡部氏や由比氏などの名前がしばしば登場しており、「はじめに」で言及した家臣団の区分でいえば、譜代の重臣クラスのものがこうした役職にあったということがわかる。

また、永正年間から大永年間の氏親時代においては、福嶋氏が、たびたび名を連ねており、この時期においては、かなり枢要の位置にあったことが窺える。天文年間以降になると、ほとんど名を表さなくなったのには、大永元年（一五二一）の福嶋氏を中心とした駿河勢の甲斐国侵攻、飯田合戦における大敗によるものと考えられる。

以上、「宿老」クラスと上級の政務を取り仕切る「奉行人」との違いが必ずしも明確でなく、また、前節の「城代」との関係についても、それぞれの役割の区別もつきがたいという課題を残すが、「城代」「宿老」（「評定衆」）「奉行人」が、今川権力を構成する職掌であったであろう。

表3　戦国大名今川氏宿老・奉行人等一覧表

年　月　日	上段：史料内容　下段：宿老・奉行人等	典拠
永正14年5月28日	駿河国有度郡八幡社再興	「静岡市八幡神社所蔵」3—652
(1517)	［棟札銘］福嶋三郎右衛門尉平盛助・斎藤加賀守藤原安元・福嶋豊後守平春久	
永正17年8月6日	遠江国高松社神田注文	「中山文書」3—754
(1520)	［差出］福嶋豊後守春久・栗林縫右衛門尉元重・矢部将監信定	
大永4年8月26日	遠江国宇苅郷検地施行	「掛川誌稿尾上文書」3—846
(1524)	［差出］(長池) 親能・(朝比奈) 時茂・(福嶋) 盛広	
大永5年8丹28日	遠江国頭陀寺千手院宛先達職安堵	「頭陀寺文書」3—873
(1525)	［差出］(福嶋) 盛広・(朝比奈) 時茂	
大永6年4月14日	今川かな目録第32条	「今川かな目録」3—916
(1526)	［出仕座敷］三浦二郎左衛門尉・朝比奈又太郎	
大永6年7月2日	氏親葬儀次第	「増善寺所蔵」補—193・4
(1526)	［役目］三浦平五・岡部七郎二郎・福嶋越前・興津藤兵衛（正信）・朝比奈左京亮（泰能）	
大永8年9月6日	駿河国瀬名郷利倉大明神社造立（大檀那＝瀬名氏貞）	「竜泉院文書」3—1019
(1528)	［作事奉行］多芸伯耆守・［公物奉行］小林対馬守	
天文2年9月24日	遠江国高松社領寄進状	「中山文書」3—1225
(1533)	［差出］矢部信濃守定信・三浦将監高長・加賀爪三河入道永授	
天文5年2月17日	遠江国欠落百姓召返令	「掛川誌稿尾上文書」3—1365
(1536)	［差出］(朝比奈) 右兵衛尉親徳・右衛門尉親貞	
天文7年11月8日	三河国新神部郷吉田社造立	「吉田神社所蔵」3—1478
(1538)	［棟札銘］奉行（岡部）輝綱・吉徳	
天文10年9月23日	◎武田信虎隠居分合意	「堀江文書」3—1562
(1541)	［談合役］（太原崇孚）雪斎・岡部美濃守（久綱）	
天文11年11月8日	◎駿河国足洗郷年貢手形	「勢州御師亀田文書」3—1600

(1542)	[奉者] 飯尾善右衛門尉元時・石水寺建隆	
天文14年8月11日	武田信玄書状	「高白斎記」3—1744
(1545)	[受領者] (太原崇孚) 雪斎・高井 (兵庫助)・一宮 (出羽守)	
天文15年9月28日	三河国牧野知行裁許	「松平奥平家古文書写」補遺—214
(1546)	[11月25日裏書] (朝比奈) 泰能・(朝比奈) 親徳・(太原) 崇孚 (雪斎)	
天文15年10月16日	牧野保成条目	「松平奥平家古文書写」補遺—215
(1546)	[宛名] 朝 (比奈) 三 (郎) 兵 (衛尉親徳)・(太原崇孚) 雪斎	
	[裏判] (朝比奈) 泰能・(朝比奈) 親徳・(太原) 崇孚 (雪斎)	
天文18年8月7日	◎駿河国浅間流鏑馬裁許	「村岡文書」3—1932
(1549)	[裁断者] 清断奉行光盛・同奉行元秋	
天文18年9月10日	三河国無量寿寺制札	「無量寿寺文書」3—1943
(1549)	[差出] 前伊豆守・前豊前守 (飯尾乗連カ)・前紀伊守・(太原崇孚) 雪斎	
天文18年9月12日	三河国無量寿寺制札	「無量寿寺文書」3—1944
(1549)	[差出] 前豊前守 (飯尾乗連カ)・前紀伊守・(太原崇孚) 雪斎	
天文19年6月2日	義元室武田氏死去報知	「高白斎記」3—1994
(1550)	[報知者] 朝比奈備中守 (泰能)・一宮出羽守・高井兵庫助	
(天文19)11月29日	三河国大樹寺安堵	「大樹寺文書」3—2019
(1550)	[差出] (朝比奈) 備中守泰能・(太原崇孚) 雪斎	
天文19年11月17日	三河国新神部郷神明社造営	「安久美神戸神明社所蔵」3—2021
(1550)	[棟札銘] 奉行朝比奈筑前守輝勝・岡部出雲守輝綱・山田新衛門景高	
天文末年頃9月19日	三河国長沢城改替	「松平奥平家古文書写」3—2054
	[差出] (飯尾) 乗連・(太原崇孚) 雪斎	
天文20年12月2日	三河国松平跡職起請文	「東条松平文書」3—2080
(1551)	[差出] 飯 (尾) 豊 (前守) 乗連・二 (俣) 近 (江守) 扶長・山 (田) 新 (左衛門) 景隆	
天文21年2月1日	武田氏使者駿府応接	「高白斎記」3—2102
(1552)	[応対者] 一 (宮) 出 (羽守)・高 (井) 兵 (庫助)	

天文21年5月4日	三河国竜渓院禁制	「竜渓院文書」3—2126
(1552)	[差出](朝比奈)備中守(泰能)・[裏判](太原崇孚)雪斎	
天文21年11月28日	義元娘甲斐武田氏輿入	「高白斎記」3—2156
(1552)	[供衆]三浦・高井	
天文23年6月	三河国吉田天王社造立	「吉田神社所蔵」3—2232
(1554)	[作事奉行]畑三郎左衛門勝吉・佐久間平助光信	
天文24年5月14日	遠江国棚草郷年貢未進裁許	「長谷川文書」3—2277
(1555)	[宛名]村松源左衛門尉・高林藤左衛門尉	
弘治3年2月6日	◎三河国桜井寺白山裁許	「桜井寺文書」3—2513
(1557)	[裁断者]朝比奈摂津守・伊東左近将監(元実)・長谷川源左衛門尉(以長)	
(弘治3)7月22日	三河国大給防備手配	「田島文書」3—2571
(1557)	[差出]朝(比奈)丹(波守)親徳・由(比)四(郎右兵衛尉)光綱	
永禄元年⑥月8日	三河国舟橋合戦奥平宛感状	「松平奥平家古文書写」3—2627
(1558)	[差出]朝(比奈)下(野守)親孝・長(谷川)源(左衛門尉)以長・由(比)光綱	
永禄2年5月16日	松平元康定書	「桑原羊次郎氏所蔵文書」3—2687
(1559)	[後見役]関(口)刑(部)・朝(比奈)丹(波守親徳)	
永禄2年5月23日	◎三河国桜井寺白山裁許	「桜井寺文書」3—2690
(1559)	[宛名]朝比奈摂津守・伊東左近将監(元実)	
永禄2年5月23日	三河国桜井寺白山裁許	「桜井寺文書」3—2692
(1559)	[差出]松鶴斎宗全・一粟軒玄三[宛名]朝比奈摂津守・伊東左近将監(元実)	
(永禄3年以前)	◎三河国岡崎軍備手配	「松平奥平家古文書写」3—2776
12月2日	[談合]飯尾豊前守(乗連)・二俣近江守(扶長)[使者]朝比奈備中守(泰能)	
永禄3年9月15日	三河国古部郷検地裁許	「児島好平氏所蔵文書」3—2823
(1560)	[差出](三浦)内匠助正俊・右近将監輝守・(朝比奈)下野守親孝	
永禄3年11月26日	遠江国棚草郷年貢未進裁許	「長谷川文書」3—2857
(1560)	[宛名]村松源左衛門尉・長谷川太郎兵衛(安清)・高林藤左衛門尉	

永禄３年12月21日	◎駿河国旦過堂造営	「駿河志料長善寺文書」3—2874
(1560)	[宛名] 伊東左近将監（元実）・朝比奈八兵衛（元徳カ）	
永禄4年ヵ6月17日	◎松平元信逆心奥平宛書状	「松平奥平家古文書写」3—2941
(1561)	[使者] 随波斎・三浦右衛門大夫	
永禄６年２月29日	◎三河国桜井寺白山裁許	「桜井寺文書」3—3111
(1563)	[裁断者] 朝比奈摂津守・伊東左近将監（元実）・長谷河石見守	
永禄６年２月吉日	遠江国堀江中安知行裁許	「中村文書」3—3112
(1563)	[差出] 神尾織部佑元直・養徳院但阿	
永禄6年カ4月2日	遠江国堀江中安知行裁許	「中村文書」3—3155
(1563)	[差出] 三（浦）左（京亮）元政・伊（東）元慶	
永禄７年３月晦日	飯尾致実弁明状	「古簡編年三」補遺一239
(1564)	[宛名] 朝比奈備中守（泰朝）・瀬名陸奥守（氏俊カ）・同中務大輔（氏詮カ）・朝比奈兵大夫（信置カ）	
永禄10年11月５日	駿河国茜商売許可状	「駿河志料友野文書」3—3427
(1567)	[差出] 三（浦）左（京亮）元政・（朝比奈）金遊（斎）芳線・伊（東）元慶・由（比）内匠頭光綱	
永禄11年４月15日	越後上杉氏宛書状	「歴代古案二」3—3455
(1568)	[差出] 三浦次郎左衛門氏満・朝比奈備中守泰朝	
永禄11年９月27日	◎駿河国由比知行裁許	「御感状之写并書翰」3—3481
(1568)	[裁断者] 三浦左京亮（元政）・（朝比奈）金遊斎（芳線）	
永禄11年12月21日	遠江国懸川城より大沢宛	「大沢文書」3—3532・3690・3696
～同12年４月11日	[差出・宛名] 朝（比奈）備（中守）泰朝・（朝比奈）金遊（斎）芳線・朝（比奈）下（野守）親孝	
永禄11年12月21日	遠江国懸川城より大沢宛	「大沢文書」3—3629
(1568)	[差出] 瀬名元世・小（笠原）右馬（助）元詮	
年次未詳７月22日	◎伊勢神宮御師宛書状	「勢州御師亀田文書」3—3772
	[使者] 蒲原太郎四郎（真房）・由比四郎右兵衛尉（光綱）	

註：「静岡県史」通史編２中世833頁掲載「表３—９　今川氏宿老・奉行人等一覧表」に加筆して作成.
典拠欄は,「同」資料編７中世三の巻数と史料番号である. ◎印は, 今川当主発給文書を示す. 下線は, 朝比奈氏を示す.

四　目代・代官・公方人

言うまでもなく「目代」と「代官」は、ともに当主の代行者として設けられたものである。「代官」については、大名直轄領における年貢等の徴収を主とする所務支配を行う職掌としてすでによく知られているものである。今川氏領国の代官制についても、筆者をはじめ二・三の研究があり、(21)「代官」には、直轄領を恩賞・給恩として預けおかれた有力家臣と、開発や生産力の向上を通じて蔵入や料所が新たに生み出され、そうした直轄領を預けおかれた在地小領主との二種類が存在したことなどが明らかにされてきている。それに対して、「目代」は「かな目録追加」第五条や、一・二の文書に見える程度でその実態や機能・性格については必ずしも明らかではない。「かな目録追加」では、駿府における馬廻（当主親衛軍）の所領に対する検断役として記されている。これについては、「国司の代官。この時期では守護代に近い性格となっており、駿府の検断を司っていた。なお今川氏は南北朝以来守護と駿河の国務を兼帯していた」と註記されたりしている。(22)「かな目録追加」以外では、一つは永正十四年（一五一七）の駿河国有度郡八幡社再興棟札銘（六五二号）に、「御目代平氏為」と見える例である。今一つは、天文十八年（一五四九）と永禄元年（一五五八）の「駿府浅間社流鏑馬神役目録」（一九三三・二六四四号）に見える記載である。両年の目録とも記載はほぼ同文である。まず、「浅間宮御役銭」として、「御目代」が初馬銭として二〇〇文を負担している。次に「正月七日御節会」として、初馬七匹が「浅間宮・同庁宮・御目代三所」へ引き申すことが記されている。また、「三月会」で、導師の馬を「御目代」が請取、久能寺に引き渡すことが記されている。さらに、「十二月初申」の行事において、「御目代ニをひて御竈清、掃部大夫御湯立役申付、年中之御卜有」（以上、二六四四号による）とある。

これらの記載より、「目代」が、今川氏の守護神として最も崇敬の厚かった駿府浅間社の重要な神事において、きわめて枢要の役目を果たしていることが窺われ、単に「かな目録追加」の記載から窺える検断役的な性格にとどまらないといえよう。すべての記載が「御目代」と記されているように、まさに大名の代行者といってよい役割である。「かな目録追加」に見える「目代」も、当主親衛軍としての馬廻にたいする検断役を果たしているのであって、ここでも当主の代行者といった性格が窺える。ただ、代行者といっても、当主の権限を付与されたものではなく代理人的性格のものといえよう。また、こうした「目代」が領国全域におかれていたとか、その役割が及んでいたとかいうことではなく、上記の史料がいずれも駿府かそれに隣接する地域における事例であって、他の地域に見られないことより、まさに当主の代理者として当主の膝下において機能した役職ではなかったかと考えられる。すなわち、実質的にはその役割や権限が有名無実化していたが、当主が国務を兼帯するという名目によって、国衙の所在地という伝統をもつ府中（駿府）において、「目代」がおかれていたのではないかと考える。

次に「公方人」は、天文二十二年制定の「かな目録追加」第一五条で、田畠などを差し押えたり没収する田札（点札）を行うものとしてはじめて登場する。その後、年貢の未進に対して催促のために現地に派遣されたり（二二七七号）、借米銭催促のための譴責役として登場し（二八七四号）、「以公方人令譴責」といった文言が常套句となる。いわゆる執行吏的役人であったといえよう。また、同条で「公方人の奉行を定うへハ、奉行人に断、諸事可申付也」と見えることから、「公方人」は、奉行人の指揮の下にあったことがわかる。そして、こうした「公方人」の登場と入れ替わって、「かな目録追加」制定以前に見えた、借銭に対する「催促使」（一八五九・二一五七号）といった名辞はそのご使われなくなっている。このことは、領国法の制定が、権力機構における職掌の制度化を促しているともいえよう。そのことをもっとも端的に示しているのは、駿府浅間社の神役の請取について、制定以前の天文十八年の義元判物（一九三四号）で

図6　戦国大名今川氏権力機構概念図

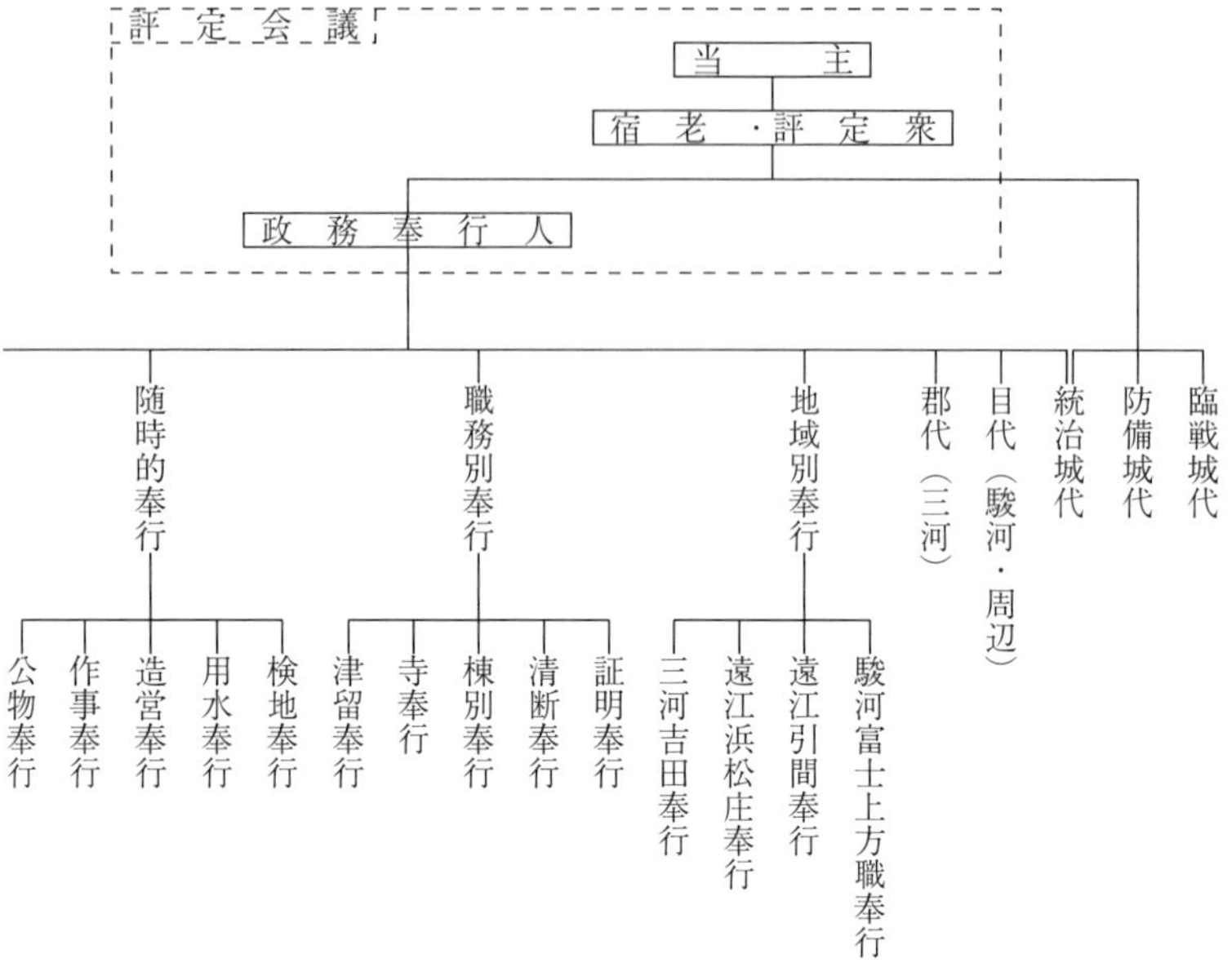

は、「若於無沙汰者、堅可遂催促」と記されているのみであるが、制定後の永禄元年の氏真判物（二六四三号）では、「於難渋者以公方人可請取之」となっており、「公方人」と明示されていることである。なお、地方修験の拠点であった富士郡村山浅間社の前身である村山三坊に出された義元や氏真の発給した七ヵ条の「村山室定書」では、「かな目録追加」制定後の天文二十二年五月二十五日付のものを含めてそれ以降ほぼ同文のものが五通残されている（二一九六・二二八〇・二三四一・二七五〇・三一九八号）。それらのいずれにおいても、第五条に「一、六月間為旧借、不可取質物、并道者間譴責使令停止之事」といった文言があり、「譴責使」という名辞も存在したことが窺える。前述の「公方人」との違いが問題になるが、その職務内容も借物などの譴責に関わるものであり共通しており、「公方人」が譴責に入る時、「譴責使」とも呼ばれたのではないかと考える。また、今川氏発給文書で、しばしば諸役のうちの夫役の一つとして「押立」あるいは「押立人夫」という課役が賦課・免除（ほとんどが免除の場合

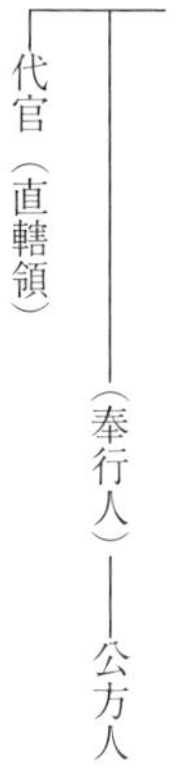

であるが）されているのが見られるが、この「押立夫」（一六三二号）は、上記の「公方人」が、田札や催促のために譴責に入るに際して引き連れていった人夫ではなかったかと思われる。ただ、そのことを直接示す史料は見当らない。

以上、「代官」「目代」「公方人」について、それぞれの役割を考えてきたが、なお、分国法にたびたび記されている「当職」とは、このような「代官」「目代」「公方人」といった職掌のものを指していると思われる。

おわりに

以上、先学の研究をふまえ、「今川かな目録」などの分国法や今川氏発給文書を手掛りとして、戦国大名今川氏の権力機構における職掌について、可能なかぎり拾いだし、考察を加えてきた。しかし、そのどれをとっても、その権限や役割、性格、また、機構上における位置付けなどについて、厳密さを欠き曖昧模糊としており、到底権力機構を明らかにしたものとは言えない。今後とも、同学諸氏のご教示を受け、より厳密性を期して行きたいと考える。

なお、とにかくも本稿で取り上げた各職掌が全体的にどのように位置付けられるか、現在筆者が描いているところを図示すれば、図6のような「戦国大名今川氏権力機構概念図」となる。これについても、諸氏の忌憚のないご意見をいただければ幸いである。

注

（1）佐々木俊輔「戦国大名今川氏の権力構造—家臣団構造を中心として—」（『歴史研究』一九号、一九七二年）。

(2)萩原竜夫「戦国大名家臣団の研究」(『歴史教育』七巻八号、一九五九年)、小和田哲男「戦国大名今川氏の家臣団構成」(『歴史教育』一五巻八号、一九六七年)、大石泰史「戦国大名今川氏の家臣団について」(『白山史学』二五号、一九八九年)。

(3)拙稿「今川氏家臣団と駿遠の武士」(『静岡県史』通史編2中世、第三編第三章第二節、一九九七年)。なお、右書においては、城代と城主との違いを明確にすることができなかったことなど、解明が不十分な面がある。相違する叙述については、本稿によられたい。

(4)菊池武雄「戦国大名の権力構造—遠州蒲御厨を中心として—」(『歴史学研究』一六六号、一九五三年、のち『歴史科学大系』第五巻、『戦国大名論集』1に収録)。

(5)下村效「『今川仮名目録』よりみた寄親寄子制」(『日本歴史』二五五号、一九六九年、のち『戦国大名論集』11に収録)。

(6)上野史朗「寄親・寄子制と訴訟—戦国大名今川氏を中心に—」(『法学ジャーナル』四六号、一九八六年)。

(7)拙著『戦国大名今川氏の研究』(吉川弘文館、一九九四年)。

(8)新行紀一「今川領国三河の支配構造」(同著『一向一揆の基礎構造』第四章、吉川弘文館、一九七五年)、同「今川氏支配下の岡崎」(『新編岡崎市史』中世二、第三章第四節、一九八九年)。

(9)所理喜夫「戦国大名今川氏の領国支配機構」(『大名領国を歩く』所収、吉川弘文館、一九九三年)。

(10)久保田昌希「今川領国三河の政治的特質」(『同右』所収)。

(11)本稿で、典拠とした史料のうち『静岡県史』資料編7中世三所載のものについては、その史料番号のみ本文中に示した。また、『同右』資料編8中世四所載のものについては、(四—一〇八号)と記し、同書付録1「中世資料編補遺」所載のものについては、(補遺二二四号)などと記した。

(12)黒田基樹『戦国大名北条氏の領国支配』(岩田書院、一九九五年)、とくに同書「あとがき」参照。

(13)所氏注(9)前掲論文。平野明夫氏も同様の見解を示されている(「太原崇孚雪斎の地位と権限」『駿河の今川氏』一〇集、一九八七年)。

(14)長谷川弘道「今川氏真の家督継承について」(『戦国史研究』二三号、一九九二年)。

(15)松本真子「宇津山城の朝比奈氏について」(『駿河の今川氏』五集、一九八〇年)。

(16)『国史大辞典』七巻「宿老」の項。

(17) 所氏注(9)前掲論文。
(18) この「富士上方職奉行」は、これ以前に同じ浅川井出氏に出された義元判物では、「富士大宮宮中奉行職」(井出尾張守・善三郎宛、一六六八・二一〇六号)と記されており、当初、富士浅間社の宮中のみを管轄とする奉行職であったものが、拡大して富士郡上方(浅間社および大宮城を核として形成された門前市・宿場・城下町を中心とする郡の北方域を指す広域地名)を管轄とする地域別奉行職となったと考えられる。
(19) 小和田哲男「今川氏重臣三浦氏の系譜的考察」(『地方史大井川』三号、一九七九年)。
(20) 興津正信の父は、美濃守を名乗っており(八四九号)、氏真時代にも美濃入道なるものが存在していたことより(三七六九号)、同一系統の家筋と考えられる。
(21) 拙論「今川氏直轄領支配」(注(7)第三章第一節)、小和田哲男「戦国大名今川氏の知行制—知行宛行状の類型化を通して—」(『地方史静岡』一五号、一九八七年)、酒入陽子「戦国期今川領国下の支配構造—戦国大名今川氏の直轄領を通して—」(『学習院史学』三三号、一九九五年)他。
(22) 『中世社会政治思想』上(日本思想大系21、岩波書店)所収の「かな目録追加」頭註。

第二章　今川義元の生涯

はじめに

私はただいまご紹介いただきましたように、幸いに国立大学の方に勤めております。私立のようにマンモスの大学ではございませんで、授業などもたまに多くて二〇〇人から三〇〇人程度の学生を相手に行うのがせいぜいで、本日のように四〇〇人を超える方々の前でお話をするというのは初めての経験でございます。また、学生と違いまして、この話を聞くためにわざわざご足労をいただいている皆さん方を前にお話しするわけでありますから、かなり緊張しております。もともと話下手でございまして、お聞き苦しいところがあろうかと思いますが、最後までお付き合いくださいますようお願いします。

それで、やはり今ご紹介いただきましたように、私は、静岡大学の方に二〇年余り前に四年間ほど在籍しておりまして、その縁で戦国大名今川氏について研究を始めたわけであります。また、八年前から静岡県史の編さんのお手伝いをすることになりまして、いろいろ県内の方々にご厄介になりながら、史料調査などを行ってきました。その間、一つ覚えのようにずっと今川氏について考えていたわけであります。二〇年前に私が研究を始めたころの状況と、今日の研究状況を比べてみますと、これは格段に発展しているといいますか、進展しているといってよいと思います。それぞれについて非常に緻密な研究が、いろんな方々によって行われておりますし、その結果として今川氏についての歴史像というものも、かなり豊かになってきているのではないかと思います。そういう研究を背景として現在県史編さんを進めているわけでございますが、ただ研究が発展していろいろなことが明らかになってきたということだけでなしに、研究が進めば進むほど、また新しい疑問なり問題が出てくるわけでございます。本日の「今川義元の生涯」というお話につきましても、こういう生涯であったという、もう明らかになったことを結論的にお話しするということでなく、むしろ研究はこの程度進んできているが、なおかつこういう問題があるといったような形で、これからいろんな方が研究を進められる、私自身も進めていきたいと思っていますが、その足がかりになるような、あるいは皆さん方がいろいろお考えいただく材料になるような、そういう形でお話をしていきたいと思っております。そういうことで、あるいは本日のこの話で今川義元については、その生涯や人物像について十分に聞けるのだというような期待でおいでいただいた方には、多少落胆を感じさせることになるかと思いますが、その辺はご容赦いただきたいと思います。

多くの方々には、今川義元という人物については、その最期、要するに桶狭間の合戦で織田信長に敗れたという、その事実がまず念頭に浮かぶのではないかと思います。しかもそれ以上、あまり義元についてご存じない向きがあろうかと思います。敗死したその状況というのが、今日でもさまざまな映画とかドラマとか小説に描かれておりまして、そこで描かれている義元というのは、非常に軟弱な、凡庸な大名、武将として登場するというようなことで、あまり印象のよい人物ではないように思います。私事で恐縮ですが、私の娘などは、幼いときに、私が今川氏を研究している、義元を考えているというようなことを承知し出しますと、「なぜ、お父さんはそういう歴史のつけ足しのような人物をやっているのか、もっと信長とか秀吉とか華々しい活躍をした者を研究しないのか」といったようなことをいわれたりしました。確かに何か、いってみればあってもなくてもよい刺身のつまのような存在、信長の盛りたて役として辛うじて歴史に名をとどめている存在として、今日多くの人々に受け取られているともいってよいわけであります。その辺を多少でも今日のお話で塗り替えることができれば幸いであると思っております。

本日の話の内容につきましては、既にお手元にお配りしてございます五枚のプリントに即してなるべく進めていきたいと思います。話の順序として最初に、義元の生涯を概略し、それから、義元がどのようにして今川氏の家督を相続したかという家督相続の経緯、そして最後に、逆にその義元が息子の氏真に家督を譲るわけでありますが、その家督譲渡の経緯と意味について簡単に付け加えまして、締めくくりとさせていただきたいと思います。

一　概略・義元の生涯

最初の義元の概略、まずざっと義元がどういう人生を送ったかという概略をお話しする方が、皆さん方にその後の話についてもおわかりいただけるのではないかと思います。それにつきましては、次に示しておきました「今川義元略年譜」に即して進めていきたいと思います。

義元については、これまでも伝記的な研究がないことはございません。勝俣鎮夫さんの「今川義元」、あるいは小島広次さんの『今川義元』、こうしたお仕事とか、あるいは小和田哲男さんの『駿河今川一族』、これは義元だけでなしに守護時代からの歴代の今川氏当主について記されたものでありますが、こういう形で、伝記的といいますか、義元についての歴史的な事象が一応まとめられているわけですが、必ずしも多くはありません。そういう中で少しづつ明らかにされてきていますが、まだわからない未知の部分が多い人物です。本日はそれを全体として解き明かすというようなことはとてもできませんが、これまで明らかにされていることを改めておさらいをしながら整理してみたいと思っております。

義元は、これもはっきりしないわけですが、桶狭間で敗死したのは四二歳と伝えられています。すなわち四〇数年の人生を送ったわけです。しかし、この四〇数年の人生は、単に平坦な一筋の道といったようなものでなく、大きく二つの時代に区別することができるだろうと思います。それはいうまでもなく幼年期から青年期、すなわち天文五年(一五三六)に今川氏の当主になるまでの時期、これは当主になったのは一八歳ないし一九歳ですが、そうした幼年期から青年期にかけての時期と、それから当主になって以降、永禄三年(一五六〇)に亡くなる約二四、五年間、この二つの時期に大きく分けられるだろうと思います。しかし、その間には極めて大きな激変といっていい変化があるわけでございます。

すなわち、幼年期から青年期は、早くから禅寺に入り、後に非常に大きな影響を受ける太原雪斎という禅僧に育てられ、さらに京都に出かけて修行を積み重ねるといった、いってみれば宗教者への歩みをたどった、どちらかといえば、〝静の時代〟でありました。それに対して天文五年を境として以降の二〇数年間は、群雄が割拠し、合戦とか動乱が相次いだ、そういう中で駿河・遠江、さらに三河まで治めるという、数ある大名の中でも大変規模の大きい領国に君臨した、戦国大名の雄としての〝動の時代〟であります。

この静と動のきわめて大きな違いを、義元はどのように過ごし、受け取っていたのか、大変興味のあるところです。私などは、義元が多少でもそういうことについて感慨なり、あるいは自伝なりを残していてくれれば非常にありがたいと思ったりするわけですが、残念ながらそういうものは一切残されておりません。私たちは、与えられた史料から推測するより仕方がないわけであります。

にもかかわらず、今日伝えられている義元像というのは、大体江戸時代のいろんな物語作者によってつくり出され

弘治元（1555）・⑩・10	太原崇孚雪斎死去（父庵原氏，母興津氏）	「護国禅師三十三回忌拈香拙語并序」
弘治２（1556）・９・24	山科言継，駿府に下向する（翌年3・1まで）	
永禄元（1558）・５・17	三河国名倉合戦	「御家譜編年叢林」
12	矩形朱印「義元」初見	「祥雲寺文書」
永禄２（1559）・３・20	戦場定書７カ条を下す	「青木文書」「松林寺文書」
８・８	八角形朱印「調」初見	「七条文書」
永禄３（1560）・５・８	三河守に任ぜられる，氏真，従五位下治部大輔となる	「瑞光院記」「歴名土代」
５・19	尾張国桶狭間で敗死（42歳カ）	「今川諸系図系譜」

たものですが、そこには武将でありながら総髪—髪をすべて今日流にいえばオールバックにする—で、これはいわゆる武将の月代を剃って髷を結ぶという、りりしい姿とはちがってということだろうと思います。また、お歯黒をつけていたということとか、服装などについても公家風であったというようなことが書かれているわけであります（「集覧桶廻間記」）。あるいはそれに付け加えて、最期の桶狭間に出かける際に、落馬してしまったというようなエピソードも伝えられています。また、別な書物では「脚短く、胴長くかたわなり」というような表現もとられております（「武功雑記」）。こういうことで、先ほども申しましたように、非常に軟弱な、凡庸な武将であったという人物像がつくられ、今日までずっと繰り返し語られてきております。

この静岡の地におきましても、今川氏の後の徳川家康については、よくいろんな形で顕彰されております。この駿府城跡の中には立派な家康像も建てられておりまして、ある意味ではお国自慢の一つになっているのではないか思いますが、義元については全くといっていいほど人口には膾炙されない、そういうように忘れられた存在になっています。私などは今川氏を研究していることで、できれば義元の名誉回復といったことをやってみたいというような気持ちも出てくるわけでございます。

具体的に振り返ってみますと、略年譜に書いておきましたように、義元は永正十六年（一五一九）に誕生したというように伝えられております。ちょうど、お隣の北条早雲が亡くなった年であります。物の本によりましては永正九年（大阪府立図書館

表4　今川義元略年譜

永正16（1519）	誕生（父今川氏親・母中御門宣胤娘，幼名芳菊丸）カ	「今川諸系図系譜」
そのご	駿河国富士郡善徳寺に入寺，九英承菊（太原崇孚雪斎）につき得度して，僧名梅岳承芳を名乗る	「護国禅師三十三回忌拈香拙語并序」
享禄5（1532）ごろ	京都建仁寺で修行	「幻雲文集」
天文2（1533）・1・22	駿府善徳院で歌会を開く	「冷泉為和集」
12・	藤枝長楽寺で和漢連句を興行	「あつまの道の記」
天文4（1535）	京都に滞在，三条西実隆と交流	「増訂加能古文書」
天文5（1536）・3・17	今川氏輝・同彦五郎死去	
5・	花蔵の乱（玄広恵探良真と家督を争う）	
6・10	駿府浅間社流鏑馬銭徴収を命じる（方形黒印「承芳」使用）	「旧村岡太夫文書」
6・10	駿河国志太郡慶寿寺に禁制を下す（方形黒印「承芳」使用）	「慶寿寺文書」
8・10	これ以前，義元と名乗る	「増訂加能古文書」
8・15	歌会を開く（以後たびたび開く）	「冷泉為和集」
10・2	岡宮浅間社領落地改を行う（方形朱印「義元」初見）	「岡宮浅間神社文書」
天文6（1537）・1・13	年始歌会始を開く（以後ほとんど毎年開く）	「冷泉為和集」
2・10	武田信虎娘と結婚	「勝山記」
2・24	駿河国河東で北条氏綱と戦う（河東一乱）	「快元僧都記」
4・26	遠江国見付端城の堀越氏延を破る	「天野文書」
天文7（1538）	嫡男（氏真）誕生	「今川家系図」
天文8（1539）・2・8	官途名治部大輔を用いる	「頭陀寺文書」
天文9（1540）	遠江国浅羽庄内で検地を行う	「三浦文書」
天文10（1541）・6・14	武田信虎を引取る	「勝山記」
天文12（1543）・6・23	禁裏に修理料を調進	「古簡雑纂」
天文14（1545）・7・24	駿河国河東で北条氏康と戦う（長久保合戦）	「山本吉野文書」
10・2	丸朱印「如律令」初見	「妙覚寺文書」
天文15（1546）・11・15	三河国今橋合戦	「天野文書」等
天文16（1547）・9・5	三河国田原合戦	「天野文書」等
天文17（1548）・3・19	三河国小豆坂合戦	「記録御用所本古文書」
11・19	三河国渥美郡太平寺領を検地する	「太平寺文書」
天文18（1549）	松平竹千代（徳川家康），駿府に人質となる	
天文21（1552）・11・27	長女，武田義信（信玄嫡男）に輿入れ	「高白斎記」
天文22（1553）・2・26	戦国家法「かな目録追加」21カ条を制定	
同じころ	訴訟条目「定」13カ条を制定	
天文23（1554）・7	嫡男五郎（氏真），北条氏康娘と結婚	「勝山記」
	駿河・甲斐・相模の三国同盟調う	

蔵「今川家譜略記」）であるとか、永正十二年（臨済寺蔵「今川家系図」）であるとかいったように、必ずしもこの永正十六年というのが確実にそうであると断定できないわけですが、大体この時期であると考えられます。そして、その父親はいうまでもなく今川氏親であり、その母親が中御門宣胤の娘であります。この時代、戦国大名や地方の武将が、このように京都の一流の公家から、娘を迎えるということは、よくあったことで、一種の政略結婚といってよいでしょう、公家側にとっては、衰微しつつあった公家生活を維持していく方策の一つであったでしょうが、武家側としては、家の格をあげるというだけでなく、黄昏の朝廷であったとはいえ、そことのつながりをもつことは、動乱の時代にあって、大きな政治的意味があったということでしょう。その具体的な事柄については、もっと研究を深めていく必要があると思います。

さて、義元は、幼名は芳菊丸でありましたが、ここがまた難しいところですが、一般には氏親の三番目の息子と伝えられています。しかし、いやそうではなく氏親には五人ないし六人の兄弟があって、むしろその末っ子の方ではないかともいわれたりしておりまして、はっきりしません。しかし、少なくとも今川氏を継ぐべき長子ではなかったということから、駿河国の富士郡の善徳寺という、これは当時としてはかなりの名刹であったようでありますが、そこに預けられ、そして太原雪斎について修行をしました。この雪斎は、九英承菊ともいいますが、京都の建仁寺とか妙心寺で修行をしたり入山し、当時としては名声の聞こえた禅僧の第一人者であったわけで、氏親は「三顧の礼をもって迎えた」というように伝えられています。雪斎は、今川氏の家臣である庵原氏を父とし、同じく興津氏を母とするといったことから、領国でもよく知られ、その縁故で招かれたのではないかと思います。この人は、禅僧としてだけでなく政治・軍事・外交の面でも活躍したことが、さまざまな史料でうかがわれます。三河攻めの大将としての事績は、直後彼の発給した文書でも知られるところです。また、家康の教育係であったということで著名でありますが、私は、むしろ、義元の生涯に与えた影響の方が大きかった、その存在の意味があったように思っています。
次に、義元は、七才のころ得度をいたしまして栴岳承芳という僧名を名乗ります。そして、享禄五年（一五三二）ご

図7 今川義元関係図

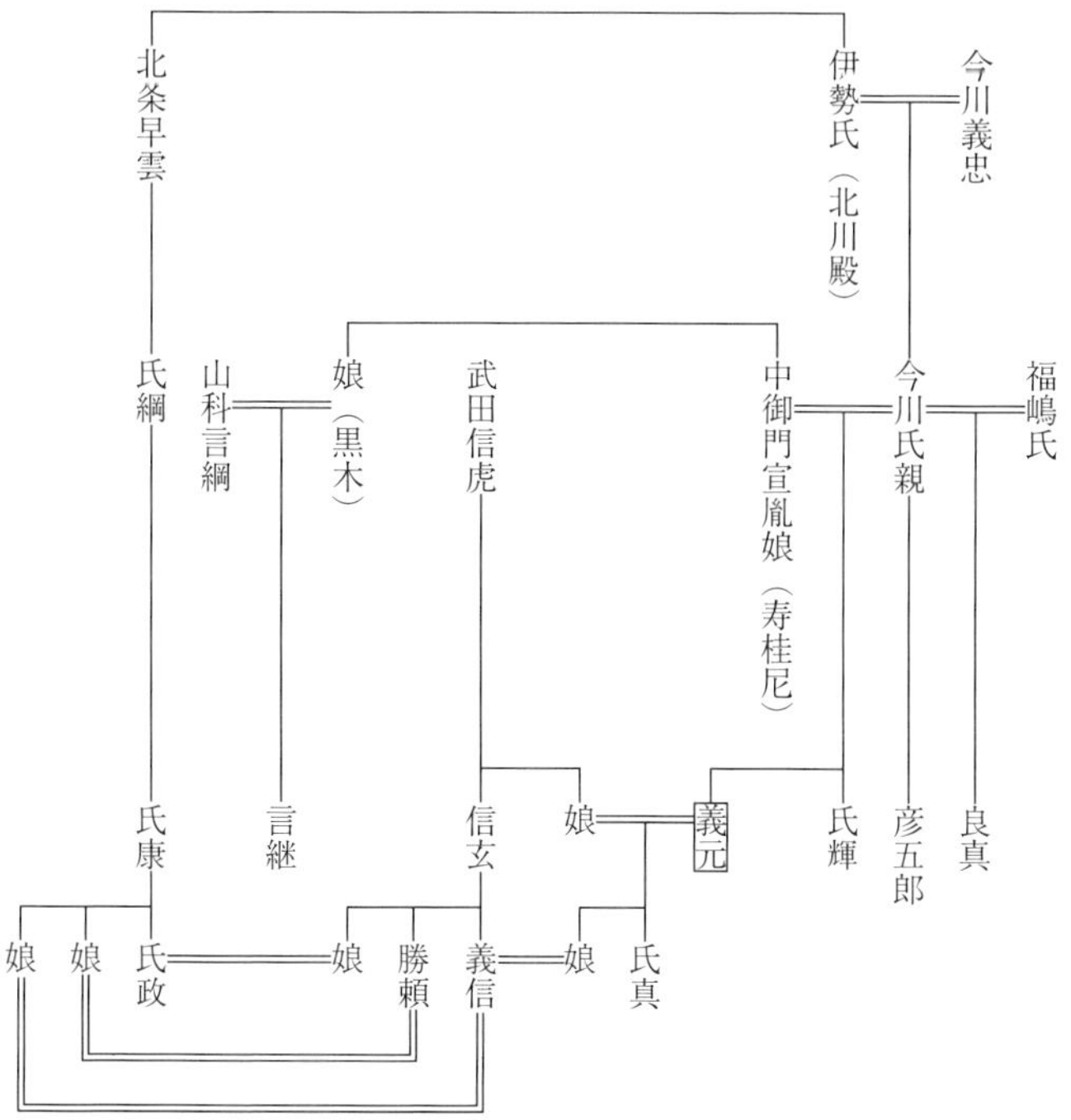

ろには、確実に京都の建仁寺で修行しているということが伝えられております。また、京都におりながら駿河にも戻ってきたりしておりまして、天文二年には駿府の善徳院というところで、歌会を開いています。この善徳院というのは氏親の母親の北川殿（今川義忠室）—この北川殿というのは例の伊勢早雲の妹であります—が、その余生を送ったところで、その旧宅が菩提を弔う善徳院というお寺になっていました。また、その年の暮れには、東《あずま》に下る途中の烏丸光広や京都仁和寺尊海などと一緒に藤枝の長楽寺で和漢の連句の会を行ったりしております。また、天文四年には京都で、当時としては公家の第一人者であり、内大臣まで勤めた三条西実隆という人と交わったりしたという、彼の出した手紙も残っています。

このような義元の〝静の時代〟である幼年・青

年時代をまとめてみますと、次のようなことがいえるのではないかと思います。やはりその家筋のよさ、あるいは幼少から僧坊に入り、禅の修行を積む、また、その修行には当代一流の禅僧であった雪斎に養育されるといったこと。あるいは、天下が乱れていたとしても、京都での生活が彼のその後の人生に大きな役割を持ったのではないかということです。文化的な意味でやはり京都が中心であったというだけでなく、情報がこの時代どうしても京都を中心に集中しておりますから、動乱で揺れ動く諸国の様子というものを会得することができたということが考えられるわけです。中世末の戦国時代にあって、義元はやはり宗教者として、あるいは文化人として、あるいは知識人としてその学徳を磨いていたというようにとらえてよいのではないかと思います。政治的な要素がどの程度身についていたかということについては判断できかねるわけですが、こうした宗教者として、あるいは文化人、知識人としての成長の仕方は、その面でも大成する可能性を秘めていたということができましょう。

ところが、天文五年の三月十七日、この日に、時の今川氏当主であった兄氏輝が、まだ二四歳という若さで亡くなります。子供もいなかったということで、家督をだれが継ぐかということが問題になり、同じく出家していた兄良真と兄弟間で相続争いを行うことになります。これが一般的に、花蔵の乱と呼ばれるものです。この乱については、のちにお話をしたいと思います。とにかく、この争いに勝利をえた承芳が、還俗をして義元と名乗り、以降今川氏当主として駿・遠、さらには三河まで君臨していきます。〝動の時代〟に入るわけです。

乱の直後の六月十日に、早くもこの駿府の浅間神社に対して流鏑馬銭の徴収を命じる文書を発給しております。これが義元が出した文書の初見でありますが、おそらく駿府の守護神として代々崇敬の篤かった浅間神社に対して、みずから当主になったということを明らかにする意味で、このような文書を発給しているのではないかというように考えられています。また、同じ日付けで志太郡の慶寿寺に対しても禁制を出すというような形で、義元の支配といいますか、政治が始まっていくわけです。

さて、義元は家督を継ぐと、翌年二月十日には武田信虎の娘と結婚しています。これは非常に大きな外交的な転換なのですが、このことについてもまた後でちょっとお話しをいたします。しかし、それがきっかけとなって、それまで、同盟関係にあった北条氏との戦乱が引き起こり、これは一般的に河東一乱と呼ばれていますが、この河というのは富士川のことで、富士川の東の支配をめぐる戦乱ということで、河東一乱と呼ばれているわけですが、これが天文六年に起こり、たびたび再発して、結局それが天文二十二年ごろまで引き続くわけであります。これを最終的に終結することになったのが有名な、今川・武田・北条の三国同盟と呼ばれる同盟関係であります。そういう意味で河東一乱というのは今川義元の支配の二〇数年間の中で非常に大きな意味を持っている戦乱だということができます。

さらに、遠江国については、なおまだ不安定なところがあったわけでありますが、今川了俊以来の遠江今川氏の家筋にあたる堀越氏延を破り、ほぼ父氏親・兄氏輝によって築かれた駿河・遠江の両国をいち早く押さえることができました。それを受けて天文十四、五年ごろから三河への進出が始まり、ほぼこれも天文年間の内に手中に収めることになります。

その中で著名な事象としては、天文十八年に、後の徳川家康である松平竹千代、これを織田方との交渉の中で人質として駿府に迎えたことであります。そしてこの竹千代については、よく知られているように太原雪斎が養育係として育てるというようなことになり、後の徳川家康が生まれていくわけです。

また、天文二十二年には戦国家法で有名な「かな目録追加」を制定しております。これは父氏親が最晩年（大永六年）に「今川かな目録」という三三ヵ条の家法を定めていますが、それに追加するという形で二一ヵ条の家法を定めたわけであります。それと同じころと考えられますが、訴訟を裁くための取決めである「定」一三ヵ条も、やはり定めております。

そして、天文二十二、三年にかけて、先程ものべましたように今川・武田・北条三者の間の姻戚関係が進められ、義元にとって、後顧の憂いなく西の三河・尾張への進出を図ることができるようになりました。

その後、弘治元年（一五五五）に、義元にとっては最大の補佐人であった太原雪斎が亡くなります。これが、桶狭間での思わぬ敗死の原因ともいわれています。なお、弘治二年に山科言継という、これも京都の公家でありますが、この人が駿府に下向してきまして、約五ヵ月あまり滞在しております。その間の駿府の生活、これは言継から見た駿府の生活でありますが、これを克明に「言継卿記」という日記体で記録しております。こういう記録資料から当時の駿府の様子というものもある程度知ることができるわけであります。

そして最後、永禄三年（一五六〇）五月十九日に尾張国桶狭間で亡くなります。まさに、〝動の時代〟を締めくくるのにふさわしい最期であったといえます。

今川領国は、長子氏真が引き継ぎますが、家康が独立し、三河から撤退せざるをえず、その後、北から信玄、西から家康に攻め入られ、義元死後ちょうど九年目の永禄十二年五月、元亀・天正のもっとも華々しい合戦絵巻の展開を待たずに今川氏は没落することになります。

こうした義元の生涯というのを改めてまとめてみますと、次のようなことがいえるのではないかと思います。

一つには軍事的な面で、いち早く駿河・遠江を安定的に領国化し、さらに三河にまで手を伸ばし、尾張へというように、少なくとも駿河・遠江・三河の三ヵ国を持ちこたえ、さらにそこから拡大していこうとしたことは、彼が家臣団掌握や軍事力編成の面で優れた才覚をもっていたことを示しているといってよいだろうと思います。

また外交的には、まず家督相続した直後に、それまで同盟関係にあり非常に親しく交わっていたところの北条氏と敵対をする。そしてそれまで敵対関係であった武田氏と姻戚関係を結び、同盟する。この転換は、北関東の伝統的な豪族や上杉氏などをも巻き込んだ、東国の政治地図を塗り替える大きな意味をもつものといってよく、なぜそうした選択を行ったかについては、不明なところが多いわけでありますが、戦国の動乱を左右した転換といってよいでしょう。今川氏にとっても、河東一乱という一〇数年間の戦乱を経験せざるを得ないことになるわけですが、その結果として三国同盟という一つの軍事ブロックを形成したということは、従来、雪斎の働きとして評価されていますが、たとえそうであっても、そのことに同意し、決断した当主としての義元の外交的センスは高く評価されてよいのではないかと思います。

さらに国内的に、検地、あるいは収取の体制、あるいは伝馬の制度といったような形で領国を円滑に支配するシステムというもの、あるいはその実行、これをかなり積極的に行っている。そういうことで、これは北条氏のように全くそれまで足がかりのない者が入ってきて、一挙的にそうした領国支配というものを行ったのに対して、今川氏の場合は南北朝の時代から守護として駿河・遠江に存在し、また国人とか地侍とか、あるいは地方の寺社権門というようなものが存在する中で、旧来の幕府守護体制を前提としながら、しかも支配をつくり変え、領国を統一していくという、内から変えていくという、このことはやはり外からいきなり入ってきて新しいことを行う以上に難しいことではなかったかというように思うわけであります。これまでのこうした内政面での研究の結果からみても、義元は、氏親以来の支配や政策を引き継ぎ大成させ、今川領国をもっとも隆盛させた当主と考えられています。

それから、これは東国の大名ではかなり一般的でありますが、さまざまな「印章」を使って文書を発給し、政治を取り仕切っている。これは氏親が始めたことですが、義元は、「如律令」といった、意味深長な印文を家印として使用するなど、意を凝らしていたと評価してよいのではないかと。そして分国法を定めるといったようなことを考え合わせると、政治的・行政的にも一定の高い評価ができるように思うわけであります。

さらに、これはいうまでもなく宗教者として育ったということもあり、いわゆる寺社に対する保護とか興行、こういう点についても非常に積極的であった。特に臨済禅については、兄氏輝の菩提を弔うために建てた臨済寺を頂点とする領国内における組織的な体制を構築している。それから多くの文化人と交わっていることです。明らかにされているだけでも義元が当主であった間に二〇数名の公家、僧侶、あるいは歌人、あるいは能楽者、こういう人達が駿府に招かれたり、下向、滞在している。そして、おそらくそうした人々がいろんな形で相互に今川氏や家臣との交わりを深めていたというように考えられるわけで、そういう意味で駿河・駿府の文化を高いレベルに押し上げる役割も果たしたのではないかといえます。

以上のようなことから、義元は、いわゆる信長とか秀吉とか家康というような、時代を大きく変えるといったほどの革新的な存在ではないにしろ、数ある戦国大名の中ではかなり傑出した人物ではなかったかというように考えております。おそらく、そうした道筋は、ますます伸び、広がる余地があったのだろうと思いますが、桶狭間で頓挫してしまった。これは、義元にしては予期しなかった事態ではなかったかと思います。ちょうど、本能寺の変で、下天の夢に終わった信長のように。

二　家督相続—花蔵の乱と河東一乱—

以上、義元の生涯を振り返ったうえで、改めて義元の家督相続と譲渡の問題についてお話しをしたいと思います。

まず、家督相続の問題ですが、先ほどものべましたように、この家督相続に際しては花蔵の乱という一つの戦乱が引き起こっています。この花蔵の乱については、前々からもいろんな方がいろんな角度から研究をされております。しかしながら、これまではどちらかといえば、これは局地的な反乱であるというふうに片付けられてきました。ちょっとそれを振り返っておきたいと思います。

すなわち、天文五年三月十七日に、氏輝が、僅か二四歳で、後継者をもうけないまま亡くなる。そこで、承芳の母である寿桂尼と養育係であった雪斎が、承芳を還俗させて跡を継がせようとした。そうした動きに対して、同じく氏親を父とするが、福嶋氏の出である女性を母とする志太郡遍照光寺にいた良真が、兄であることを理由に異議を唱え、遍照光寺に近い花蔵城に拠って家督を争うことになった。しかし、寿桂尼―雪斎―承芳のラインが、北条氏の支援も受けて、花蔵城およびその勢力地域を攻め、僅か一ヵ月有余で決着がつき、良真は自害し、承芳が家督を相続した、以上のようなことで、大勢の決まった家督相続に対して、良真が横槍をいれたといった、花蔵の地を中心とした局地的な反乱であったというわけです。

こうしたこれまでの通説に対して、小和田さんや、大久保俊昭さんらが、再検討される中で、この乱は、規模からいっても、その影響からいっても、もう少し大きな戦乱ではなかったかといわれだしたわけですが、そのことをもっとも徹底して追求されたのが、前田利久さんの研究です。前田さんは、花蔵というのは従来は地名の花蔵ということでとらえられていて、花蔵という場所で引き起こった乱というように、規模も非常に小さい印象で語られてきたが、そうではなく、この花蔵というのは、「花蔵殿」とも記されているように、花蔵の地を拠点として活動し、そこで亡くなった良真そのものを指した表現である。そこからストレートに規模が小さいというようなとらえ方はできない。事実さまざまな史料の中から、この戦いの行われた範囲というのは、ただ単に志太郡の花蔵近辺、すなわち、花蔵城とか方上城とかいった狭い地域ではなく、この駿府の今川氏の本拠地である今川館などでも戦乱が起こり、さらに東の由比、あるいは富士郡、こういうところでもそれに呼応するような戦いが起こっている。このように、この戦闘の範囲というのは従来考えられているより非常に大きい。また、それに伴って、良真側にたった今川氏の家臣も多数いたことも明らかにされ、そうしたことから、前田さんはこの花蔵の乱について、「駿府一国を寸断する大規模な戦い」であった、というような結論をだされております。

そして、その翌年に引き起こる北条氏との河東一乱も、それと一連の流れの中で位置付けられるべきである。北条氏が承芳（義元）を支援するためにやってきたのは、ただ単に支援というだけではなしに、北条早雲以来の駿東郡・富士郡に対する支配権、それを回復するという意図もあって支援をしてきたのであって、事実それがために、富士郡辺りでは、今川氏から離反して、北条氏に与する在地紛争も引き起こっている。そうしたことから、今川氏は、北条氏から武田氏へ、同盟関係を転換した。いいかえれば、花蔵の乱から河東一乱までを一連の流れとしてとらえたわけであります。こうした前田さんの研究で、花蔵の乱から河東一乱、そしてそれを通じての義元の家督相続の経緯というのがかなり明瞭になってきたといってもよいと思います。

ここで、改めて史料に即し、これまでの研究の成果にたって私なりに天文四年から同六年にかけての経過を見ておきたいと思います。

まず、天文四年段階の今川氏と北条氏の関係ですが、対武田氏をめぐって、北条早雲以来の同盟関係が維持されていたことが次の史料などからわかります。

①「冷泉為和集」天文四年七月七日条

今月五日に、従甲州敵出張、廿七日に諸勢出陣、八月十九日に、万沢口にて合戦、同廿日に、従相州氏綱兄弟・父子、何か（ママ）に一万計にて出陣、同廿二日に、相働（ママ）を都留郡主小山田衆武田被官合戦、終日侍りて、未刻に散、小山田衆

討捨七八百、三百六七十討捕、廰而廿三日ニ小田原へ帰陣、小田原手負二三百、討死衆は二人、河村足軽与大夫也、

②「快元僧都記」天文四年八月条

当日十六日、向甲州氏綱進発、為駿州扶佐云々、

廿二日、於甲州郡内山中ニ戦、敵五十余人被討捕也、（中略）此時、武田ト今川ト合戦、氏綱今川江加勢、此留主ニ自河越上杉出張、

③「勝山記」天文四年条

此ノ年八月廿二日、相模（ママ）ミノ屋形セイツカイ被食候テ人数二万四千、御方ハ二千計テ小山田殿イクサヲ被成、小山田殿劣ケ被食候、

①の「冷泉為和集」、これは冷泉為和という歌人が書き残した歌集で、その中に記されている詞書であります。この冷泉為和は、あの有名な歌道の家である冷泉家の当主でありますが、駿府に滞在することたびたびで、今川氏の動静がわかる好個の史料であります。その七月七日の条に、「五日に甲州より敵出張」と。それに対して「同二十日に相州より氏綱兄弟・父子、……一万ばかりにて出陣」というようなことで、北条氏が今川氏支援のために出陣したことがわかります。

②の「快元僧都記」という書物は、快元という鎌倉鶴岡八幡宮寺の相承院という一つの塔頭のお坊さんが、八幡宮寺が北条氏によってこの時期造営された際に、その造営を逐一記録したもので、特に北条氏の研究にとっては重要な史料であります。その中にも「八月十六日、甲州に向い氏綱進発す。駿州扶佐のため云々」と。今川氏をたすけるためであるとはっきり書かれています。その後には「武田と今川と合戦す。氏綱、今川へ加勢」というようなことで、やはり北条氏が今川氏を支援するために軍をだしていたことがわかります。

③の「勝山記」、これは一般的には「妙法寺記」という書名で知られている史料でありますが、ここでは、甲斐国の河口湖の近くの勝山の浅間神社に残っているもので、その土地の名前を取って「勝山記」というように呼ばれているものを使っておきます。そこでもやはり八月二十二日に「相模の屋形セイ」、「屋形勢」ということだろうと思いますが、「遣いめされ候て、人数二万四〇〇〇、味方二〇〇〇ばかりで小山田殿いくさをなされ、小山田殿負けめされ候」というような形で、北条氏がいかに攻め込んできたかということが記録されているわけであります。

次の文書は、こうした戦いにおいて今川氏輝が家臣に対して軍功をめでて与えた、いわゆる感状であります。

④今川氏輝感状（「孕石文書」）

去十九日、於万沢御一戦之上、別而成下知走廻之由、甚以神妙也、弥所可抽粉骨、仍如件、

八月廿日　　氏輝（花押）

孕石郷左衛門尉殿

⑤今川氏輝感状写（「水府明徳会彰考館所蔵文書」）

今度為手合、就氏綱出張、七月廿二日於都留郡山中遂一戦、自身敵討捕、粉骨無比類次第感悦候、委細猶岡部左京進可申届候、恐々謹言、

九月五日　　氏輝在判

太田又三郎殿

これらの感状と記載と、先にみたような史料に記されている記事とは、ほぼ一致するわけであります。そういうことから、これらの記録史料というものはかなり信憑性のあるものとして受け取ることができると思います。

こういう天文四年の七月、八月の武田氏との合戦という緊張した中で、北条氏と今川氏との同盟関係は揺るぎなく

維持されていたことがわかります。そのことを象徴するかのように、翌年の天文五年二月には、今川氏輝自身が小田原に出かけています。そのことを示すのが、次の文書と「冷泉為和集」の詞書です。

⑥北条家朱印状（「土屋猛氏所蔵文書」）

巳年之箱根竹未進状、急度人夫越候て可為切候、駿府御屋形御越候、さ様之普請彼是ニ入候間、早々越候て可為切者也、仍如件、

天文五年丙申二月二日

（虎朱印）那賀之郷百姓中

⑦「冷泉為和集」天文五年条

二月五日、於小田原今河五郎氏輝彼地へ被越時也、

同十三日、於本城彦九郎為昌興行当座、

同十四日、同於新九郎氏康亭当座、

三月五日、於熱海湯当座、

これらについては、以前に私が静岡新聞（一九八六年十一月十二日）にちょっと書かしていただきました。あるいはお読みいただいた方もいらっしゃるかと思いますが、氏輝が小田原に来るということで、わざわざ箱根竹というものを伊豆半島から調達をしているのがわかるのが、先の文書です。「冷泉為和集」では、その小田原で歌会が行なわれているという記事が見えるわけです。氏輝が小田原に出かけ、戦国大名が本当に席を同じゅうして会談をするというのは非常に珍しい事で、今日流にいえば、首脳会談、サミットに相当するような出来事といってよいと思います。

ところが事態は、その約一ヵ月後の天文五年の三月十七日に、氏輝が亡くなるということで大きく転換したわけで

あります。氏輝の死については、次のような史料があります。

⑧「冷泉為和集」天文五年三月条、

今月十七日、氏輝死去、同彦五郎同日遠行、廿四日止々、

⑨「快元僧都記」天文五年三月条

十八日、例之建長・円覚之僧達、為今川殿之不例之祈祷大般若被読、然而十七日ニ氏照（輝）死去注進之間、即夜中被退経席畢、今川氏親一男也、

⑩「高白斎記」天文五年条

三月十七日、今川氏照（輝）、同彦五郎同時ニ死ス、

⑪「勝山記」天文五年条

此年四月十日、駿河ノ屋形御兄弟死去被食候、

⑧の「冷泉為和集」は、⑦の続きになります。⑩の「高白斎記」は、武田氏の家臣駒井氏が書き記したものです。⑪の「勝山記」だけ日付けが異なっていますが、他の今川・武田・北条氏のそれぞれの側の記録史料で、三月十七日に氏輝が亡くなったことが記されており、これはまず間違いのない事実といってよいでしょう。ということになれば、それと同時に、「同彦五郎」なるものの死が記されていることが興味を覚えます。「勝山記」では、「駿河ノ屋形御兄弟」と書かれていますから、この彦五郎は、氏輝の兄弟ということになります。彦五郎については、これまでも、関口宏行さんや小和田さんが、検討されていますが、いまだにはっきりしない人物です。

「駿河志料」の志太郡築地村円良寺の記述の中に次のような記載が見られます。

⑫「駿河志料」志太郡築地村転岳山円良寺の項

当寺は、今川彦四郎定源寺殿菩提所なり、彦四郎は今川氏親末男、義元の弟なり、天文五年丙申三月十七日早世、
法諡は定源寺寂庵性阿弥陀仏と云、

ここでは、彦四郎となっていますが、彦五郎の間違いでしょう。また、次のように寿桂尼が菩提を弔うために寺田を寄付しています。

⑬寿桂尼朱印状（「円良寺文書」）

うるし畠之内円龍寺田事

合参段者（印文「帰」）

右、定源院殿茶湯のため寄付せしむ、香花等、永怠転あるへからさるもの也、仍如件、

天文十九庚戌／十一月十七日

円龍寺

さて、氏輝と彦五郎とが、同じ日に亡くなるというのも不可思議ですが、小田原から帰って間もなく亡くなっていることも謎めいています。さらに、家督相続をめぐる花蔵の乱、そして、北条氏との決別、といった流れのなかで見ますと、謎はますます膨らみます。こうしたことから、氏輝の死についても、疑惑がもたれ、暗殺説もでております。しかし、史料不足から真相は藪のなかといったところです。

ついで、家督相続をめぐっての花蔵の乱になるのですが、それについての直接の史料としては、次のようなものが知られています。

⑭「冷泉為和集」天文五年四月条

廿七日、於酒井惣左衛門丞亭当座／従今日乱初也、

⑮「高白斎記」天文五年条

同五月廿四日夜、氏照（輝）ノ老母、福嶋越前守宿所へ行、花蔵ト同心シテ、翌廿五日従未明於駿府戦、夜中福嶋党久能へ引籠、

六月十四日、花蔵生涯、

⑯「快元僧都記」天文五年条

五月、今川氏輝卒去跡、善徳寺殿、依争論之合戦也、

⑰「勝山記」天文五年条

去程ニ其ノ年ノ六月八日、花蔵殿・福嶋一門皆ナ相模ノ氏縄（綱）ノ人数カセメコロシ被申候、去程善得（ママ）寺殿屋形ニナヲリ被食候、

⑱「護国禅師三十三回忌拈香拙語并序」

於茲二分国家而、其一者祖難兄華蔵住持東栄大徳、其一者属義元、菊公雖抽医国手、不得其験、兄弟分東西鬩墻也、菊公以寸胸之工夫、一臂之調略、不終一月而、措国家於泰山安也、

最後の⑱「拙語并序」は、雪斎の三三回忌の際して弟子の東国宗杲が記したものです。いずれも簡単な記述ですが、乱が四月二十七日から、六月八日にかけて約一ヵ月あまり続いたことがわかります。なお、⑮の「高白斎記」の記述については、後に触れることにします。

また、この乱に対する戦後処理として、義元が、軍功のあった家臣に感状や所領宛行状を発給しており、そうした史料から、先ほど述べましたように大久保さんや前田さんが、乱の規模や広がりについて検討されています。次の文

書は、同様の史料といってもよいのですが、どなたも利用されていませんので、紹介しておきます。

⑲今川義元判物写（「今川家瀬名家記」大阪府立図書館蔵）

駿河国当知行鎌田原朝比奈千太郎三分一方野地、并外屋敷・同向嶋除恒例棟別ヲ四分一人足・伝（役脱カ）・臨時之祝侍并新在家十間并宝泰寺於出来之棟別・諸役ハ可被免許之、下□御出、同狐崎千太郎分等之事
右者、丙申年五月一乱忠節為配当之行畢、老於子悦□不可得相違至ニ百性（ママ）以下地頭可為計、守此旨可抽忠功、仍如件、

天文八己亥年九月廿四日　義元（花押）

平野弥四郎殿

あまり良質の写というわけではありませんので、不明の箇所もありますが、乱における忠節により、平野弥四郎が駿河の有度郡鎌田原の内の朝比奈千太郎分などを宛行われていることがわかります。ということになれば、この朝比奈千太郎は、義元に敵対して良真側についたとも考えられます。千太郎がどのような人物であったかはわかりませんが、今川氏の重臣朝比奈氏の一族とすれば、前田さんのいわれるように良真側の勢力も決して侮れないことになります。

次に、乱の翌年の義元の武田信虎娘との結婚と、それに端を発した河東一乱についての史料をあげておきます。

⑳「勝山記」天文六年条

此年弐月十日、当国ノ屋形様ノ御息女様、駿河ノ屋形様ノ御上ニナヲリ被食候、去程ニ相模ノ氏縄（綱）色々ノサマタケヲ被食候エ共、成リ不申候テ、ツイニハ弓矢ニ成候テ、駿河国ヲキツ（興津）マテ焼キ被食候、去程ニ武田殿モ須走口へ御馬ヲ出シ被食候、此年御宿殿此国御越候、出陣ノ案内者ニナリ被食候、（中略）駿河屋形ト氏縄（綱）ノ取合未タ不止、

㉑「快元僧都記」天文六年条

二月廿六日、氏綱駿州出陣、
三月四日、駿州吉原飛脚相立進巻数畢、富士河東郡悉本意之由返礼有之、殊武州・甲州敵軍引退、分国静謐、
四月廿日、富士下方者共催謀反之衆、吉原之與合戦、（乱カ）欲逆者共廿四人一所討死、是即神之加護也、
六月十四日、於駿州一戦、氏綱被得勝利畢、敵数百人討取云々
㉒「勝山記」天文七年条
此年マテモ甲州ト相州ノ取合不止、（中略）武田殿・氏縄《（綱）》和談候テ吉田へ御帰リ候、
㉓「快元僧都記」天文七年条
十月十五日、上杉滅亡、小弓様モ如此、殊氏綱者駿州半国、伊・相・武・両総州支配、併雖末代大菩薩之加被力与申而有余者、
㉔「護国禅師三十三回忌拈香拙語并序」
翌年《（天文六年）》二月、北条左近太夫反逆、本寺《（善徳寺）》諸堂・大小伽藍、一宇不貽罹乎兵火、富士河東化曠野、者七・八年本寺旧趾亦成榛荒也、

義元の結婚は、天文六年二月十日に行われ、同二十六日には、北条氏綱が侵入しています。さしあたり翌七年まで続いたことがわかります。帰趨は、「快元僧都記」に「氏綱者駿州半国……支配」と記されているように、北条氏方の優勢であったようです。

以上、天文四年から天文六年にかけての今川領国にとってきわめて重要な動静を見てきました。それでは、これでこの問題はもう片がついたのかというと、どうもそれはそう簡単にはすまない問題があるというのが、本日の本題でありますす。それはどういうことなのかといいますと、それは、先ほど花蔵の乱のところであげておきました⑮「高白

斎記」の記述です。

そこでは、先ほども述べましたように、駿府において戦う。すなわち駿河でも戦乱があったのだということが記載されているわけでありますが、私が注目するのは「氏照（輝）ノ老母、福嶋越前守宿所へ行、花蔵ト同心」という文言です。この老母はいうまでもなく寿桂尼であります。寿桂尼が福嶋越前守、これはいってみれば義元に敵対した良真の母方の一族で、福嶋党の一人と考えられるわけでありますが、そこへ出かけていって花蔵、すなわち、良真と同心したという記述であります。これについては従来どなたも全く触れられていない点であります。

これだけならば、これは場合によっては武田氏の家臣の記録でありますから、あるいは書き間違い、あるいは情報の行き違いというようなことですますことも考えられるわけでありますが、どうもこの記述だけではなく、次の今川義元感状、現在も原本がこの静岡の岡部さんのお宅に伝わっておりますが、そこに重大な記述がみられることです。

㉕今川義元感状（「岡部實氏所蔵文書」）

今度就于一乱、於所々無異于他走廻抽粉骨、剰住書花蔵へ被取之処、親綱取返付畢、甚以神妙之至無是非候、対義元子孫末代、親綱忠節無比類者也、恐々謹言、

天文五丙申／霜月三日　　義元（花押）

岡部左京進殿

今度一乱已前、天上様御注書お取、花蔵被為参候処、葉梨城責落、御注書お取進上仕候、然間御自筆仁而御感被下候、為子孫之注書畢、

これは、天文五年霜月三日に、義元から、岡部左京進に、これは義元側に立って活躍をした家臣で、同日付で別の感状ももらっていますが、ここでは、「このたび一乱について所々において他に異なりなく走り廻り、粉骨抽きんじ」、その後が重要なのですが「あまつさえ、住書を花蔵へ取らるるのところ、親綱（左京進）取り返しつけおわんぬ」、すな

わち「住書」というものが花蔵に取られてしまった。それを岡部親綱が取り返したと、このことは非常に神妙であるということで、義元が感状を送っているわけであります。さらに、重要なことは、年月日の後に、「このたび一乱以前、大上様御注書を取り、花蔵参りなされ候ところ、葉梨城を攻め落とし、御注書を取り進上つかまつり候、しかる間御自筆にて御感くだされ候、子孫のため注し書きおわんぬ」ということで、義元からいただいた感状に対して受け取った岡部親綱がこういう文章を書き加えているわけであります。

すなわち、今度の花蔵の乱の前に大上様が「御注書」という、要するに書物《かきもの》を取って、花蔵へ参られたと。それに対して岡部は葉梨城、これは花蔵城でありますが、花蔵城を攻め落として、その「御注書」を取り、先ほどの感状に見える「取り返し」ですね、そしてそれを義元に進上した。そこで義元から自筆の感状をいただいた、子孫のためにそれを書き残しておくというのが、後で書き添えた文章の意味ととらえてよいと思います。

前半の義元が書いたところでは「住書」という文字になっております。それに対して岡部が書き加えたところでは「注書」というようになっておりまして、文字が違って読みも違ってくるわけです。おそらく本来は「注書」と書くべきところを、義元が「住書」と書いてしまった。それを受け取った岡部の方が「注書」という正確な文字で書き記したんではないかと。すなわち「さんずい」とすべきところを「にんべん」にしてしまったのは義元の方の誤りで、これは「注書」であろうと解釈するのが妥当なところではないかというように思います。

これについて、従来はこの「住書」というのを「住所」の書き間違いであろうという理解がとられていたわけです。事実、そうした写本も存在します。それでそこはどこかというような、見当外れの斟酌が行われてきました。しかしこの「住書」＝「注書」は、なんらかの書物《かきもの》・書類のことを指していると解釈して間違いないでしょう。では、そこに何が書かれていたのかが問題となりますが、それは残念ながらわかりません。ただ、それを岡部が取り返し、そのことに対して、義元が感状を与える。しかもそのことを、お家の名誉として、岡部が子孫に対して書き残している、といったことを考えると、それは、今川氏にとって、きわめて重要な書類であったと想像されます。

では、ここにみえる「大上様」とは一体だれのことでしょうか。この時期、今川氏にあって、「大上様」と呼ばれる存在は、これはもう寿桂尼以外考えられないわけであります。すなわち、寿桂尼が、今川氏にとってきわめて重要な書類を持参して花蔵へ参った。それに対して岡部がそれを取り返して義元に進上して感状をもらったと、こういうストーリーになるわけであります。ということになりますと、先ほどの「高白斎記」の記録、すなわち老母＝寿桂尼が花蔵と同心したということと一致するわけであります。まるで異なった、一方は文書史料であり、他方は甲斐の国の記録でありますが、まるで異なった二つの史料の中で同一のことが記載されているということになれば、これはかなり信憑性のある事実ととらえていいのではないかというように思います。

そうしますと、従来は、氏輝の母親であり義元の母親であった寿桂尼というのは、自分と違った腹の子供である良真をしりぞけて、義元を当主に据えるために頑張ったのが花蔵の乱であるというように理解されていたのに対して、一八〇度異なる立場になるのではないか、いってみれば、今川氏にとって、寿桂尼は、一種の裏切り行為を行ったということになるのではないかというのが、私が最近考えているところであります。

なぜ寿桂尼が腹違いの子供の方にこのように荷担する行動をとったのかについては、私も、いまだにわかりません。何とかそのことについての解答が見つけられればというように思っていろいろ考えてみたのですが、いまだにわかりません。これは最初に述べましたように疑問が次から次へと出てくることの一つであります。

ただ、いってみれば腹違いの兄弟争いというようなことで、戦国時代の戦乱というのを単純にとらえるという、従来のとらえ方はやっぱり、そんな単純なことで事が引き起こるというようなことではないのだろうと、もっと根の深いものではないだろうかということを指摘しておきたいと思います。

なお、そのことを多少補強するものとして、次の二つの史料をみておきたいと思います。一つは、花蔵の乱のはるか以前のものですが、寿桂尼が沼津の妙覚寺に対して出している文書の中で最後に「くしま越前して仰せいださるべきところ」という文言があります。この「くしま」というのは福嶋氏です。

㉖寿桂尼朱印状（「妙覚寺文書」）

（印文「帰」）
駿河国沼津郷之内、めうかく寺寺中むねへちならひに四分一の人足以下諸やくめんしをはんぬ、但、しせん御ようの事あらは、くしま越前しておほせいたさるへき所、如件、

享禄二／十二月十一日

めうかく寺

すなわち、先ほども出てきました福嶋越前守を、寿桂尼は妙覚寺への使者ないし仲介人として使っている。寿桂尼と福嶋越前守が主人・使者の関係であったということがうかがわれます。そういうことになりますと、先ほどの「高白斎記」の記述もうなずけるわけであります。

次に、逆に花蔵の乱から二〇数年後の、先ほどちょっと申し上げました山科言継が駿府にやってきて滞在していた時の日記の中に出てくる記述であります。

㉗「言継卿記」弘治二年九月廿五日条

次大方之内衆膳方奉行五人内、甘利佐渡守・福嶋八郎左衛門両人方江、以左衛門大夫（大沢）勅筆天神名号、茶せん一つ、遣之、祝着之由申候了、

ここにみえる「大方之内衆」の大方というのは、この場合寿桂尼を指しています。寿桂尼の「内衆膳方奉行五人内、

廿利佐渡守・福嶋八郎左衛門両人方」ということで、やはりここでも寿桂尼、このときはかなり第一線を退き、半ば隠居の身のような存在なのですが、そういう時においてもその取り巻き、膳方奉行というのが実際どういう仕事をしたのか、言葉だけのことではないだろうと思いますが、それにやはり福嶋八郎左衛門というのが加わっているというのは、寿桂尼と福嶋氏との関係は非常に古くから、かつ、ずっと後々まで続いていたということになります。こうした前後の関係から考えますと、やはり先ほど述べたような「寿桂尼、花蔵と同心する」という事態も、それほど違和感なく受け取ることができるのではないかというように思います。

それからもう一つは、次の表5「今河氏輝・寿桂尼年次別発給文書数表」でありますが、寿桂尼が発給している文書というのは、氏輝在世時代にずっとあるわけであります。ところが天文年間に入ると少なくなる。

これはおそらく氏輝が年齢を重ねて当主として一人立ちできたということを示しているのだろうと思います。普通、従来の解釈のように桂寿尼が義元側について、その後ろ盾であったということになると、義元は花蔵の乱を経て家督を相続したときに一八歳から一九歳であります。とするならば氏輝の例にならって、寿桂尼が場合によって文書を発給するということがあってもよいのではないか。これだけそれ以前、氏輝時代には文書を発給しているわけでありますから。また一方、義元の方は最初に文書を発給した先ほどの浅間神社とか慶寿寺に対しては、僧侶である「承芳」という印文の黒印を捺しているわけであります。そういう変則的な状態で義元は文書を発給している。とすれば、当然寿桂尼が発給していてもおかしくないにもかかわらず、それが全くない。むしろずっと空白期が続いて、天文十六年以降に寿桂尼は再び文書を出しているわけであります。しかも、その文書の宛所は⑬のような個人的関係の寺社に限られているわけであります。ということになりますと、どうも寿桂尼はこの花蔵の乱を契機として、氏輝時代に後見人として果たしていた役割から退いて、あるいはむしろかなり遠ざけられた状態になっていたのではないか、というようなことが想像されます。

以上、義元の家督相続の際に引き起こった花蔵の乱の経緯について、最近の研究によりながら、そこで見落とされていた寿桂尼の動きについて考えてみました。その結果、これまでの寿桂尼—雪斎—義元の同調ラインは、根本的に見直さなければならないことを明らかにしえたと考えます。なぜ、寿桂尼が、良真に同調したかについては、明らかにできませんが、この家督相続の経緯、花蔵の乱は、規模の大きいものであったというだけでなく、かなり根の深いところの、今川氏内部の矛盾が噴出し、家臣団を二分するような争いであったのでないかと推測されるわけです。

時間がきてしまいましたので、家督相続についてはこの程度にしておきます。

おわりに—家督譲渡—

次に氏真への家督相続でありますが、これも時間がありませんので一々詳しくは申し上げられないのですが、従来、永禄三年五月十九日に義元が桶狭間で織田信長によって敗れて死んでしまう、そこで氏真が今川氏の当主の地位についたと。すなわち簡単にいってしまえば死亡相続であったというようにずっと考えられてきたわけであります。それに対して私は一〇年ほど前に、必ずしもそうではないのではないかと。というのは、次の表6「今川義元・氏真並行時期各発給文書数表」を見てわかりますように、氏真は義元生前中から文書を発給しているわけであります。

それから今川氏の文書は朱印で出されるものが多いわけでありますが、その朱印の「如律令」という印章、これも既に永禄二年の五月二十日の日付の文書で氏真が使っているわけであります。ということになると、どうも永禄二年以前あたりに義元から氏真へ家督譲渡があったのではないかというように考えられるわけであります。そのことをさらに確認できる文書史料が最近その原本をやはり岡部さんのお宅で拝見することができました。

㉘武田家朱印状（「岡部實氏所蔵文書」）

定

其方本屋敷幷義元隠居屋敷被下置候、自今已後私宅等被相構可有居住之由、被仰出候者也、仍如件、

表5　今川氏輝・寿桂尼年次別発給文書数表

年次	氏輝	寿桂尼
大永6		3（内1通、氏輝享禄5袖判）
7		1
享禄元	11	1（氏輝署名花押ナシ、「帰」袖朱印）
2		3
3		4
4		2
天文元	9	
2	6	
3	9	1
4	7	
5		
6～15		
16～		12（内3通、義元袖判）
計	42	27通

表6　今川義元・氏真並行時期各発給文書数表

	義元			氏真			不明印判状	合計
	判物・書状	朱印状「義元」	朱印状「調」	判物・書状	朱印状「氏真」	朱印状「如律令」		
永禄1・⑥・24～同・12・晦	9	1		7	4		1	22
永禄2・1・1～同・12・晦	8	2	3	10		3		26
永禄3・1・1～同・5・19	2		3	5		3		13
合計	19	3	6	22	4	6	1	61
	28			32			1	61

元亀四癸酉

十一月廿日　　　　　　　跡部大炊助奉之

（竜朱印）岡部丹波守殿

これは武田氏の有名な竜朱印ですが、岡部丹波守に対して武田、この段階では勝頼でありますが、「その方、本屋敷並びに義元隠居屋敷下しおかれ候」、こういう文言の記されている文書を与えているわけです。すなわち義元の隠居屋敷が存在したということが明確になったわけであります。ということになると、当然義元は、生前に家督を譲渡し、隠居したということになります。

今川氏と同じ戦国大名である北条氏の場合、早雲・氏綱・氏康・氏政の四代とも生前に家督を譲渡しております。それも氏康・氏政は亡くなるはるか一〇年あるいはそれ以前に家督を譲っております。かといってそれでは第一線から退いて、まったく隠遁生活を送っていたのかというとそうではなくて、氏康などは、独自の印章を使用したり、文書を出しております。中には「国家の意見をなす」（「安房妙本寺文書」）とか、「氏政に意見を加える」（「正木文書」）というように、まさに後見人としての役割を果たしているわけであります。このように、この隠居は、我々が今日考えるように第一線から退く、隠遁生活を送るという意味ではないわけであります。

義元もその後、文書を発給し、軍勢を動かしています。ただ、そこで問題なのは、氏真が出している文書の宛所は、駿河・遠江国の給人や寺社、あるいは事柄に限られているのに対して、義元の文書の半数強は、三河国の給人や寺社、あるいは事柄に対するものです。ここが問題だと思います。そして、桶狭間の合戦に際しても、氏真が駿府に残って留守を守り、義元が、軍勢を率いていることを想起したならば、義元の氏真への家督譲渡―隠居の背景には、氏真が今川氏の固有の領国である駿河・遠江の両国を支配し、義元が、平定した三河を支配し、さらに尾張へ触手を延ばすといったように、一定の役割分担が考えられていたのではないかということであります。現に、桶狭間の直前でありますが、永禄三年五月八日に、氏真は、従五位下治部大輔に補任され（「歴名土代」）、義元が、三河守になっています（「瑞光院記」）。これらのことは、実質的には、何らの力にもなりえない時代でありますが、やはり、権威とか名分としては多くの大名や武将が懇望したところです。義元—氏真の家督譲渡が、ここにおいて、幕府にも認められたというように思います。

つい先日、NHKドラマで織田信長が、息子の信忠に家督を譲って、何か茶道具だけを持って佐久間信盛の館へ行ったということが描かれておりましたが、これは「信長公記」の次の記述をもとにしたものと思われます。

㉙「信長公記」天正三年条

十一月廿八日、信長御家督秋田城介（織田信忠）へ渡進ぜらる、誠に信長卅年御粉骨を尽させられ、御屋形作金銀鏤め、星切の御太刀、是は曽我五郎所持の太刀なり。其外集置かせられたる御道具、三国の重宝員を尽し、尾州・濃州共に御与奪なされ、信長御茶の湯道具ばかり召置かせられ、佐久間右衛門私宅へ御座を移させられ、御父子共御果報大慶珍重々々。

いうまでもなく、信長は、佐久間の館で隠遁生活を送ったのではなく、領国である尾張・美濃国の支配を信忠に譲り、みずからは、安土城を築き、全国制覇へ、大きく飛躍しようとしたわけです。いうならば、織田家の私的な当主から、全国支配をおこなう公的な存在へ、テイク・オフする契機であったというように理解できます。

このように、中世においては、家支配や政治権力の頂点に立つものが、隠居と称して、その家督や地位を後継者に譲渡しながら、その実、より重要な役割や権力を行使する立場に立つ事例が多々みられます。おそらく義元も、みずからの家督相続において骨肉の争いをしたということが一つの教訓となって、生前に家督を譲ったというようにも考えられますが、ただ、そうした理由だけでなく、おそらく三河までを平定し、その後ということを考え、もっと大きな構想のもとで行ったことではないかと考えるわけであります。

そのことを裏づける史料はなく、単なる私の空想であるのかもわかりません。義元の桶狭間への軍事行動というものは、従来上洛説というようにとらえられているわけでありますが、そうしたとらえ方は、江戸時代の産物であって、あの軍事行動は即上洛ということではなかっただろう、三河防衛戦であったのではないかと、最近いろんな方によっていわれています。私もそのように考えます。しかし、それではまったく義元が、領国支配だけに満足していたのかということになりますと、以上のような生前の家督譲渡を考えますと、やはりもっと大きな構想、中央制覇というようなものも頭にあったのではないだろうか、と最近考えているところであります。

そのことは果たしてどこまで実証的に明らかにし得るかどうか、これは何ともおぼつかないわけでありますが、天文年間後半における三河の平定、分国法の制定、三国同盟の締結、そして永禄年間に入っての家督譲渡・隠居、三河守への叙任、尾張への侵出というふうに見ていきますと、やはりそこに大きな構想があったと空想してみたくなるというのが正直なところであります。今後の課題ということで、本日の私のお話を終わらせていただきます。

《参考文献》

本稿では、先学の研究や典拠史料について、一々註記しませんが、講演会の際に紹介した次の研究を参考としておりますので、再録しておきます。

1勝俣鎮夫「今川義元」(『戦国の武将』読売新聞社、一九六五年)
2小島広次『今川義元』(「日本の武将31」人物往来社、一九六六年)

3小和田哲男『駿河今川一族』（新人物往来社、一九八三年）
4有光友學編『今川氏の研究』（『戦国大名論集11』吉川弘文館、一九八四年）
5静岡地域史研究会『シンポジウム今川氏研究の成果と課題』（一九九二年）
6大久保俊昭「『河東一乱』をめぐって」（『戦国史研究』二号、一九八一年）
7小和田哲男「花倉の乱の再検討」（『駿河の今川氏』六集、一九八二年）
8大久保俊昭「義元政権の成立と初期政策についての一考察」（『駿河の今川氏』九集、一九八六年）
9前田利久「〝花蔵の乱〟の再評価」（『地方史静岡』一九号、一九九一年）
10久保田昌希「今川氏親後室寿桂尼の文書について」（『駒沢史学』二四号、一九七七年）
11大石泰史「今川義元の印章とその機能」（『戦国史研究』二一号、一九九一年）
12有光友學「今川義元―氏真の代替わりについて」（『戦国史研究』四号、一九八二年）
13佐脇栄智「小田原北条氏代替り考」（『日本歴史』九三号、一九五六年、のち同著『後北条氏の基礎研究』吉川弘文館、一九七六年）
14久保田昌希「今川義元桶狭間出陣の真相」（『歴史と人物』、一九八一年三月）
15藤本正行「異説・桶狭間合戦」（『歴史読本』、一九八二年七月）

［追記］本稿は、一九九二年度「静岡県史講演会」で行った講演の記録をもとにして、補正、加筆したものである。

第三章　葛山氏の態様と位置

はじめに

戦国期研究は近年ますます活発化し、そこでは多様な成果が生み出され、また、多彩な議論がたたかわされている。そうした動向の一つとして、とくに一九七〇年代後半以降、戦国期の領主権力の構造や階級結集のあり方についての研究が進められ、いくつかの新しい見解が提出されてきている。

一方、最盛期には駿遠三の三ヵ国に及んだ戦国大名今川氏の領国支配についても、近年きわめて活発に研究が積み重ねられつつある。とくにその検地政策では、その実態・施行原則・性格などについて、戦国大名研究全般をリードするような成果をあげ、また、そのことによって、戦国期の権力と社会の歴史的性格や近世への移行の問題についても鋭い議論が展開されている。

しかし、筆者が最近改めてこれまでの戦国期今川領国にかかわる主として戦後の研究を悉皆的に通覧する機会をもったが、(1)そうした作業の中で明らかにしえたことの一つは、確かに右の検地研究のごとく多大の成果をあげている分野がみられたり、きわめて細部にわたる史実の確定作業などが行われていて、多彩な研究状況にあるとはいえ、なお、ひとたび戦国大名今川氏及びそれによって構築された今川領国における権力構造の問題―領国内に存在する大小様々な形態・性格を有する領主権力の存在やその相互関係、あるいは、今川氏によってそれらが結集された原理、また、構築された権力機構の実際や特質という問題―になると、ほとんど本格的な研究がみられないというのが実状である。有躰にいえば、これまでの今川領国研究は、はじめに今川氏＝戦国大名という性格規定がアプリオリになされていて、それを前提に個別研究が積み重ねられ、しかもそれらの個々の作業は、その戦国大名像や領国支配を無意識的に構築していたといってよい。一度として、戦国大名としての今川氏の性格規定そのものが検証されたことがなかったのである。もっとも、先述した最近の戦国期研究の動向に触発されて、部分的な論述がないわけではないが、それらはかならずしも成功しているとはいえない。そういう意味では、きわめて立ち遅れた研究状況にあるといってよい。

そうした状況の中で、今ただちに本稿で今川領国の全体の権力構造なり階級結集のあり方を追究するといったような、現在の戦国期研究の動向に即応した分析なり論証を行うことはできない。しかし、そのことを念頭におきながら、従来戦国大名今川氏の権力を構成する一翼としてとらえられていた今川領国内の一つの領主権力の態様を具体的に解明し、それが今川領国でいかなる位置を占めていたかを考え、そのことによって、戦国大名今川権力の性格についても一つの新しい視角を提示し、現在の戦国期権力構造論研究にコミットして行きたいというのが本稿のねらいである。

その具体的な検討対象としてとりあげようとするのが、比較的史料条件に恵まれ、近年研究も伸展しつつある、駿河国駿東郡に蟠踞していた葛山氏である。

論述の順序として、まず、これまで明らかにされてきた葛山氏にかかわる史料及び研究状況を概括し、続いて、十五世紀における葛山氏の歴史的位置と性格及び戦国期における駿東郡の地理的・歴史的条件を考え、その中での葛山氏の動向をあとづけて行きたい。次に、そうした前提作業の上に立って、戦国期葛山氏の領主権力の態様をその支配領域の広がりと裁判権の帰趨、検地政策と収取内容、交通・流通支配、さらに権力構造といった諸側面から具体的に明らかにし、そうした作業と論証をふまえて、最後に葛山氏の歴史的性格と今川領国における位置づけについて、筆者なりの見解を提示したいと考える。

一　史料と研究

1　史料条件

葛山氏の歴史的実態を究明するに際して、その活用しうる史料としては、まず、戦前の編纂・刊行になる『静岡県史料』(2)所載の葛山氏自身による約五〇通の発給文書があげられ、その史料条件は、葛山氏と同レベルの他の領主層と比べた場合格段に良好であるといえよう。そして、戦後における『沼津市誌』(3)や『御殿場市史』(4)の編纂事業が、右の葛山氏発給文書によりつつも、新たな関係文書・記録史料の発掘・収集につとめ、今日ほぼその全貌が明らかにされるにいたったといってよい。それらの具体的な史料名・内容・出典等については、『御殿場市史』第一巻史料編及び関口宏行氏作成の「葛山氏略年表」(5)などに明示されているが、本稿の立論対象である室町期以降のそれらについての概要を次に示しておきたい。

まず、「文書史料」としては、葛山氏自身による「発給文書」と葛山氏を宛名としたり葛山氏に言及したりしているいわゆる「関係文書」とにわけることができるが、前者については先述したごとく『静岡県史料』所載文書でほぼつきている。ただその後の史料収集によって知れるようになった数通を加えると、表7の目録のごとく計五一通となる。(6)

次に、「関係文書」としては、右の「発給文書」と同時期のものは少なく、それに前後するものが若干存在するだけである。葛山氏の存在を客観的にとらえて行くには材料不足をまぬがれないが、それらの内容・意味については必要に応じて以下の論述の過程で触れて行きたい。

次に、「記録史料」であるが、葛山氏を主題としたものはとくにない。ただ、同時代の公家・僧侶・歌人などの日記・紀行文とか、当時の戦記物などに断片的にその動静が記されている。その一つが、京都醍醐寺座主満済の「満済准后日記」[7]の正長元年（一四二八）より永享六年（一四三四）に至る間の記事中にみられるものである。これらの記事については、すでに小和田哲男氏[8]によって今川氏の関係史料としてある程度紹介されているが、葛山氏の研究の立場から本格的に活用されたものはない。

時期的に次に位置するのが、室町幕府の将軍家御家人を軍事編成したところの奉公衆番方リストとして著名な「文安年中御番帳」[9]における記載である。そこでは、四番在国衆として末尾にわずかに「葛山」と記されているのみであるが、その意味するところは後述するようにきわめて大きいと考える。

次に、戦国期の「記録史料」として、駿府にしばしば下向・滞在し、歌会をもよおしていた歌人冷泉為和の私家集「今川為和集」[10]がある。そこで葛山氏が関係する歌会のことが、享禄五年（一五三二）より天文十六年（一五四七）まで前後一二回記されており、とくに現存する写本に記された朱筆による頭注は、葛山氏の系譜関係を知る上で貴重なものである。さらに、これもやはり戦乱を避けて駿府に下向していた山科言継の「言継卿記」[11]の弘治二年（一五五六）から翌年にかけての記事がある。そこには駿府における葛山邸の存在や二、三の葛山姓の人名が登場する。また、北条氏及びその領国内の動向に関する記録類にも、二、三の関係するものがある。その一つは、系図類[12]でそこから断片的ながら北条氏と葛山氏の姻戚関係を考察することができる。また、鶴岡八幡宮座主「快元僧都記」[13]にも関係記事がみられる。以上、「今川為和集」以下の史料については、戦国期葛山氏の系譜・姻戚関係を論じた別稿[14]で紹介及び検討を加えておいたのでそれを参照されたい。

最後に、「今川記[15]」「関八州古戦録[16]」など後世の著作ではあるが、戦国期のこの地方の動乱を描写した戦記物の中にも葛山氏についての記述がみられ、史料吟味を必要とするものの、関係史料の乏しい中で貴重な史料といえる。以上が今日知りうる葛山氏関係の文書・記録史料の概要である。

所収文書・写本名	出典・機関	巻頁	備考
二岡神社文書	静岡県史料	1—689	○
宝持院文書	〃	1—680	○
二岡神社文書	〃	1—690	○
〃	〃	1—691	○
日枝神社文書	〃	1—710	
山本吉野文書	〃	2—356	
光長寺文書	〃	1—541	×
山本吉野文書	〃	2—357	
〃	〃	〃	
後藤文書	沼津歴民館紀要	3—8	
武藤文書	静岡県史料	1—656	○
獅子浜植松文書	〃	1—555	
武藤文書	〃	1—656	○
柏木文書	〃	1—634	
〃	〃	1—635	
獅子浜植松文書	〃	1—555	
竜雲寺文書	〃	1—550	×
柏木文書	〃	1—637	
武藤文書	〃	1—657	○
二岡神社文書	〃	1—692	○
熊野堂太泉寺文書	〃	1—528	×
萩原芹沢文書	〃	1—664	○
久住文書	〃	1—552	
岡宮浅間神社文書	〃	1—535	
宝持院文書	〃	1—681	○
柏木文書	〃	1—638	
萩原芹沢文書	〃	1—665	○
岡宮浅間神社文書	〃	1—538	
武藤文書	〃	1—658	○
〃	〃	1—659	○
〃	〃	1—660	○
熊野堂太泉寺文書	〃	1—529	×
萩原芹沢文書	〃	1—665	○
獅子浜植松文書	〃	1—558	
〃	〃	1—557	
武藤文書	〃	1—661	○
萩原芹沢文書	〃	1—666	○

表7　葛山氏発給文書目録

番号	年月日	発給者署判	宛名	分類名称
A―1	大永5・乙酉・4・26	氏堯　花押	二岡禰宜左衛門大夫	沙汰状
2	〃・〃・⑪・5	〃　〃	宝持院	寄進状
3	〃 7・丁亥・7・19	〃　〃	二岡宮禰宜左衛門大夫	〃
4	〃 8・戊子・2・18	〃　〃	二岡禰宜左衛門大夫	〃
B―1	天文3・甲午・12・2	氏広　花押	日吉神社	沙汰状
2	年欠　8・28	〃　〃	吉野九郎左衛門	感状
C―1	天文11・壬寅・7・10	氏元　花押	光長寺	安堵状
2	(〃14)　〃　9・23	〃　〃	吉野郷三郎	感状
3	〃 15・丙午・4・22	〃　〃	吉野郷三郎	宛行状
4	〃・〃・4・26	〃　〃	後藤修理助	安堵状
5	〃 19・ 戊 ・5・20	(〃)　〃	武藤新左衛門	〃
6	〃 ・庚戌・8・20	(〃)朱印A	植松藤太郎	宛行状
7	(〃20)　亥 ・12・26	〃　花押	坪和山城守・渡辺備前守	沙汰状
8	〃 ・辛亥・12・晦	〃　〃	神主柏宮内丞	寄進状
9	〃 21・壬子・1・23	〃　〃	神主宮内丞	沙汰状
10	〃・〃・4・27	〃　〃	植松藤太郎	安堵状
11	〃・〃・9・6	〃　〃	竜雲庵宗玄	免許状
12	〃・〃・12・16	〃　〃	柏宮内丞	寄進状
13	〃 22・癸丑・3・9	〃　〃	武藤新左衛門尉	免許状
14	〃・〃・8・16	〃　〃	禰宜神五郎	安堵状
15	〃・〃・9・14	〃　〃	太泉寺	沙汰状
16	(〃22)　丑 ・11・26	〃　〃	芹沢玄蕃尉	免許状
17	弘治3・丁巳・3・24	〃　〃	楠見善左衛門尉	沙汰状
18	〃・〃・8・28	〃　〃	諏訪部惣兵衛尉	條書
19	〃・〃・10・16	〃　〃	宝持院	安堵状
20	永禄1・　8・4	(〃)朱印A	禰宜助三郎	沙汰状
21	(〃2)　未 ・11・7	(〃)　〃	芹沢玄半助	〃
22	〃 4・辛酉・11・28	〃　花押	神主諏訪部惣兵衛尉	條書
23	(〃5)　戌 ・7・22	(〃)朱印A	神山宿中・伝馬屋敷者	裁許状
24	〃 5・壬戌・8・5	(〃)　〃	神山代官名主	〃
25	〃・〃　〃	(〃)　〃	武藤新左衛門尉	〃
26	〃・〃・10・20	〃　花押	太泉寺	安堵状
27	〃 6・ 亥 ・3・19	(〃)朱印B	芹沢伊賀守	沙汰状
28	(〃)　井 ・4・3	(〃)　〃	獅子浜北南百姓中	〃
29	〃 ・癸亥・7・2	〃　花押	植松右京亮	定書
30	〃・〃・7・12	〃　〃	武藤与太郎	免許状
31	(〃7)　甲子・5・27	(〃)朱印B	芹沢伊賀守	沙汰状

定輪寺文書	〃	1—646	
萩原芹沢文書	〃	1—667	○
〃	〃	〃	
山田文書	御殿場市史	1—236	○
山本吉野文書	静岡県史料	2—358	
武藤文書	〃	1—662	○
獅子浜植松文書	〃	1—559	
萩原芹沢文書	〃	1—668	○
〃	〃	1—669	○
矢部文書	〃	2—45	
市川文書	〃	2—519	
橋本文書	〃	1—582	
判物証文写所収	大日本史料	10-2·142	
芹沢文書	静岡県史料	2—104	

重郭を示す.

2 研究状況

葛山氏の研究として最初に位置づけられるのは、相田二郎氏の戦前の交通史にかかわる研究(17)である。相田氏は、東京帝国大学史料編纂所の所員として、静岡県下に残る中世史料の網羅的調査に従事されていたが、その過程で、新たに発掘された文書史料が、前述の『静岡県史料』所載の葛山氏発給文書を含む諸家の文書である。相田氏は、まずそうした新発見の史料紹介を兼ねた駿東郡御殿場地方の戦国期の交通の実態を論じた論稿(18)を発表され、引き続いて、今川・北条・武田氏といった東国地方の戦国大名下における宿・問屋・伝馬等についての包括的な研究(19)を著わし、交通史研究に新生面を打ち出されたことは、つとに知られているところである。そうした中で、相田氏は葛山氏についても言及され、それが今川氏分国内に存在するものの北条氏とも血縁関係にあり、それゆえ両者の影響をうけながらも、武田・今川・北条三氏接衝の緩衝地帯を治める領主として、その支配に独自性がみられたことを指摘されている。こうして、葛山氏の存在は、主として交通史研究の中で注目されることとなったが、その後急速に研究が蓄積されていったということではなく、本格的に論じられたのは戦後の地方史誌編纂事業の伸展の中でであった。

32	〃　8・乙丑・4・15	〃　花押	定輪寺存桃長老	〃
33	(〃8)　〃・4・28	(〃)朱印B	芹沢玄蕃允	〃
34	(〃)　〃・5・8	(〃)　〃	芹沢伊賀守	〃
35	〃・〃・10・10	(〃)　〃	轆轤師□四郎	〃
36	〃・〃・11・1	〃　花押	吉野日向守	宛行状
37	(〃9)　刁・5・20	(〃)朱印B	武藤新左衛門尉	免許状
38	(〃)　寅・12・7	(〃)　〃	五ヶ村百姓中并両上使	沙汰状
39	〃　10・丁卯・8・3	(〃)　〃	芹沢玄蕃	〃
40	〃・卯・8・17	(〃)　〃	鈴木若狭守・武藤・芹沢	〃
41	〃・丁卯・11・5	(〃)　〃	矢部将監・鈴木新右衛門	〃
42	(〃11)　辰・2・2	(〃)　〃	山田次郎右衛門尉	宛行状
43	〃　12・　2・14	〃　花押	橋本源左衛門尉	〃
44	〃・己巳・3・28	〃　〃	三輪与兵衛	〃
45	〃・〃・4・6	(〃)朱印B	芹沢清左衛門尉	〃

註　1．(　)内表記は推定を示す．
2．朱印の印文は全て「萬歳」である．いずれも六角印でAは一重郭，Bは二
3．末尾の○印は，「御殿場市史」第一巻所収の写真掲載文書である．
4．×印は，竜光院殿の引き継ぎ文言のあるもの．

戦後、葛山氏研究を終始リードされてきたのは福田以久生氏である。福田氏は、一九五〇年代における『沼津市誌』編纂及び七〇年代の『御殿場市史』編纂に従事される中で、葛山氏に関する一連の論稿をものにされ、それらの一部は同氏著の『駿河相模の武家社会』(20)に収録され、今日における葛山氏研究の出発点となっている。

福田氏の仕事を整理すれば、第一に、『静岡県史料』所載の文書史料によりながらも、とくに記録史料の収集につとめ、それらの厳密な吟味のもとに、葛山氏研究の史料条件を広げられたことにある。第二には、その仕事が主として市史編纂の中で行われたことから、駿河国あるいは駿東郡における地域史研究という側面をもち、葛山氏の史的究明がそれ自体として切り離されることなく、歴史的・地域的背景の中で論じられたことである。第三には、同様のことから、中世を通じての歴史的展開の中で葛山氏の動向が叙述され、それ自体も通史的側面をもち、葛山氏についての系統的理解がなされていることである。第四には、単に葛山氏を政治史・合戦史に埋没させることなく、文書に登場

する個々の武士や商・職人、農民を具体的に示されて行くことによって、葛山氏の領主支配の構造的内容を明らかにされようとしたことである。

以上の結果として、本稿の関心にそくして福田氏による葛山氏の歴史的性格なり位置づけをまとめれば、古くから国人領主として勢力を扶殖し、今川氏の戦国大名化に伴ってその被官となり、今川氏家臣団中においても郡規模の地域支配を委ねられたところの重臣であったということである。こうした国人領主の戦国大名被官化というシェーマは、今日の戦国期研究においても一般的に認識されているところであり、葛山氏研究においても基本的に受けつがれ通説的理解となっている。

葛山氏の研究として次に登場するのが、一九八〇年前後の関口氏の一連の仕事である。関口氏も研究の前提として、中世の全期を通じての葛山氏に関係する史料収集とそれにもとづく前掲の年表を作成されており、その豊富な史料提示は、今後の研究にとって大きな共通財産となっている。研究としては、個々の史料の吟味とか扱い及びそれにもとづく立論に問題がないわけではないが、北条氏との姻戚関係及び葛山氏元の領国支配といったテーマで相ついで論稿(21)を発表され、結論的には、葛山氏の歴史的性格・位置として今川氏との被官関係を認めながら、戦国期においてもその国人領主的側面を強調されている。

次に、葛山氏の最新の研究として小和田氏のものがある。小和田氏には、古く今川氏の家臣団構成を論述した論稿(22)の中で、葛山氏を今川氏の上層家臣としてとらえ、その家臣構成を「給人被官制」であったと主張されたものがあるが、新しい研究(23)では、みずからその性格づけを改め、矢田俊文氏(24)が近年提唱されている「戦国領主」概念を援用され、その「独得の権力」の性格を説明されている。

すなわち、小和田氏は、葛山氏元が永禄五年（一五六二）に神山宿に発給した伝馬相論裁許印判状（後掲）に注目され、そこから葛山氏が一次裁判権を、今川氏が二次裁判権を有していた関係にあったとされ、葛山氏を矢田氏の「戦国領主」概念に結びつけたのである。こうした小和田氏の新説は、かならずしも明確な根拠のないままに、きわめて表相的にとらえられていたこれまでの戦国期の葛山氏の性格・歴史的位置（今川氏家臣あるいは国人領主説）について、根本的に見直す必要のあることを気付かせた問題提起として貴重なものといわざるをえない。しかし、小和田氏の新説によって、葛山氏の性格・位置づけに決着がつけられたかということになると、矢田氏の主張が武田領国全体の包括的な構想として出されているにもかかわらず、小和田氏はその部分的同一性を唯一の論証根拠として主張されているだけで、しかも、後述するごとくその根拠自体史料解釈上問題があり、なお、矢田説の当否とは別に、その性格・位置づけについて検討を加えなければならないと考える。以上が、これまでの葛山氏研究の大要であり、その性格・位置づけをめぐっての見解の流れである。

なお、葛山氏にかかわって、これらの研究以外に北条・今川検地研究の中で、葛山氏の実施した佐野郷検地について触れられており、近年の戦国大名検地研究の中で注目されるようになってきた問題がある。その詳細については本論の中で筆者の見解の提示を含めて明らかにしたいと考える。

また、筆者が本稿の前提作業としてまとめた別稿で、葛山氏の系譜と北条氏との姻戚関係について明らかにし、また、今川領国における伝馬制について論じた近稿[25]の中で、葛山氏の支配領域内の宿伝馬について触れており、本稿でも必要に応じて言及するものの、それらを参照していただければ幸いである。

さて、以上のようなこれまでの葛山氏研究に対して、筆者なりの問題点を次に指摘しておきたい。その一つは、先述したように葛山氏に関する文書・記録史料が比較的豊かに知れるようになってきたにもかかわらず、なおこうした史料のもつ豊かな内容が個別的にも全体的にも活用されていないことと、それらの相互の有機的関連についても十分論じられていないことである。第二には、葛山氏の性格・位置づけについての国人領主説あるいは今川氏家臣説、「戦国領主」説いずれをとっても十分な根拠が示されていないことである。国人領主説の場合、室町期の葛山氏の分析がなされていないし、家臣説についても、今川氏との主従関係を示す最も基本的な所領給付関係がおさえられていないというように、その性格・位置づけはきわめて表相的であるといわざるをえない。

以上の問題点を念頭におきつつ、次章では、室町期の葛山氏についてその性格・位置を考え、それをふまえて戦国期の葛山氏の動向についてみて行きたい。

二　室町・戦国期の葛山氏

1　室町期の葛山氏

室町期といっても、ここでは残存する史料の関係から、戦国期の直接的前提ともいえる十五世紀にかぎらざるをえないが、そこでの葛山氏の性格と位置について検討する。まず、前掲の「満済准后日記」の正長元年（一四二八）十月の次の記事である。

廿三日晴。（中略）甲斐武田刑部大輔入道駿河国ニ両所被下之。佐野郷・沢田郷也。佐野郷ハ大森当知行云々。

廿七日雨。就駿川葛山所領佐野郷当時大森知行事。以奉行飯尾肥前被仰子細在之。此在所事去廿三日被下武田キ。雖然此在所武田可辞退申入旨申欤。爾者葛山以支証本領由歎申入也。可被下欤云々。御答云。此在所事已御教書拝領之間無左右辞退申入事ハ不可在欤。乍去在所不思（審カ）之間可如何仕哉旨内々歎申入候。爾者於武田者被計下替地。

於此在所者可被下葛山欤之由申入了。

これらの記事は、関東における室町幕府（＝鎌倉府）体制を動揺・崩壊に導いた、その起点ともいうべき上杉禅秀の乱の余波に対する幕府の処置の一環について記したものである。すなわち、禅秀の乱において、関東御分国であった甲斐国では、上杉氏と姻戚関係でもあったことにより、守護武田信満は禅秀方に与同し、その結果、乱後において鎌倉公方足利持氏によって攻め入られ自害することとなった。そこで、守護家内部の家督相続争いもあって、甲斐国ではその後二〇数年間守護が在国しえない状況が続く(26)。幕府がそうした異常事態の終息を意図して信満の息信重を応永三十年（一四二三）六月に守護に補任し、その入国を再三策するが実現できず、右の記事は、まさにそうした背景のもとにおける幕府の信重（刑部大輔）テコ入れの一策であったと考えられる。

記事の要点は、まず信重に駿東郡の佐野郷と沢田郷が宛行われた。ところがその直後佐野郷について、葛山氏が本領であることを支証をもって訴え、それが結果的に認められ、武田氏には替地が与えられ、佐野郷は葛山氏に宛行われたということである。日記の記事ということから事の顚末の詳細は不明であり、また、その宛行が本領安堵の形式であったのか新恩給付であったのかも判然としないが、いずれにしても幕府の手によって葛山氏に所領が給付されている事実を知ることができる。すなわち、この段階において葛山氏は、幕府将軍家との間に所領給付関係を媒介とする主従関係が成立していた、言い直せば将軍の御家人であったということになる。

「満済准后日記」では、その後永享五年（一四三三）四月の記事中に、今川氏五代当主範忠の家督相続の内紛をめぐって、次のような記事がみえる。

廿七日晴。早旦出京参室町殿。駿河国ヨリ富士大宮司注進状幷葛山状等一見了。国今度不慮物忩事申入了。随而富士進退等事可任上意旨。載罰状申入也。

ここで、「国今度不慮物忩事」について、葛山氏の書状が幕府にもたらされていることがわかる。また、次の記事は、翌年十月のものである。

廿八日雨。自駿河注進到来。関東野心既現行云々。今河金吾入道・同下野守・葛原（山カ）等注進同前。以長全遣管領了。自駿河守護方管領へハ昨日注進云々。及夜陰今日持参之由。今河雑掌申也。雖然此門跡へ注進状三通、其外葛山今河方へ注進状。表書庵原云々幷善得寺坊主注進状。彼是五通遣之了。

永享の乱の前触れともいえる「関東野心」について、葛山氏を含めて諸氏の情報合戦が活発に行われている様子がうかがえる。

このように、葛山氏が独自に幕府に対して政治的情報を注進していることは、将軍家御家人であったからにほかならないといえる。そして、先述したように将軍家直轄軍の編成史料である「文安年中御番帳」[27]の四番在国衆として葛山の姓がみえることは、それがわずか二文字の記載であり、同種の史料には欠落しているとはいえ、葛山氏の当時の位置をさらに明瞭にしてくれるであろう。

われわれは、十五世紀の葛山氏は、駿河国の国境にあって、直接幕府将軍家から所領給付をうけた御家人であり、その立場にあって、国内や関東の動勢について逐一その情報を注進し、また、将軍家直轄軍を構成する奉公衆に編成されていた存在であったといいうることができよう。それゆえ、明応五年（一四九六）二月には、葛山氏などの将軍代始御礼の遅滞に対する催促が直接的に幕府奉行人の奉書[28]でもって伝えられているのである。

われわれは、十五世紀の葛山氏にかかわる残された文書・史料の通覧によって、右にみたように当時における葛山氏の歴史的位置を確かめることができた。

ただ、その際に問題は、葛山氏が上杉禅秀の乱鎮圧のための今川氏の軍勢の先陣として加わっていることや、永享の乱に際してもその先懸けの大将として加わっていること、あるいは応仁年間の今川氏遠江進出に際してその後陣に姓がみえることなど、この間一貫して今川氏の軍勢に加わりその指揮下に入っていることをどう理解するかである。これまでともすれば、こうした葛山氏の軍事上の位置から、葛山氏が今川氏の被官とか家臣であったかのような理解がなされてきたように思われる。

言うまでもなく、室町期においても守護は、謀叛・殺害人の検断と大番役催促のいわゆる大犯三ヵ条の権限を有していたのであり、上記した上杉禅秀の乱、永享の乱及び応仁の乱などは、幕府将軍家にあって幕府体制を揺がす謀叛であり天下の大乱であった。それゆえ将軍家は関東に隣接する駿河国の守護であり、将軍家の血筋を引く今川氏に対して、その鎮圧を命じたのであり、守護今川氏はそれに応じて管国内の将軍家御家人などを徴し軍勢を整え事にあたったと考えられる。まさに葛山氏のこれらの軍事行動は、今川氏の被官・家臣ということではなく、将軍家御家人として在国の守護今川氏の指揮下でその奉公に勤めたというのが事の正確な成り行きであろう。

現に、禅秀の乱に際し、今川氏は京都の上意を名目として、禅秀に与同する関東の諸将に禅秀討伐軍に加わることを勧告し、多くの軍兵を陣参させた経緯を示す文書・記録[29]があり、そうした脈絡の中で葛山氏がその先陣を勤めたことが記録されているのである。その際、葛山氏の本宗にあたると思われる駿東郡御厨地域において、葛山氏より古くから、また強力に領主支配を実現していた大森氏も加わっており、大森氏はその戦功によって幕府より西相模の地を恩賞地として宛行われ、以後大森氏の西相模進出が果され、のちに北条早雲によって滅亡させられることとなるのである。そして一方では、大森氏のあとを襲うように葛山氏が駿東郡一帯にその領主支配を拡大することともなる。先の「満済准后日記」の記事中にみえた「佐野郷ハ大森当知行云々」とか「葛山所領佐野郷当時大森知行」という記載は、そうした経緯を如実に示すものといわざるをえない。

次に、永享の乱の際の「今川記」の記事にも「京都の仰を蒙り、関口四郎・小笠原掃部助・斎藤加賀守・葛山を先かけの大将として」と記されており、事態は右と同じである。また、応仁の乱の軍事行動についても、[30]

応仁元年より京中に軍起りて、五畿七道も乱れ、軍兵馳上り合戦やむ事なし。上下闘争かきりなし。今川義忠公は豆州様と御相談有り、分国の仕置有。軍勢を催し、京都の御難義あらは馳上るへき由の御用意にて、（中略）分国の勢千余騎引率。先陣原・小笠原・笠原・浜松・庵原・新野を先として、後陣は高木蔵人・葛山・朝比奈丹波守等也。御上洛有りしかは山名殿よりも道迄御使有、色々頼み御申有しかとも、義忠は公方の御けいこの為に罷登り候。

と記された中に葛山氏の姓がみえるのであって、同様の位置づけが可能となろう。

これに対して、今川氏五代当主範忠の相続をめぐっての内訌・戦乱についての「満済准后日記」の記事には、葛山氏の名前はみえず、むしろ、前掲したように、この時葛山氏は将軍家へ直接注進に及ぶといったように第三者的立場に立っていたことがうかがえる。これはやはり、葛山氏が将軍家御家人として、今川家の内紛に加わることなく、相対的に自立した存在として行動した結果だと思われる。

次に、この時期における葛山氏の領主支配の実態についてであるが、残念ながらそれを知りうる史料はほとんど残されていない。まず、その規模・範囲についてであるが、応永年間には依然として大森氏が駿東郡北端の二岡神社に相模西部の田地を寄進[31]していることや、先述の「満済准后日記」の「佐野郷ハ大森当知行云々」といった記載などから考えて、十五世紀前期の段階では、駿東郡のかなりの地域・範囲がいまだ大森氏の支配下にあったと思われ、葛山氏の支配領域は、本貫の地であり居城のあった葛山及びその周辺に限定されていたのではないかと思われる。

そして、前述したように佐野郷が給付されるといったことや、大森氏の西相模への移動が進むことによって、葛山氏の支配領域は次第に拡大されていく。しかし、その場合でも、文明十年（一四七八）の熊野神社御師米良氏の「諸国旦那帳」[32]記載の次の文言は注意を要する。

文明十年戊戌拾月吉日

花蔵院書立　旦那田地花蔵院之分道助アソハシ候本

（中略）

一、相模国備後守知行分一円曽賀共地下一族一円但大夫先達引除　五拾五貫文

一、相州〻大森・葛山・行ト・藤曲四流一円勝覚院　四拾五貫文

一、駿河〻渡部一族一円善成房ヨリ　廿五貫文

一、駿河〻宝住院持分地下一族共　廿参貫文

（下略）

福田氏の解説にもあるように、この記載文言は、大森・葛山・行ト（竹下カ）・藤曲といった四氏が先達勝覚院を通じて米良氏の花蔵院に四五貫文の料物を上納していたことを示す。そして、葛山・竹下・藤曲氏がいずれも大森氏を本宗とする庶流であり[33]、竹下・藤曲氏はその名字地を駿東郡北部に有する在地領主であった。それが大森氏と同様に相模国と記載されていることは理解に苦しむが、本宗家が相模に本拠を移していたことによって、こうした記載となったと一応推察しておく。問題は、この記載から、葛山氏の支配領域を考える場合、竹下・藤曲氏の存在を無視しえないことである。すなわち、駿東郡北部はなお葛山氏の支配下に入っていなかったであろうということである。

次の幕府奉行人の奉書[34]の存在は、葛山氏のこの時期の関心が奈辺にあったかを物語るものであろう。

知行分駿河国沼津郷事、就葛山押防、被成奉書之条無相違処、号代官職重而可入部云々、事実者言語道断次第也。

所詮早任御成敗之旨、退違乱之族、弥可被令(全カ)領知之由、(所脱カ)被仰下也、仍執達如件

文明十四年七月十九日　　加賀守判

大和守判

曾我上野介殿

すなわち、葛山氏は代官職と称して沼津郷の領置を策していたようで、駿東郡南部への支配領域の拡大をねらっていたものと思われる。もっともそれが成功したかどうかについては明らかにしえない。以上の断片的史料から、十五世紀末には、葛山氏の領主支配は、葛山の地を中心として駿東郡中・南部にむけられていたと推測される。

次にそうした支配領域における領主支配の内容や構造についてであるが、史料が存在しないことより、ほとんど明らかにしえない。ただ、近年の城郭研究の伸展によって、方一〇〇メートルの典型的ともいうべき領主館としての葛山館址やその正面に位置する三の丸及び三つの曲輪を有する葛山城の存在、あるいはその出城の役割を果した千福城や大畑城の存在などを考えると、それらが全てこの時期に築造されていたとはいえないにしろ、伊礼正雄氏の報告(35)では、葛山館が十五世紀中期頃には営まれていたということであり、こうした政務・軍事施設を築造しうる力の根源を考えると、その領主支配はかなり強固なものであったと見なしうるであろう。つまり、この時期の葛山氏をいわゆる国人領主として性格づけすることが許されると考える。

2　戦国期当主三代と駿東郡

戦国期葛山氏の当主は、表7「発給文書目録」よりみて氏堯・氏広・氏元の三代であったといってよい。氏堯については、大永年間に駿東郡北部に存在する二岡神社・宝持院宛の所領の寄進・安堵状など四通を残すのみで、十六世

紀前期の当主であったという以外つけ加えることはない。ただ、前節でみた十五世紀の動向との関係でいえば、この時期までに竹下氏や藤曲氏といった葛山氏と同等の大森氏から分れた同族諸氏を何らかの形で服属ないし滅亡させて、駿東郡北部一帯の支配権を掌握していたのではないかと考えられる。

次の氏広については、発給文書は天文初年時期の二通しか存在しないが、その一通は沼津日枝神社宛であり、他の一通は富士郡の富士大宮近辺の給人吉野氏宛のものであり、その支配領域の広がりがうかがえる。とくに、前掲別稿で推測したように、次の氏元発給文書（C—11、以下葛山氏発給文書の場合は、表7目録番号で示す）にみえる引き継ぎ文言としての「竜光院殿」がこの氏広とすれば、それが記された文書が表7注記の如く沼津近辺の寺院に多く、そうしたことから、氏広は前代に引き続いて駿東郡南部の地域への支配領域の拡大につとめていたといえよう。

多美村之内竜雲庵棟別諸役之事、令免許畢、竜光院殿御印判之筋依有之、如斯之状如件、

天文廿一壬子九月六日　　氏元（花押）

竜雲庵宗玄

また、「今川為和集」には、駿府での氏広の歌会の記事があり、それによれば享禄五年（一五三二）から天文三年（一五三四）に至る三年間に六回の歌会をもよおしていたことになり、今川氏の膝下駿府にかなり頻繁に滞在していたことがわかる。こうした氏広の支配領域の範囲や駿府での滞在などは、次の氏元の代でも同様であり、戦国期の葛山氏の領主支配の態様は、この氏広の時代（天文年間初期）にはほぼ出来あがっていたと思われる。

次に氏元であるが、発給文書上からみたこの当主の支配期間は、天文十一年（一五四二）から永禄十二年（一五六九）に至る二八年間に及びもっとも長期にわたっている。また、その支配の様子も後述するように一個の自立した領主権力として充実したものであったことがうかがえる。もっとも、葛山氏が没落するのもこの氏元の代で、福田氏によれ(36)

ば永禄十一年暮の時期に、折から南下侵攻してきた武田氏に与同して今川氏に敵対したことからはじまり、氏元自身はその後三年ほどで信濃国諏訪の地で武田氏によって処断されたといわれ、信玄六男信貞が葛山姓をつぐものの、北条氏との攻防の中でそれも駿東郡をおわれ、また武田氏自体が滅亡することによって、その歴史を閉じることとなったのである。以上の経過から、先掲の「発給文書目録」の永禄十二年以降の三通は、内容的に駿府近辺の所領宛行といった事象も記されているが、葛山氏独自のものというよりは、武田氏の後立てによるものということができ、以下の論述では除外したいと考える。

図8　戦国期葛山氏関係系図

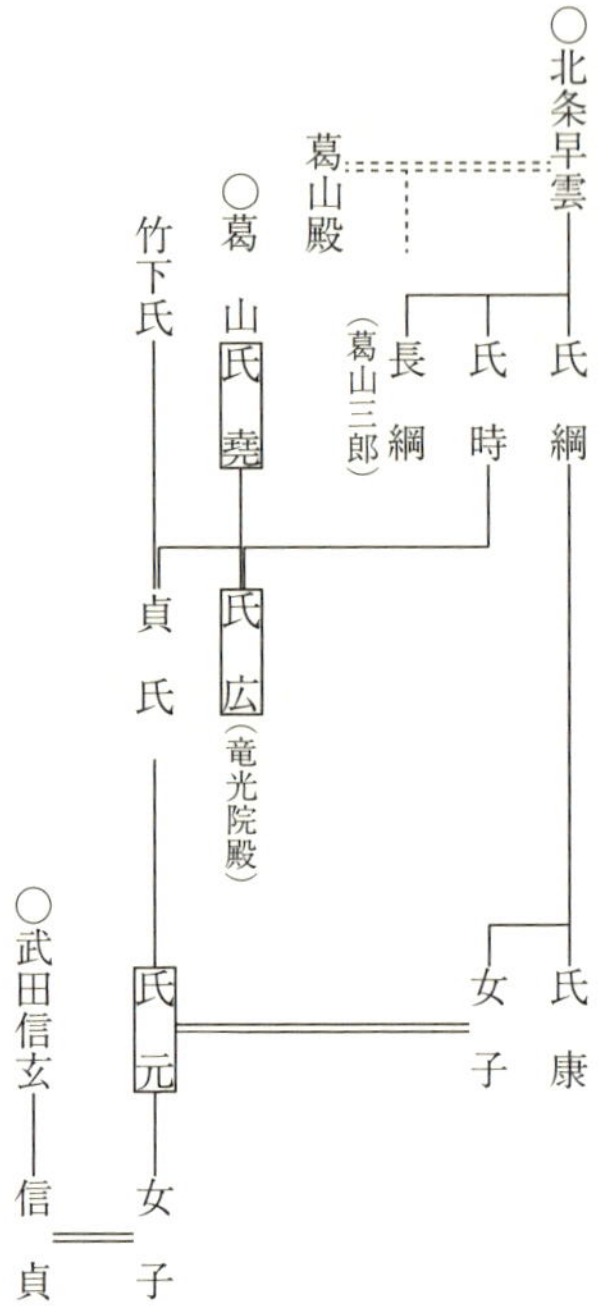

次に、こうした葛山氏当主三代の系譜関係及び従来から指摘されてきた北条氏との姻戚関係についてであるが、既に前掲の別稿で詳細に論じたのでそれを参照されたい。その要点は、まず北条氏との姻戚関係についていえば、葛山氏広が北条早雲の二男氏時（初代玉縄城主）の子で葛山氏堯の養子となったものであり、また、葛山氏元の妻が早雲長子氏綱の娘であるという二重の姻戚関係が指摘でき、他に、早雲の第二夫人が葛山氏から入り葛山殿と呼ばれていたこと、早雲の弟長綱（のちの幻庵）が葛山氏に養子に入り葛山三郎と呼ばれていたのではないか、という二点については直接的な史料はないものの可能性として高いことを指摘した。このように、葛山氏と北条氏との血縁関係は、従来からもいわれていたようにきわめて濃いものがあったといえよう。

なお、葛山氏元は同種の史料で、竹下氏の流れをくみ氏堯の養子となった貞氏の子と記されており、この結果、葛山氏三代当主の系譜関係は、図８「戦国期葛山氏関係系図」のごとく、氏堯と氏広の間は養父子の関係となり、氏広と氏元の間は非血縁の叔父甥の関係にあり、これら三人の間には直接的な血のつながりがなかったことが判明する。葛山氏のこうした姻戚・系譜関係の特異性は、葛山氏の蟠踞した駿東郡の地理的・歴史的条件の特殊性と無関係ではなかったと思われる。次にそのことを考えてみたい。

駿東郡は、地勢上においては、西（愛鷹山から富士山）、北（富士山から三国山）、東（箱根の外輪山）の三方を険阻な山々にかこまれ、南は駿河湾に面し、郡の中央を南北に流れる黄瀬川の流域平野部を中心としたものであって、それ自体一定の孤立した世界をつくり出していたといってよい（図９「葛山氏関係図」一一九頁掲載参照）。しかも、その地域が一つの郡として古代以来行政的に区画され、北は甲斐国と、東は相模・伊豆国と接し、西は富士郡と区画され、駿河国の東端にあって、まさに国境の地として存在していたのである。こうした地理的・歴史的位置は、ここに展開する政治的支配の特質を規定するものであったということができる。それは、その政治権力の相対的自立性と一方における基盤の不安定性である。十六世紀に限ってみても、永禄末年に至るまで郡の北部と中央部では一応葛山氏の支配が持続されていたものの、郡南部においては北条氏と今川氏との間のいわゆる「河東一乱」が一〇数年にわたって引き起こり、永禄十一年（一五六八）に北から武田氏が南下するに及んでは、葛山氏の没落と北条・武田氏の抗争が郡全域で相つぎ、まさに戦国の動乱の体をなしていたことでもうなずける。

それゆえ、葛山氏は先述したような複雑な系譜・姻戚関係をつくり出さなければならなかったのをはじめとして、その領主支配においても次節にみるように、客観的には北条氏・今川氏両者ともかかわっていたというきわめて特異なものとなったのである。

なお、戦国期の葛山氏の動向について、「河東一乱」での位置を含めて軍事行動上での位置が今川方にあったことを根拠として、また、葛山氏が今川氏当主を「御屋形」と尊称したり、駿府に邸宅を有していたことなども手伝って、今川氏の家臣・重臣であったという見解が通説的に主張されている。これらのことについて、筆者なりの検討結果を示す必要があるし、また、それなりの準備もあるのであるが、あまりにも紙数を費やすこととなるので改めて論じたいと考えている。(37)

三　領主支配の実態と構造

1　支配領域と裁判権

十六世紀の戦国の動乱期にあって、葛山氏が前代に引き続いて駿東郡葛山の地の城館を拠点として、伝来しているだけでも五一通にのぼる文書を当主三代にわたって発給し続けたことは、とりもなおさず葛山氏がその支配領域において持続的な領主支配を実現していたことを物語るものであろう。しかも、氏元の代にあっては、印文「万歳」の朱印状をも発給しており（氏広も印判状を発給した可能性は大である）、その領主権はいわゆる戦国大名にも相当するものであったということができよう。

本節では、その領主支配の実態を、裁判権の帰趨、検地政策、収取内容及び交通・流通支配の諸側面から具体的に検討し、ついでそうした政策・支配を実現した権力構造について可能なかぎり明らかにし、そのことによって、葛山氏の領主権の内容と質を問題にしたいと考える。

そこでまず、葛山氏発給文書を通じて明らかにしえる戦国期葛山氏の支配領域を具体的にみておきたい。その際、

図9　葛山氏関係図

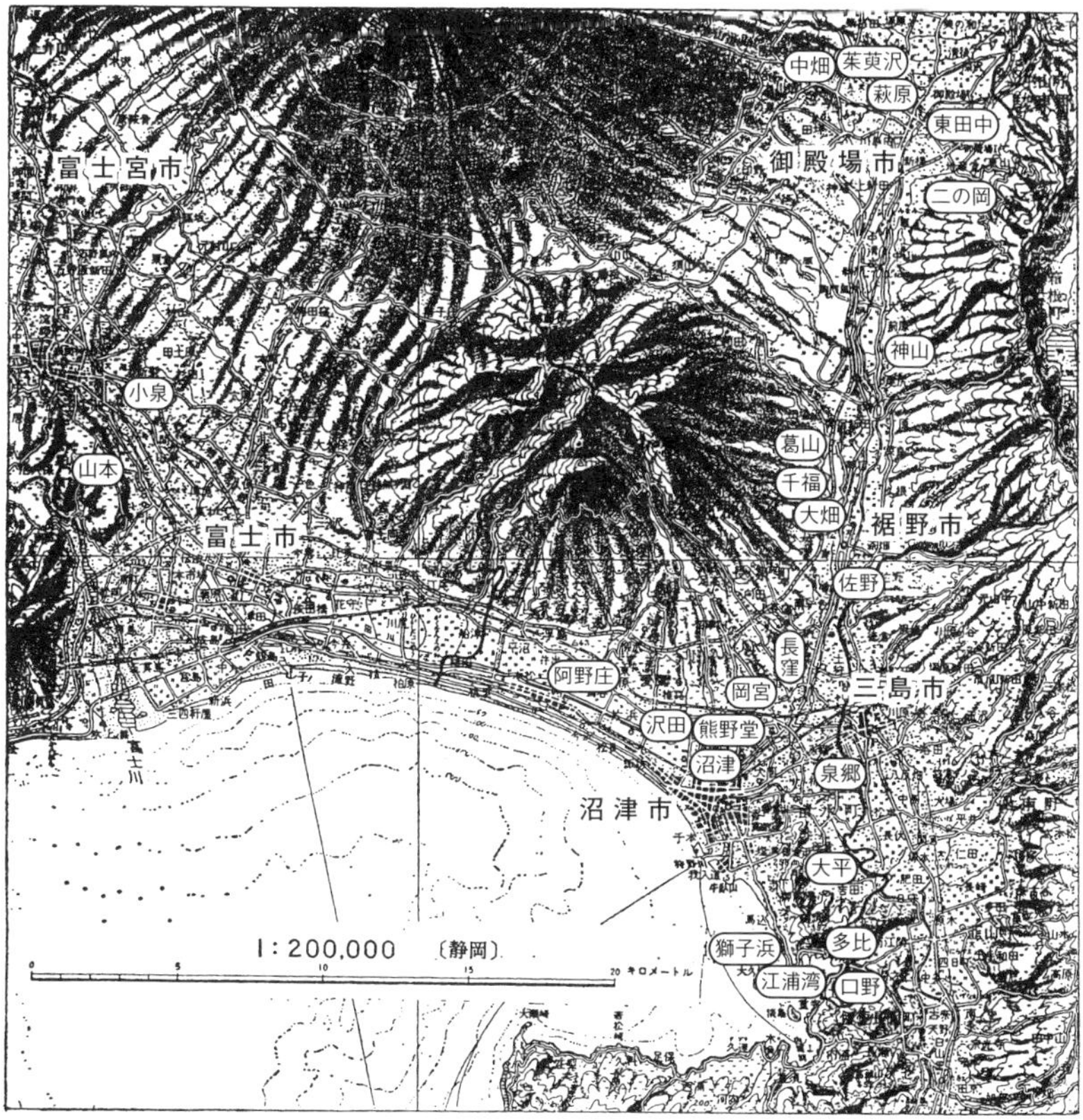

今川氏の発給文書と交叉する寺社・給人[38]に対する文書（B—1、C—18・22・32・41）及び武田氏に服属後のもの（C—43〜45）を除外し、唯一葛山氏の発給文書のみが伝来している四寺二社七家の四三通の文書からみて行きたい。その具体的な内訳は次の通りである。それらの伝来地点については図9と対照されたい。

○寺院　御厨田中宝持院・岡宮光長寺・熊野堂大泉寺・多比竜雲寺

○神社　御厨二岡神社・佐野浅間神社

○給人・諸氏　藍沢庄中畑山田家・茱萸沢宿芹沢家・神山宿武藤家・沢田後藤家・獅子浜植松家・口野楠見家・

右の内給人・諸氏のそれぞれの身分・生業は、山田氏が轆轤師、芹沢・武藤氏が宿問屋、後藤氏が農民的身分から給人化したもの、植松氏も同様に内浦漁業の津元から給人化したもので、楠見氏は江浦湊の問屋であり、本来的に給人身分のものは吉野氏だけである。勿論、こうした伝来文書を残してはいないが、葛山氏支配下に属した寺社・給人・諸氏はこの他にも多数存在したであろうことは言うまでもない。

ただこうした文書の存在と分布から、葛山氏の支配領域を推定して行くと、それは駿東郡北部及び中央部全域とその南端に位置する口野郷五ヵ村、さらに富士郡富士大宮近辺の吉野氏の所領（山本・久日・小泉）ということになる。富士郡の吉野氏所領を別とすれば、駿東郡南部を除く郡規模の支配領域を有していたといえる。この駿東郡南部の内、愛鷹山南面の阿野庄と呼ばれた地域は、興国寺城の膝下ということもあってその城領に編成され、今川氏の支配が比較的安定した地域であった。しかし、その東側に連なる沼津郷・大平郷・泉郷の地域は、北条氏の拠る長久保城も近くに存在し、「河東一乱」期を含めて今川・北条そして葛山氏の支配の錯綜していた地域といえる。それゆえ、葛山氏の独自の支配領域は沼津郷北辺の石田・熊野堂・岡宮を結ぶ根方街道沿いを南限とし、あと飛び地のごとく口野郷に及んでいたと思われる。

次に、こうした支配領域における葛山氏の裁判権の帰趨について、先述した小和田氏の所説、すなわち[39]、葛山氏がその支配領域の裁判権について一次的なものしか有さず、二次裁判権が今川氏にあったとして、葛山氏は矢田氏の提唱した「戦国領主」概念に「もっともぴったりくる」存在であると主張されたことについて具体的に検討し、改めて筆者の考えを述べておきたい。

小和田氏がこうした見解を導き出された唯一の根拠は、次の葛山氏元発給の伝馬相論裁許状（C—23）にある。

神山陣伝馬之事、自苅屋笠寺陣之時相定之処、去々年以来依令難渋、伝馬屋敷相拘之者共可勤之旨、両度遣印判処、及兎角条甚以曲事也、急度伝馬銭相調、台所野中源左衛門爾可相渡、其上当府其外近辺伝馬者、駄賃入者共可勤之、但有可申子細者、三日中に可参府、就此儀者為名主間、武藤伝馬屋敷拘之者一人脇之者一人可罷上来、二日以前不致参府、猶伝馬銭於不出者、此儀及横合者一両人可成敗之状如件

（永禄五年）
戌七月廿二日（印）

神山宿中
伝馬屋敷者

小和田氏は、右の印判状からとくにその「但有可申子細者、三日中に可参府」という文言から、「参府」の府は駿府のことで、そこからストレートに「二次裁判権が今川氏の手にあった」と解釈され、前述のような理解を示されたのである。

そこで問題は、この「参府」がいわゆる今川氏評定の庭に祇候することを意味したのかどうかが問題となる。その際、右の文書中の「其上当府其外近辺伝馬者、駄賃入者共可勤之」にみえる「当府」の府をどこに比定するかが核心となる。小和田氏は、これは葛山氏の本拠葛山の地をさす可能性が高いとされた。小和田氏がこのように推測されたのは、恐らくこの「当府」を常識的に駿府と理解したならば、右の引用句が駿府あるいはその近辺の伝馬を駿東郡の神山宿のものが勤めたということになり、あまりにも地理的にかけ離れ、また葛山氏の伝馬支配の範囲が広範囲であり過ぎることを懸念されてのことと考える。しかし、やはり一般的に「府」は古代の国府のつながりを有する地を称した文字であって、いかに駿東郡の有力な領主権力の館の所在地だといっても、葛山の地を「府」と呼ばれたと解することはできないであろう。そして、そのことはその当否の問題だけではなく、右の文言の解釈、ひいては文書全体

の理解にかかわってくる。

小和田氏はそこで一言も触れられていないが、右の相論にかかわって、同年八月五日付の同じ神山宿の武藤新左衛門尉宛の氏元の相論裁許印判状が二通（C―24・25）残されている。その内の一通は次のようなものである。

神山宿伝馬之儀付而、去未年以来、散在之者与伝馬屋敷相拘之者、依有申事今度遂裁許上、先年苅屋笠寺出陣之時如相定、彼屋敷拘来七間之者半分、散在之者半分宛、打合可勤之、府中小田原其外近辺所用之儀茂、如年来可相勤、於向後有難渋之族者、可加成敗之旨、可被申付之状如件、

永禄五壬戌年八月五日〔　〕

神山代官・名主武藤新左衛門尉殿

この印判状にみえる「府中小田原其外近辺所用之儀茂、如年来可相勤」という文言が、まさに先の「其上当府其外近辺伝馬者、駄賃入者共可勤之」に相当するものであることは明白であろう。すなわちここでは、「当府」にかわって「府中」と記されており、しかも小田原と並列に記されていることは、この「当府」＝「府中」が駿府であったことを示していよう。そして問題はその解釈で、先の「其外近辺伝馬者」という伝馬が、一般的な伝馬勤めのことではなく、「近辺所用」の伝馬であって、葛山氏が駿府や小田原あるいはその近辺に何らかの所用があって、神山宿の伝馬を徴発する場合、その伝馬は駄賃を納入している者に限るということを指示した文言であったことがわかる。決して駿府近辺の伝馬を勤めるということではなかったのである。

そこで、次の問題は、なぜ葛山氏が今川氏の城下駿府を「当府」と記したかである。これはまさに、この時に文書発給者である葛山氏元が駿府に滞在していたからに他ならない。葛山氏が駿府に邸宅を有し、しばしばそこに滞在していたことについては既に記した。

以上のことから、この永禄五年（一五六二）夏の神山宿の相論裁許状は、駿府に滞在する葛山氏から駿東郡神山宿に対して発給されたものであることがわかる。七月二十二日付の文書にみえる「三日中」とか「二日以前」というのは、日数ではなく八月二日・三日を意味しているのである。

とすれば、右にみた「参府」は文字通り、葛山氏の滞在する駿府に参ぜよということで、今川氏の評定の庭とは何ら関係しないことになる。現に、八月五日付の裁許状は二通とも氏元によって出されているのであって、今川氏の二次裁判権を想定しうる何らの根拠も有さない。それゆえ、そのことを唯一の根拠とした葛山氏＝「戦国領主」説は、改めて検討されなければならないということになる。

そしてまた、葛山氏の支配領域の相論については、これが唯一の事例であるが、その裁判権は葛山氏に帰属していたということも明らかとなった。

2　検地政策と収取内容

葛山氏がその支配領域において実施した検地としては、次の四例が知れる。その一つは、熊野堂大泉寺宛氏元発給文書（C―26）にみえる「先辛丑年検地割付以下披見明鏡也」という文言から、天文十年（辛丑・一五四一）の実施例である。次は、天文二十一年（一五五二）四月二十七日付植松藤太郎宛氏元文書（C―10）で「町田郷左衛門ニハ尾高増手作共拾貫文、多比村之増五貫、合拾五貫文出之者也」とみえ、増分記載よりこの年以前に口野郷尾高・多比村での実施例が知れる。同様のことは、弘治三年（一五五七）十月十六日付宝持院宛氏元文書（C―19）で「地検増分雖有之永除之訖」という記載で、弘治三年以前の実施が明らかとなる。そして最後は、時期的に前後するが、次の文書（C―7）にみられる天文二十一年の佐野郷での実施例である。

佐野郷浅間五社之神領事、本年弐拾九貫五百文、此外今度検地之増六貫拾七文、此内参貫文重為新寄進付置之訖、弥可抽精誠、残参貫余者、厳密ニ可納所之状、如件

天文廿一年壬子十二月十六日　　氏元（花押）

柏宮内丞殿

以上、葛山氏の支配領域での検地実施は四例で、確実な実施年は天文十年と二十一年のものとなる。それぞれの事例の実施地域の範囲は明らかにしえないが、佐野郷・口野郷の例より考えて郷村単位で実施されたのではないかと思われる。この点、今川検地では「寺領検地」といった記載がみられ、所領単位の検地もあったことと比べれば違いがそこにみられる。次に、葛山氏の検地実施の契機が何であったかについては、事例が少ないことから明らかにしえないが、筆者が今川検地において明らかにしたような在地紛争処理手段としての公事検地方式は認めがたい。恐らく、葛山氏の四例が駿東郡の北部から南端にかけて、その支配領域の全域にわたって分布していることから、一定の政策的意図を有するものでなかったかと考える。

さて、こうした葛山氏の実施した検地について、その位置づけや意味をめぐってこれまで種々の見解が出され、研究上きわめて注目されるに至っている。その経過を次にみておきたい。まず、北条検地の事例検出と実施方式及びその政策的目的を明らかにされた佐脇栄智氏(40)は、葛山氏の検地事例を全て北条検地として扱われ、ただ、次のような佐野郷検地割付状(41)にみられる田畠それぞれの上中下品等別区分は北条検地にみられないことより、駿河が北条氏分国で伊豆・相模・武蔵などとは別扱いされていたかも知れないとして問題を後考に残されている。

佐野郷御検地之割付

田上壱丁　　此分銭　六貫文

中壱丁四反小　同　七貫百六拾六文
下六丁七反　同　廿六貫八百文
田数合九町壱反小
畠上四反　此分銭　八百文
中四反大　同　七百文
下大廿歩　同　六拾九文
畠数合九反小廿歩
田畠分銭合四拾壱貫五百卅五文
此内弐拾九貫五百文　本斗
増半分引残六貫拾七文
本増合卅五貫五百十七文　定納
天文廿一年壬子
霜月十五日
植松長門守盛信（花押）
小見主計助盛吉（花押）
植松兵庫助元俊（花押）
宮内宮内丞殿参

しかし、なぜ佐脇氏が葛山氏による検地を北条検地に含められたのかについては、とくにその根拠を示されているわけではない。

これに対して、今川検地を最初に研究上手がけられた下村效氏(42)は、この葛山氏の検地を今川氏の給人＝地頭が私的な権利にもとづいて自領において行った「地頭の地検」とされながらも、今川検地例の一つとして数えられた。しかし、上中下という整然とした反当年貢高の設定については、実績にもとづきながらも形式的に算定されたものであって、今川検地の施行原則の反映といったような積極的な位置づけはなされていない。そして結論的には「葛山氏は今川領国内にあって、小戦国大名的な特殊の存在であり、かつ、北条氏との関係もあるので、この佐野郷検地については、なお今後の検討を必要とする」と述べられている。筆者も当初、下村氏にならって、「地頭の地検」としつつも今川検地例として数えた(43)。その後永原慶二氏が(44)、この検地割付状を根拠として、今川検地の施行原則を積極的に主張され、さらに、山中恭子氏は(45)この検地を含めて天文二十一年（一五五二）から二十二年にかけての駿東郡における今川氏の大規模検地を想定され、今川検地は規模といい徹底度といいまさに「近世」的権力による検地であったという結論を導き出された。

こうして佐野郷検地は、次第に今川検地の代表例とうけとめられるようになり、安良城盛昭氏(46)によって、この検地割付状からは増分に加地子が含まれているといったようなことは到底いえず、筆者及び勝俣鎮夫氏(47)の今川検地の増分には加地子も含まれていたという見解を批判され、むしろ、今川氏はいうまでもなく戦国大名の検地施行原則は隠田摘発であったという見解の根拠としてこの検地例を重視されるに至ったのである。そして、こうした研究の流れをうけて、小和田氏(48)は先掲した論文で、「全体として今川氏の枠組の中で実施された検地であることは疑問の余地がない」とされ、しかしながら田畠の上中下の等級分けと分銭規定は特異な例であり、そこに先述した氏の「戦国領主」葛山氏説の今一つの根拠をおかれた。

このようにして、この佐野郷検地は、現在進行形の形で進められている戦国大名検地研究の核心にかかわる問題をはらんだ検地例として注目されるようになってきた。そして、結論的には次の二つの問題が提起されているといえよう。その一つは、この佐野郷検地が北条検地の一環であったのか、今川検地の一環であったのか、はたまた葛山氏の独自検地であったのかという問題であり、他の一つは、この検地によって新たに生み出された増分が、旧来の加地子分をとりこんだものであるのか、新田・隠田の摘発といった面積把握の拡大によるものであったのかという問題である。そしてこれら二つの問題の結論如何によって、今川検地及び戦国大名検地の施行原則が云々されるというきわめて重要な検地例となっているのである。

ただ、本稿は戦国大名検地論を直接の主題とするものでないことから、この第二の問題については触れる余裕がない。ここでは、第一の問題についての筆者の見解を示し、そのことによって葛山氏の領主支配の一側面を明らかにし、他方で今後の戦国大名検地研究の一助としたいと考える。

そこでまず、議論の対象となっている先掲の佐野郷の検地割付状から筆者なりのこの検地の特徴を指摘すると次の三点となる。第一点は、田畠ともにその年貢高が貫文高（分銭）で算定・表示されていることである。第二点は、これまでの研究でも注目されてきたように田畠ともに上中下の品等が区分されていることである。そして第三点は、その品等別反当貫文高が次表（表8）のごとくきわめて整然と格付けされていることである。筆者は、以上の三点の特徴が、この佐野郷検地の歴史的位置づけにとって決定的指標となるものであると考える。

表8　佐野郷検地品等別反当貫文高表

品等	反当貫文高
	文
上田	600
中田	500
下田	400
上畠	200
中畠	150
下畠	（100文）

そこでまず、第一の特徴であるが、いうまでもなく北条検地は全ての事例において田畠ともに貫文高算出がなされている。それに対して今川検地においては、田畠ともに貫文高算出がなされている事例もあれば、田地は米高、畠地は貫文高といったように二本立で年貢高表示がなされている事例もあり、そこに統一した方式がみとめられない。そうしたことから、この佐野郷検地を今川検

地例としてとらえるためには、その間の懸隔を埋めるべく説明をしなければならないことになる。にもかかわらず、同一時期における近接する地域での今川検地例では、より明確にその相異点が示されているのである。それは、次の文書[49]にみられる著名な泉郷検地例である。

駿河国泉郷為案内者、子年令検地之上、弐百俵之増分出来、其上本増共可為定納之由、致請納之条忠節也、彼本増之外、相拘名職之内増分拾石壱斗、并見出畠銭之増分共五貫文、永代所出置也（中略）仍如件

天文廿二年二月十二日　（義元）（花押）

杉山善二郎

右の泉郷検地では明らかに、田地が米高、畠地が貫文高といった二本立の年貢高算定方式がとられており、佐野郷の場合と著しい対照を示している。さらにつけ加えれば、これは検地の結果算定されたものかどうか決定しがたいが、今川義元が発給した次の寺領寄進状[50]に注目したい。

駿河国阿野庄井出郷内真如寺々領、山林門前敷地等之事

右、善得寺末寺興国寺敷地田畠以下、構城郭之間、以蓮光寺道場断絶為其改替、改寺号名真如寺、寺領田地壱町四反分米弐拾四俵、畠九反分銭参貫七百余、任興国寺之例、為善得寺末寺、永寄進不可有相違、弥可専修造勤行状如件、

天文十八年二月廿八日　（義元）治部大輔（花押）

真如寺

ここではより明確に、田地は米高、畠地は貫文高という二本立方式で寺領が宛行われていることがわかる。

また、同じ阿野庄では天文十九年（一五五〇）四月晦日付の義元の名職所持者杉山惣兵衛宛に発給された新給恩宛

行状[51]に、その給恩地が「拾弐石九斗、畠銭弐貫五百文」と記され、天文二十二年（一五五三）三月九日付の栗田彦四郎宛[52]のものにおいても、同様に二本立方式がとられている。

われわれは、こうした駿東郡における今川氏支配下における同時期の検地事例や寺領・給恩地宛行例と、この佐野郷検地例とを比較検討した時、そこに明らかに異なった原則が存在することを知ることができよう。筆者が近稿[53]の今川検地事例検出の再検討の中で、葛山氏の検地例をそこから除外した理由の第一はこの点にあったのである。

次に第二の特徴についてであるが、田畠に上中下の品等を区分することは、北条検地にも今川検地にもみとめられないこの検地個有の特徴ということができる。ただ、永禄十三年（＝元亀元・一五七〇）の今川氏真発給の印判状三通[54]において、「右、以田地相渡之条、代官立合上中下令分算請取、可令所務者也」と記されており、今川氏最終段階にあって田畠の上中下品等区分が指向されていたようで、この佐野郷検地がその先駆け的事例とみなされ、今川検地に引きつけてとらえる考えもありうる。しかし、この永禄十三年といえば、すでにその前年に今川氏真は徳川氏によって掛川城を退去させられ、北条氏の保護のもとに伊豆戸倉城などにあって、駿河の名目的支配権も北条氏直を養子とする形で北条氏政に奪われていた状況にあった。そうした氏真が発給した文書での「上中下令分算」という政策指向は、明らかに北条氏の意向に沿ったものと思われ、現に北条氏においても、佐脇氏が指摘されているように、同時期の元亀二年（一五七一）四月十日付の伊豆仁田郷西原源太宛の虎印判状[55]で「右、於仁田郷給田被下畢、田畠上田下田引合、倉地代原神左衛門名主藤左衛門前より可請取之者也」と記されており、むしろこの段階における北条氏の政策指向であったということができる。佐野郷検地の上中下品等区分が、こうした元亀年間にみられる北条氏の政策指向と結びつくものとは速断できないが、少なくとも今川氏の検地施行原則にはみられないことは明らかである。

さらに、第三の特徴についてであるが、検地における反当貫文高でいえば、北条検地の場合、安良城氏によって逸はやく指摘されたごとく田地は五〇〇文、畠地は若干の変動があるものの大概は一六五文といったごとく整然と画一的に決定されていた。しかるに、今川検地においては、大山喬平[57]・勝俣氏[58]らの指摘によって、傾向としては田地五〇〇文前後が一つのピークをなしていたといわれているが、検地された全ての田畠がそうした整然とした基準高でもって割り付けられた事例は皆無といってよく、むしろ、今川検地の反当貫文高はきわめて多様な数値によってなされているといったことが特徴といえ、北条検地とここでもきわだった対照を示している。こうした彼我の対照の中で佐野郷検地の方式を考えれば、そこに一定の反当貫文高を基準として年貢高の割付がなされているという点で、北条検地にきわめて類似しているといわざるをえない。

以上、佐野郷検地の三点の特徴について考えた場合、結論的には、小和田氏の理解とは逆に、いうならば北条検地の枠組の下で葛山氏独自の方式が加味された検地ということができよう。以上が、葛山氏の検地に対する現段階での筆者の理解である。

なお、この佐野郷の検地事例から、増分の半分が差し引かれているといったことや、「検地之割付」と記されていることなどでもって、今川検地に引きつけてとらえようとする意見[59]もある。しかし、この佐野郷検地においても実際には検地割付状で増分の半分が差引かれ、しかも前掲神領寄進状ではさらにその半分に近い三貫文が新寄進され、結局検地打出増分の四分一程度しか新たに納所されていないように、増分扶助の原則はきわめてケースバイケースで行われた可能性が強く、そのことをもって北条・今川いずれの検地であったかを決定することはむつかしいと考える。また、北条検地では「書出」であるのに対して、今川検地では「割付」であるといった文書用語上の問題についても、第二次的な表相と考えられ、先の見解とかならずしも矛盾するものではないと考える。

次に、検地政策と密接に関連する葛山氏の領主支配の根幹である収取内容について検討したい。まずその基軸である葛山氏の所領給付と年貢収取についてみておくと、葛山氏が検地によって算定した年貢高が全て貫文高表示であるように、その所領給付においても一、二の例外(60)を除いて全て貫文高給付で行われていることである。葛山氏の場合、検地による貫高の確定、そしてそれが在地に対しては年貢高となり、それを給付された給人・寺社にとっては所領高として意味したことが明らかである。そしてまた、それが軍役基準高として機能したことも、次の文書（C—6）から明白である。

今度尾刕へ出陣に、是足馬以下嗜之間、自当年千疋充可遣之、弥成其嗜可走廻者也、仍如件、

天文十九庚戌八月〔廿日〕

植松藤太郎殿

ここでは、尾州出陣の支度料として一〇〇〇疋（一〇貫文）の所領が宛行われ、具足馬以下の軍役が課されている。これは、「結城氏法度」(61)の六六条「武具之制」の規定に丁度照応したものである。結城領では、五貫の手作持は具足被《かぶり》物《もの》持参で具足馬は貸与され、一〇貫の所帯の者は一疋一領にて陣参すべきことが規定されている。北条氏においても小和田氏の計算(62)されているところでは、馬上から歩者まで含めた軍役一人の貫高が七・六貫ということであり、やはり馬上の軍役ということになれば一人一〇貫文前後であったと推測され、先掲の植松氏への軍役支度料給付例は、東国の一般的軍役基準に合致したものであることが判明する。このように、葛山氏においては在地及び給人支配とその軍事編成を同時的に実現するシステムとしての貫高制が基本的に成立していたのである。この点においても、今川氏の場合、領国支配の原理として全一的に貫高制がとられていたとはいいがたく、著しい相違を示す。

次に、葛山氏の収取内容として年貢以外の諸役の収取についてであるが、その第一は、一般的に戦国期においては守護の賦課権の系譜を引くものとして、いわゆる大名領主権に属する反銭・棟別銭の賦課があるが、葛山氏の支配領

域においても、葛山氏発給文書によって反銭が給人に宛行われた事例（C―36）とか、棟別銭の免除事例（C―16）がみられ、葛山氏が独自の権限として反銭・棟別銭の徴収及び免許を行っていたことが判明する。第二に注目すべきことは、葛山氏の徴収する税目の一つとして、次の文書（C―8）にみられるように、懸銭が存在することである。

浅間禰宜前懸銭者、出雲給之外也、然而弐拾九貫四百文之内として寄進之上、少も給方へ不可渡之、為其遣判形之状如件

天文廿辛亥十二月晦日　　氏元（花押）

神主柏宮内丞殿

この懸銭は、佐脇氏(63)が明らかにされたように、北条氏の天文十九年（一五五〇）の税制改革の一つとして、それまでの万雑公事の改替として、年貢高の四パーセントの税率で算定された北条氏固有の年貢付加税というべき性格の税目であって、それが葛山氏の収取内容の一つとして存在することは、葛山氏の北条氏収取体系との類似性を知りうるものといえる。

このように、葛山氏の支配領域においては、土地検注権はもとより年貢徴収権や反銭・棟別銭あるいはそれ以外の諸役の徴収権・免許権が葛山氏の手に属し、葛山氏が支配領域の領主権を一元的に掌握していたのであり、その際、検地施行原則や貫高制を施行した点、あるいは懸銭を導入したことなど、北条氏のそれにきわめて近い形で行われていたことがうかがえる。この点、後述する葛山氏の歴史的性格・位置づけの検討にとって重要なことであると考える。

3　交通・流通支配

葛山氏の発給文書は、その中に交通・流通関係のものが比較的多く含まれ、それがこの文書の特徴の一つとなって

おり、それゆえ、先述したようにこれまでの研究においても、相田氏や福田氏によってその面からの研究がなされてきたが、ここでもそれらの研究を前提として、葛山氏の交通・流通支配を系統的にとらえ、その領主支配の一側面を明らかにしたいと考える。そこでまず、そうした関係文書から葛山氏の支配領域における交通体系を具体的にみておきたい（図10「駿東郡交通要図」参照）。

まず、陸上交通路としては、駿東郡の南部を富士郡の吉原から郡境をこえて、原・沼津を通り伊豆国三島をへて、箱根路を登り相模国に通ずる東海道が横切っていた。次に、沼津からは黄瀬川に沿って旧東海道が北上し、古くから開けていた御厨地方の萩原・田中を経由して足柄峠をこえ相模国関本宿に通ずるルートがあり、萩原・田中あたりから北西に分れて籠坂峠ごえで甲斐国に入るルートも存在した。また、こうした幹線道とは別に、愛鷹山の裾野をめぐる根方街道が沼津の北辺（沢田・熊野堂・岡宮）を通って長久保近辺で旧東海道に合流しており、北の分岐点からは東へ長尾峠ごえで相模国に入る伊豆（走場山）・箱根・三島権現を参詣する三山道者の巡拝路としての道が走り、足柄峠の麓の竹之下から古沢市を通り籠坂峠へ直通する脇道も存在した。このように、駿東郡は国境の地にふさわしく陸上交通路が東西・南北に比較的発達していたといえる。

しかもこうした交通路は、長い時間の経過の中で自然性的に形成された面も否定できないが、次の文書（A―1）にみられるように、この時期葛山氏による積極的な統御策の中で人為的に確立されていった面を見落とすことはできない。

御厨領内ぉ相透三山道者之事
塞近年之新道、自今以後者可透二岡権現前云々、若於領内背此旨有透新道族者、可処罪科者也、仍而如件
大永五乙酉卯月廿六日　　氏堯（花押）
二岡禰宜左衛門大夫とのへ

図10　駿東郡交通要図

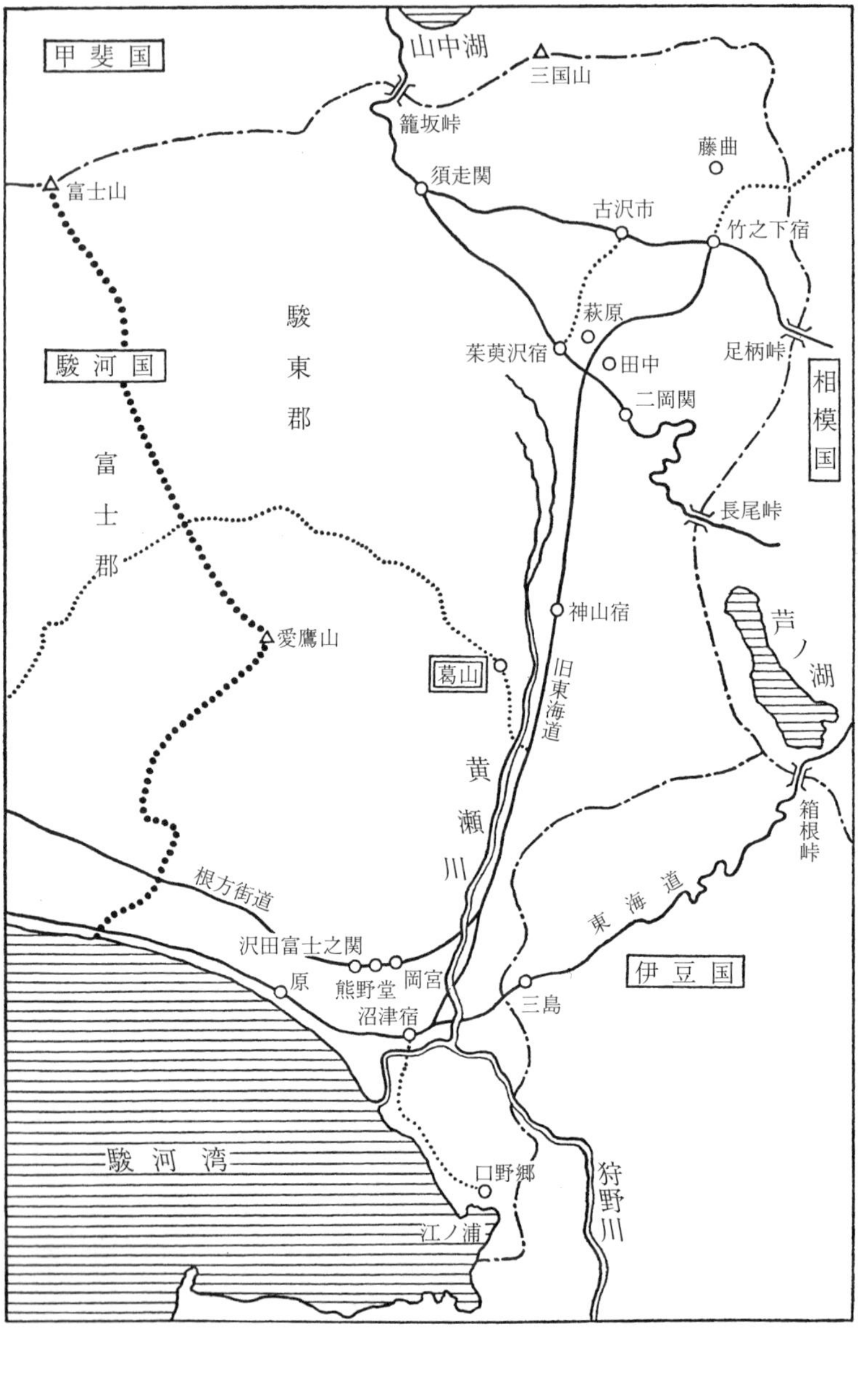

甲斐国
山中湖
三国山
籠坂峠
藤曲
富士山
須走関
古沢市
竹之下宿
萩原
茱萸沢宿
田中
足柄峠
駿東郡
駿河国
二岡関
相模国
富士郡
長尾峠
神山宿
愛鷹山
芦ノ湖
葛山
旧東海道
黄瀬川
箱根峠
根方街道
東海道
沢田富士之関
伊豆国
原
熊野堂
岡宮
三島
沼津宿
駿河湾
口野郷
狩野川
江ノ浦

右の文書にみられるように、「近年之新道」を塞ぎ三山道者の通行を二岡神社前を通る特定の道に限定しているのである。そして二岡神社前には後にみるように二岡関が設置されていた。また、次のような文書（C—39）もみられる。

古沢之市へ立諸商人、除茱萸沢、二岡前・萩原ぉ於令通用者、見合馬荷物相押可取之状、如件

永禄十丁卯八月三日 

芹沢玄蕃殿

ここでも、古沢市の振興策ともかかわるが、諸商人の通行を特定のルートに限定しているわけで、このように先述した交通路はまさに葛山氏の領主支配の結果として成立していたものであるということができよう。

そしてまた、葛山氏はこうした交通路の確定だけでなく、その出入口には関所を設置し、街道上の要地には宿駅を設け支配領域の防備と流通経済の掌握をはかっていたのである。

関所としては、次の文書（C—4）にみられるように、沼津北辺の沢田の地に「富士之関」が設けられ根方街道を利用する富士参詣道者などや諸商人・物資の統御を行っていた。

西修理進一(64)跡屋敷・田畠、富士之関以下不除、充行早、但役所へ者自此方可指副人者也、仍如件

天文十五丙午四月廿六日　　氏元（花押）

後藤修理助殿

また、前述した長尾峠の麓の二岡神社前や甲斐国に通ずる須走に関所が設けられ、足柄峠ごえにはその麓の竹之下に宿駅が設けられ、関所の役目も併せもっていたと思われる。

次に宿駅としては、右の竹之下の他に萩原・田中あたりの分岐点近くに茱萸沢宿があり、居城葛山の近くの旧東海道上には先述した神山宿が設置されていた。

以上が陸上交通路とその統御のための施設であるが、海上交通の占める比重の比較的高いこの時代にあって、駿河湾北辺の口野郷江浦には次の文書（C—17）にみられるように、問屋がおかれ、伊勢船の着岸やその他の海上輸送船及びそれらによる商売に統制が加えられていたのである。

口野郷之内江浦へ着岸伊勢船之儀、其外雖為小舟、於諸商売不可有横合、幷問屋之儀も申付上、代官かたへ礼等之儀者、可為如前々、但於有役者、此方へ可致沙汰、（中略）如件

弘治三丁巳三月廿四日　　氏元（花押）

楠見善左衛門尉殿

また、葛山氏の支配領域下における市場として唯一確認できるのは、前掲文書（一四五頁）にみえる古沢市であるが、この古沢市は近世では六日市場と呼ばれており[65]、月六回の定期市として形成されたものである。そして、葛山氏はこの市へ出入する商人の通行路を茱萸沢宿を経由する道に特定することによって、流通市場そのものを葛山氏の領主支配の中で編成・規制しようとしていたことがわかる。

さらに、葛山氏の職人支配についてであるが、葛山氏の発給文書でもって唯一職人宛に出されたものが次の文書（C—35）である。

堀内轆轤師木取之事

任先印判之旨、雖何給衆之内可取之、然者棟別・点役・臨時之役等不可有之、幷号大工上者、於有急用者、脇々轆轤師ニ手伝之儀可申付、此条々於有違犯之輩者、交名可注進被加下知者也、如件

永禄八乙丑十月十日

轆轤師□四郎

この文書を所蔵する御厨中畑山田家には、これ以前に次の文書(66)が伝えられている。

[ ]（朱印・印文不明）
引物之木可取山所々

堀内山　千福山　北山　今里山　下和田山

右、任竜光院殿御印判、五ヶ所之山にをひて津きの木斗とるへし、其外木ハ不可取之者也

天文八亥卯月十二日

□与七との

これらの文書より、堀内山以下五ヵ所の山々からの津きの木（ケヤキ）伐採の権利が、堀内轆轤師に対して竜光院殿（葛山氏広と推定）の時代から保障安堵され、さらに棟別・点役・臨時諸役の免除がみとめられていたことがわかる。そして、その代償として葛山氏の普請については脇々轆轤師を催促して奉公にあたるということで、葛山氏が、この堀内轆轤師を通じて轆轤・大工職人らを独自に集団的に掌握していたことが判明する。

こうして、葛山氏の支配領域内において、防備と流通経済の円滑化を同時的に果すものとして、葛山氏による一定の交通・流通圏の編成が行われていたといってよいであろう。

一方、駿遠三にまたがる今川領国で展開した商品流通経済の実態については、戦国大名今川氏の流通支配政策の観点から豊田武氏(67)や佐々木銀弥氏(68)などによって研究が進められてきたが、そうした結果、駿府及び周辺の今宿や江尻・清水湊を中心として友野氏・松木氏あるいは寺尾氏などいわゆる御用商人によってかなり独占的かつ統制のとれた流通機構の編成が行われていたことが明らかにされてきた。そうした今川氏の編成による流通路を具体的に知りうる史料として次のような文書(69)をあげることができよう。

友野座之事

一、当府如前々可為商人頭之事
一、諸役免許之事
一、友野之者就他座雖令商買、伝馬之事者可加友野座事
一、木綿役江尻・岡宮・原・沼津如前々可取之事、自当年為馬番料、木綿廿五端可進納事、

（中略）

右、先判壬子年正月廿七日焼失之由、遂訴訟之間、重所出判形也、条々領掌永不可有相違者也、仍如件

天文廿二年二月十四日　（義元）（花押）

友野二郎兵衛尉

…………………………………………

（義元）（花押）

清水湊尓繋置新船壱艘之事

右、今度遂訴訟之条、清水湊・沼津・内浦・吉原・小河・石津湊・懸塚、此外分国中所々、如何様之荷物俵物以下相積、雖令商買於彼舟之儀者、帆役・湊役并出入之役、櫓手立使共免除畢、（中略）仍如件

永禄参庚申年三月十二日

中間藤次郎

すなわち、こうした文書記載から、駿府・江尻から東部にかけては、吉原・原・岡宮・沼津・内浦の地点が流通の拠点としてうかびあがってくる。勿論、これらの地以外に由比・蒲原・富士大宮なども存在したが、今先述した葛山氏の影響下にある交通・流通圏とのかかわりで考えれば、この内、沼津・岡宮・内浦がその接点ということになる。

ここに、葛山氏の流通圏と今川氏の流通圏が駿東郡南部の宿（沼津）・門前市（岡宮）・湊（内浦）を媒介として結びついているとともに、そこに明白な形でのそれぞれの独自の流通圏が形成されていたことを読みとることができよう。

次に、ではこうした交通路やその出入口・要地に設けられた関所・宿駅を拠点として編成された葛山氏独自の流通圏が実際にどのように機能し、権力によって統御されていたのかを、以下に検討して行きたい。

まず関所支配であるが、先述したように「富士之関」は沢田郷の後藤氏に宛行われており、二岡関は次の文書（A—3）のように二岡神社禰宜にその修造経費として寄附されているのである。

交之道者関一所寄附之事
右、為城衆堅固之立願、二岡権現ゑ新令寄進候也、弥無怠慢可加修造之状、仍如件
大永七丁亥七月十九日　氏堯（花押）
二岡宮禰宜左衛門大夫とのへ

これは、こうした関での関銭の徴収権やその得分が宛行われたり、寄附されたりしたことを意味し、これらの関がまさに経済的意味あいの強い関であったことを物語っていよう。そのことについて須走関では次のような文書（C—27・33）が残されている。

須走口過書之事、半分六拾貫文尓相定之間、従去正月上荷物を勘定仁合、右之員数相調之、公方へ直尓可納之、如此相定上者、脇之荷物之事一切停止之、万一於相通者、六拾貫文之内可立勘定、然間前々令扶助拾弐駄之荷物之事、不准自余自当月無相違可通之、（中略）如件
永禄六亥二月十〘九日〙
芹沢伊賀守殿

須走役所之事、如前々申付訖、然者拾貫文宛無々沙汰可納之者也、仍如件

（永禄八年）乙丑四月廿八日

芹沢玄蕃允殿

これらの文書から、須走関を通過する人や物資から過書銭が徴収され、その内六〇貫文が公方に直接納められ、一〇貫文が葛山氏に納められ、一二駄分が関所管理者芹沢氏に扶助されていたと解することができる。勿論、こうした量目が現実的にどのような重みであったのか、また毎年固定されたものであったのかといったような詳細については知ることはできない。しかし、こうした文言・規定からこうした関所が領主層の一つの収入源であっただけでなく、この過書銭が一種の関税的性格をもって、領域内の物資の流通量や価格を規制するという経済的効果をもっていたことも容易に推察されるところである。葛山氏が支配領域内における流通経済の統制の一助としていかにこうした関所の設置と管理に重きをおいていたかが理解しえよう。ただその際、公方への直接上納が指示されていることは、この公方があとでもみるように守護今川氏を指すものであることは明らかで、注目すべきことである。

次に、こうした関所支配で今一つ重要なことは、右の文書にも「須走役所」とみえ、先の「富士之関」でも「但役所へ者自此方可指副人者也」（一四五頁）と記されていた。関所が単に、宛行われたり寄附された給人や神社禰宜という人格的存在にその実際的管理が委ねられていただけでなく、葛山氏の支配機構にくみこまれた機関（役所）を通じて統制されていたことがわかる。この点、宿駅の場合でも、次の文書（C—7）にみられるように神山宿では「政所」が設けられ、同じような出先機関の存在が知れる。

神山之政所給弐貫文之事、闕之之段、武藤新左衛門ニ先判形有之上者、如前々毎年可控之由、可被申越者也、仍如件、

氏元（花押）

（天文二十年）亥十二月廿六日

垪和山城守殿

渡辺備前守殿

すなわち、葛山氏はこうした交通・流通支配においては、給人や神主といった人格的な存在を媒介として支配したというよりは、現地に役所＝機関を設置し、そうした出先機関を通じて掌握するといったような体制的支配が行われていたということができる。この点、葛山氏及びその支配領域のおかれた地理的・歴史的条件に照応して、きわめて発展的姿を示しているということができよう。

次に宿駅を通じての統制であるが、当時の宿駅の機能としては、次の文書（C—21）にみられるように伝馬と問屋の二つがあった。

御厨之内ぐみざは宿中給衆、何れ之為被官者共、入駄賃者之儀者、不残伝馬之事可申付、幷問屋之儀、可為如前々者也、仍如件

（永禄二年）未十一月〔七日〕

芹沢玄半助殿

伝馬はいうまでもなく物資の輸送手段として設けられたものであり、問屋は、そうした伝馬の調達、人の宿泊と物資の仲継売買を業務とするものである。そういう意味では問屋を営むものが伝馬を勤める者を掌握し、その宿駅の実質的な管理者であったということができ、それがために領主は彼らに種々の特権を与えたのである。先掲文書にもみられるように、神山宿の問屋武藤氏には政所給が与えられ代官に補せられ、次の文書（C—30）にみられるように屋敷分年貢やかれがかかえる門屋と呼ばれる隷属者や新在家に対する棟別銭・点役・桑役の免除などが行われていた。

神山之内就立新在家、去（永禄三年）庚申十二月十七日出置判形尓、棟別・点役・桑役等、同門屋壱間幷新左衛門隠居屋壱間共、諸役を停止、永令扶持状如件

永禄六癸亥年七月十二日　　氏元（花押）

武藤与太郎殿

また、茱萸沢宿の問屋芹沢氏に対しても、同様に居屋敷・門屋の「伝（点カ）役・棟別・桑役・茶役其外諸役」（C—16）が免許されている。そしてここでも「万一於有急用之儀者、直ニ為奏者可申付」と、奏者という役職に補せられている。なお、宿駅ではないが、先述した口野郷江浦湊にも問屋楠見氏が存在するが、この場合には、「代官かたへ礼等之儀者、可為如前々」とあったように、さらにその上部に代官がおかれていたことがわかる。いずれにしても、葛山氏の宿駅・湊支配は事実上問屋を媒介として行われていたが、機構的にはかれらを政所代官・奏者といった領主支配機構にくみこみ、政所・役所といった出先機関を媒介として掌握していたといってよい。

その際、注目すべきことは、永禄十年（一五六七）八月十七日付の次の氏元の発給文書（C—40）の存在である。

過書銭之儀、当月殊外上之由申条、三人前急度可納所、塩荷被留候条、只今まで上候荷物之儀可納所、為其小者秋若遣者也、仍如件

永禄十年卯八月十七日

鈴木若狭守殿

武藤新左衛門尉殿

芹沢玄蕃允殿

内容的には塩留が命じられたものであるが、これが対武田戦略としての今川氏の指示によったものであるという従

来の解釈[70]は、時期・地域からみて疑問の余地はないであろう。そして宛名の三名は、それぞれ竹之下宿・神山宿・茱萸沢宿（あるいは須走関か）の問屋＝現地管理者である。ということは、ここでも直接的かどうか不明であるが、対武田といった領国間の対立にねざすような問題、いい直せば領国にとっての公儀に類する問題については、今川氏の指示が貫徹していたことを物語る。葛山氏と今川氏の関係をこれまでのように、単純に家臣関係ととらえられないとするならば、こうした今川氏の指示は、今川氏の有する守護公権の発動と考えなければならないであろう。

そのことは、こうした宿駅の一つの機能であった伝馬制についてよりはっきり示されている。筆者は別稿[71]で、前掲した神山宿に残る葛山氏発給の伝馬相論裁許状を第一の手がかりとして、その駿東郡の神山宿を含めて駿遠三の三ヵ国にまたがる伝馬制が駿遠守護今川氏の守護公権にもとづいて、天文二十二年（一五五三）から翌二十三年にかけて一挙的に定められたことを明らかにした。そのことは、茱萸沢宿での伝馬文言の初見が、前引文書（C―16）のように天文二十二年十一月二十六日付のものであることからも首肯しうるであろう。しかし、一方ではそうした伝馬にかかわる相論の裁許が、先述したように小和田氏の見解とは異なって、葛山氏によって行われたことも事実である。これらのことをどのように整合的に理解するかは、葛山氏の歴史的性格と位置を考えるのに大きな手がかりとなろう。

その際考えられなければならないことは、伝馬利用者が伝馬従事者に支払う伝馬賃についてである。相田氏がすでに明らかにされている[72]ように、今川・武田・北条領国でそれぞれ独自的に定められている伝馬賃が、実はその距離に比例して等価であったということである。これは伝馬によって輸送される物資はそれぞれの領国内にとどまるものではなく、領国をこえて運ばれることを考えれば、その伝馬賃が等価であったことは当然の処置といわなければならない。換言すれば、その伝馬賃の額は、個々の伝馬従事者や調達者（問屋）、あるいは宿駅を支配する在地領主権力によって恣意的に定めうるような私権に属することではなく、公的性格をそれ自体として有していたということである。いい直せば、伝馬賃の額の決定は、何らかの公的権限を有する者によってしかなしえなかったということであろう。恐らくそのことは単に伝馬賃の決定という問題だけでなく、伝馬制全般に関してもそうであったと考えられる。先述してきたように、関所における過書銭の徴収や問屋に対する塩留といった問題は、そのことと深く結びついている問題といえよう。葛山氏のごとく、それ自体として一個の自立した領主権を有し、現実的に支配領域内における交通・流通圏の支配・統制を行うものであっても、その支配領域外との関係にかかわる事柄については、より上位の権力者の権限の後立てが必要であったということである。しかも、その上位の権力としては、葛山氏にとってたとえ二重・三重の姻戚関係によって結ばれ、地理的にはるかに近くに存在するものであったとしても、北条氏によって代替することはできなかったのである。それは、そうした権限の具体的な発動が常に「公方」と記されているように、その属する国の守護でなければ意味をもたず、まさにくずれつつある時代であったとしてもなお、中世的原理によって裏付けられた守護公権こそが、この際重要であったのである。このことは、葛山氏のような室町期の国人領主が戦国期に入っても存続して行くためには不可避的に加えられた一つの枠組ということができよう。葛山氏独自の交通・流通支配の実態の解明から、その歴史的性格・位置の問題に踏みこんで行くこととなったが、このことについての全般的検討は後節でさらに展開したいと考える。

4　権力構造

次に、葛山氏が前述してきたような領主支配を実現・維持したところの権力構造について、家臣構成と支配機構の面から具体的に明らかにして行きたい。

一般的に中世後期において領主支配を展開していた在地領主あるいは国人領主層の家臣団としては、一つには、前

料金受取人払郵便

本郷局承認

6135

差出有効期間
平成27年1月
31日まで

郵便はがき

1 1 3-8 7 9 0

2 5 1

東京都文京区本郷7丁目2番8号

吉川弘文館 行

愛読者カード

本書をお買い上げいただきまして、まことにありがとうございました。このハガキを、小社へのご意見またはご注文にご利用下さい。

お買上**書名**

＊本書に関するご感想、ご批判をお聞かせ下さい。

＊出版を希望するテーマ・執筆者名をお聞かせ下さい。

お買上書店名　　区市町　　書店

◆新刊情報はホームページで　http://www.yoshikawa-k.co.jp/

◆ご注文、ご意見については　E-mail:sales@yoshikawa-k.co.jp

ご氏名《ふりがな》		年齢　　歳　男・女
〒□□□-□□□□ 電話 ご住所		
ご職業	所属学会等	
ご購読新聞名	ご購読雑誌名	

今後、吉川弘文館の「新刊案内」等をお送りいたします(年に数回を予定)。
ご承諾いただける方は右の□の中に✓をご記入ください。　□

注文書

月　　日

書　名	定　価	部　数
	円	部
	円	部
	円	部
	円	部
	円	部

配本は、○印を付けた方法にして下さい。

イ.下記書店へ配本して下さい。
（直接書店にお渡し下さい）
（書店・取次帖合印）

書店様へ＝書店帖合印を捺印下さい。

ロ.直接送本して下さい。
代金（書籍代＋送料・手数料）は、お届けの際に現品と引換えにお支払下さい。送料・手数料は、書籍代計1,500円未満500円、1,500円以上200円です（いずれも税込）。

＊お急ぎのご注文には電話、FAXもご利用ください。
電話 03―3813―9151（代）
FAX 03―3812―3544

〒113-0033・東京都文京区本郷7丁目2番8号　振替 00100-5-244（表示価格は5％税込）
電話 03-3813-9151（代表）　ＦＡＸ 03-3812-3544　http://www.yoshikawa-k.co.jp/

2013年1月

日本歴史学会編集

日本の歴史を彩る政治家・武将・文化人・宗教者…。史実に基づく正確な一大伝記シリーズ！

人物叢書

新装版 好評刊行中

〈菊池寛賞〉受賞

四六判

好評2刷

織田信長

池上裕子著

（通巻272）　三二八頁／二四一五円

桶狭間の戦いから本能寺の変まで、一生涯みずからの支配領域（分国）拡大の戦争に明け暮れる。天下統一に邁進した革命家のごとく英雄視する後世の評価を再考し、『信長公記』や発給文書などから浮かぶ等身大の姿を描く。

亀泉集証《きせんしゅうしょう》

今泉淑夫著

（通巻271）　二八八頁／二三一〇円

室町中期の禅僧。相国寺蔭凉軒《いんりょうけん》主として書き継いだ公務日記『蔭凉軒日録』には、将軍の動静や禅宗官寺の人事・仏事など、禅林と世俗の実態を記した。死の直前まで辞任を許されなかった室町禅林のキーパースンの生涯。

日本歴史叢書

日本歴史を正確に理解するための基礎的テーマを選び平易に編集！　四六判

城下町

（通巻68）

松本四郎著

三一五〇円

戦国期から近世初期に成立し、本来は領主や武家のための城下町が、町人や借家人たちが居住する町へと変化していった実態を、最新の研究成果をふまえ描き出す。取り上げた城下町の地域別分布を地名索引として附載する。三〇八頁・口絵二頁

日本人にとって〝満洲〟とは何だったのか？

三期構成・約八〇〇〇項目で、満洲一〇〇年の歴史がわかる！

二〇世紀満洲歴史事典

日露戦争・満洲事変・溥儀・冷戦・文化大革命・中ソ対立・「中国在留邦人」問題…。

貴志俊彦・松重充浩・松村史紀編

菊判・上製・函入／一四七〇〇円

〝満洲〟とはどのような存在であったのか。一九世紀末から東北地方政権・満洲国・中華人民共和国による統治まで、八〇〇〇項目余を厳選し、平易に解説。東北アジアの歴史もふまえ、二〇世紀満洲の全体像に迫る決定版。

八三二頁・原色口絵八頁／『内容案内』送呈

身近な「歴史」、石造物を知る—石塔、板碑、石仏、狛犬…。

日本石造物辞典

日本石造物辞典編集委員会編

菊判・上製・函入／二一〇〇〇円

板碑や石仏などの石造物には、地域の歴史が刻印されている。古代から南北朝時代につくられた約一五〇〇の石造物の形状・銘文・伝承・現地アクセスなどを都道府県別に収載。関連用語も解説した、待望の石造物総合辞典。一四〇八頁・原色口絵一二頁／『内容案内』送呈

※写真はいずれも本書より

東国を知れば、「日本史」が変わる！

地域の最新研究成果を踏まえ、中世東国の歴史の流れがわかる。

動乱の東国史

全7巻 刊行中

企画編集委員 池 享 鈴木哲雄

四六判・平均三〇〇頁 原色口絵四頁 各二九四〇円

4 南北朝内乱と東国

櫻井 彦著

鎌倉幕府を打倒し新政推進をもくろむ後醍醐天皇。異なる立場から持明院統を擁立した足利尊氏。朝廷を二分した南北朝内乱を、人々はなぜ闘い、東国社会に何をもたらしたのか。地域の紛争を描き、『太平記』の時代に迫る。

三〇八頁

6 古河公方と伊勢宗瑞

則竹雄一著

室町幕府の東国統治体制は、鎌倉公方の分裂で弱体化し、やがて伊勢宗瑞（北条早雲）の登場にいたる。享徳の乱以降、関東全域を巻き込んだ争乱の時代を、連歌師ら文化人の関東下向や東国村落にも触れつつ新視点で描く。

三一二頁

◆好評既刊の3冊

『内容案内』送呈

1 平将門と東国武士団

鈴木哲雄著 「新皇」将門の夢は、東国武士団たちに引き継がれた…。

二三六頁

3 蒙古合戦と鎌倉幕府の滅亡

湯浅治久著 地域社会に芽生えた幕府崩壊への兆しを浮き彫りにする。

二八八頁

7 東国の戦国争乱と織豊権力

池 享著 小田原落城まで描き、東国にとっての「天下統一」を問う！

三一八頁

敗れたのか？

大化改新・源平争乱・関ヶ原合戦・赤穂事件・戊辰戦争・太平洋戦争…。

〝負〟からこそ見える歴史がある！

敗者の日本史

全20巻

歴史は「勝者」「敗者」を同時に生み出しながら紡がれてきた。両者の差とは何だったのか。古代から近代まで「必然」だけでは語れない敗者の実像に迫る。「勝者の歴史」に一石を投じ、もう一つの歴史像を浮かび上がらせる。

刊行中

〈企画編集委員〉関　幸彦・山本博文

四六判・平均二六〇頁・原色口絵四頁／『内容案内』送呈

⑩小田原合戦と北条氏

黒田基樹著

総構えの威容を誇った難攻不落の小田原城。全国統一をめざす秀吉政権に、小田原北条氏はなぜ最後まで抵抗し敗れたのか。信長時代から継承された天下人の政策「関東惣無事」の実態に迫り、「小田原合戦」の意味を考える。　二六四頁／二七三〇円

⑮赤穂事件と四十六士

山本博文著

『忠臣蔵』で知られる赤穂事件。切腹（死）を恐れず「義」を重んじ主君の仇を討った浪士らは、果たして勝者だったのか、敗者だったのか。確かな史料に基づき事件の真相を再現。歴史における勝者と敗者について考える。　二四〇頁／二七三〇円

なぜ

⑳ポツダム宣言と軍国日本

古川隆久著

ポツダム宣言を受諾、再出発した〝敗者〟日本。軍国化への道と太平洋戦争の敗北から何を学ぶことができるのか。最新の研究成果を駆使して敗因を分析し、そこから得た教訓が戦後日本にいかなる影響を与えたのかを探る。二四四頁／二七三〇円

【既刊】

⑥承久の乱と後鳥羽院

関　幸彦著　二七三〇円

「道ある世」をめざした治天の君はなぜ敗れたか。

⑰箱館戦争と榎本武揚

樋口雄彦著　二七三〇円

近代国家日本を築いた「敗者」たちの後日譚。

読みなおす日本史

毎月１冊ずつ好評刊行中　四六判

暦の語る日本の歴史

内田正男著　一九八頁／二二〇五円（解説＝湯浅吉美）

国家支配の基本となる暦。六世紀に中国から伝来するが、天体運動との差が生じやすく、太陰暦は改暦を必要とした。やがて日本独自の暦が作られるなど、渋川春海ら天文研究者たちの活躍を辿り、歴史の真実に迫る。

漢字の社会史　東洋文明を支えた文字の三千年

阿辻哲次著　二四〇頁／二二〇五円（補論＝阿辻哲次）

漢字は中国語を表記する文字でありながら、今日まで日本人の言語生活・文字文化に絶大な影響を与え続ける。漢字への人間の関わりを軸に、成立から現在までの漢字の歴史を、豊富なエピソードを交えながら述べた名著。

禅宗の歴史

今枝愛真著　二八六頁／二七三〇円（解説＝今泉淑夫）

鎌倉・室町時代の政治や外交の舞台では、禅僧たちが活躍し、その流れは江戸時代までも続く。漢詩や食生活など今に残る文化の創造にも貢献し、京・鎌倉だけでなく地方にまで花開いた、強固な禅宗文化を読み解いた労作。

歴史文化ライブラリー

●12年11月〜13年1月発売の6冊　四六判・平均二二〇頁　全冊書下ろし

人類誕生から現代まで／忘れられた歴史の発掘／常識への挑戦／学問の成果を誰にもわかりやすく／ハンディな造本と読みやすい活字／個性あふれる装幀

357 山城国一揆と戦国社会

川岡　勉著

応仁の乱より続く畠山氏の抗争に、山城の国人らが両軍の撤退を求め自治支配を実現した山城国一揆。いかにして一揆は起き、どのように収束したのか。諸階層の動きと政治・社会状況、地域の特質を考察し、実態に迫る。

二四〇頁／一七八五円

358 首都防空網と〈空都〉多摩

鈴木芳行著

昭和戦前・戦中期、武蔵野の一大織物産地から首都防空網の要となった〈空都〉多摩は、米軍の本格的な戦略爆撃における最初の標的となった。その誕生から消滅、復興まで「産業と都市」を鍵に多摩の近代史をひも解く。

二五六頁／一八九〇円

359 古代天皇家の婚姻戦略

荒木敏夫著

古代の大王や天皇・王族の婚姻の特質に、近親婚の盛行が挙げられる。ミコ・ヒメミコやキサキらの婚姻環境、東アジア諸王権や倭王権の国際婚姻にも説き及び、近代以前の日本の歴史を貫く古代王権の婚姻の実態に迫る。

二四〇頁／一七八五円

360 古代豪族と武士の誕生

森 公章著

『正倉院文書』に登場する下総国海上郡の他田神護《おさだのじんご》。彼ら古代の地方豪族は、激動する時代のなか、いかにその家系を存続させてきたのか。古代豪族のあり方や地方支配のしくみを探り、古代史を貫く地方豪族の実態を描き出す。

二四〇頁／一七八五円

361 災害復興の日本史

安田政彦著

富士山噴火・養和の大飢饉・明暦の大火・関東大震災など、人びとは災害をどう乗り越えてきたのか。古記録などにみえる被災の実態について、復興に焦点をあてて描き出す。過去の経験が指し示す、防災・減災への手掛かりとは？

二四〇頁／一七八五円

362 神社の本殿 建築にみる神の空間

三浦正幸著

神社本殿の内部はどうなっているのか、寺院本堂とはどう違うのか。知られざる神社建築の実態を、豊富な意匠の事例から、見取り図を駆使して読み解く。時代による変遷を辿りつつ、神社の見方がくまなく分かる、初めての書。

二五六頁／一八九〇円

【既刊】

353 日本人の姓・苗字・名前 人名に刻まれた歴史
大藤 修著
二六六頁／一八九〇円

354 沖縄 占領下を生き抜く 軍用地・通貨・毒ガス
川平成雄著
二三八頁／一七八五円

355 金属が語る日本史 銭貨・日本刀・鉄炮
齋藤 努著
二二四頁／一七八五円

356 家庭料理の近代
江原絢子著
二二四頁／一七八五円

鎌倉時代のもっとも基本的な歴史書。その難解な原文を、はじめて現代語訳化！

現代語訳 吾妻鏡

全16巻 刊行中

五味文彦・本郷和人・西田友広編

四六判・平均二九六頁

12 宝治合戦

寛元二年（1244）五月～宝治二年（1248）

（第12回配本） 二九四〇円

寛元四年（一二四六）、北条時頼が執権に就任する。前執権経時が死去するや反時頼派の前将軍藤原頼経と名越氏らが策動。これに対し、時頼は頼経を京都に送還することに成功。翌年、宝治合戦が勃発し、三浦氏は全滅した。

既刊の11冊

1	頼朝の挙兵【6刷】	二三一〇円
2	平氏滅亡【3刷】	二四一五円
3	幕府と朝廷	二三一〇円
4	奥州合戦【2刷】	二一〇〇円
5	征夷大将軍	二七三〇円
6	富士の巻狩	二五二〇円
7	頼家と実朝	三三六〇円
8	承久の乱	二七三〇円
9	執権政治	二四一五円
10	御成敗式目	二五二〇円
11	将軍と執権	二九四〇円

日本幼児史

子どもへのまなざし

柴田 純著

中世まで無頓着に扱われた子どもが、江戸時代の半ばから大切に保護されるようになったのはなぜか。また、民俗学の通説「七歳までは神のうち」が、伝統的心性とはまったく無縁であることを実証。これまでの幼児観を見直す。四六判・二〇八頁／二三一〇円

フィールドワークの戦後史

宮本常一と九学会連合

坂野 徹著

戦後、人類学・民俗学・考古学などの学会が結成した〈九学会連合〉。宮本常一らの共同調査から、対馬をめぐる日韓の軋轢や、「日本人」の証明を求めた奄美の人びとの姿を辿り、フィールドワークを戦後史に位置づける。四六判・一九六頁／二九四〇円

朝鮮古代史料研究

濱田耕策著

A5判・三二八頁／一〇五〇〇円

高句麗広開土王陵碑文・百済七支刀銘文・新羅鐘銘など、現代に残された朝鮮古代史料。その研究史や調査・保存状況に言及し分析、批評を加え解読を試みる。日本、唐を背景に、古代東アジアの中の朝鮮三国の実像に迫る。

国分寺の創建 組織・技術編

須田　勉・佐藤　信編

B5判・四六二頁／一六八〇〇円

国分寺の研究は、日本古代史を考える上で欠かせない主題である。国分寺の創建期に焦点をあて、造営組織や塔の建築、瓦作成の技術などを解明。古代史学・考古学・建築史学など多分野からの最新研究の到達点を集大成。

日本古代の国家と造営事業

十川陽一著

A5判・三〇四頁／七八七五円

古代日本では、なぜ宮都や寺社などの大規模な造営事業が繰り返し行われたのか。宮都造営や、技術労働の実態を検証し、歴史的役割・意義を検討。日唐の比較から、造営事業の位置づけを図り、律令国家の特質を解明する。

中世王家の成立と院政

栗山圭子著

A5判・二七二頁／九四五〇円

院政の基盤となった「家」の形態とは、いかなるものだったのか。院宮の家政機関の変容、准母立后、天皇生母の政務関与といった要素を検証し、その実態を解明。中世王家の形成過程を明らかにし、院政との連関を論じる。

室町期公武関係と南北朝内乱

松永和浩著

A5判・三六八頁／一〇五〇〇円

室町期における公武関係はどのように形成されたのか。南北朝内乱や室町殿の公家化が、公武関係や公家社会にいかなる変容をもたらしたのかを解き明かす。幕府の「権限吸収」に替わる新たな公武関係の枠組みを構築する。

近世山村地域史の研究

佐藤孝之著

A5判・三六〇頁／九四五〇円

幕府の山林政策との相互関係や、地域内でのさまざまな利害対立の中で、近世山村はいかなる歴史的展開をみたのか。上州山中領を対象に、その支配の実相を解明し、林野利用の多彩な側面をもつ山村地域像を提示する。

京狩野三代 生き残りの物語 山楽・山雪・永納と九条幸家

五十嵐公一著

四二〇〇円

狩野派一派のうち、山楽・山雪・永納を中心に京都画壇内に確固たる地位を占めていった京狩野家。庇護者九条幸家の人物像や三人との親密な関係に着目しつつ、京狩野家の個性豊かな作品と生き残り戦略の実態を描く。

A5判・二四八頁・原色口絵四頁

明治国家の服制と華族

刑部芳則著

A5判・四一二頁／一二六〇〇円

和装から洋装へという明治国家の新しい服制は、どのように創設されたのか。服制改革や麝香間祗候などに光を当て、服制の変化と近代天皇制を支えた華族階層の役割意識の違いを検討。明治国家の本質を探る。

近代日本のメディアと階層認識

石堂彰彦著

A5判・二〇〇頁／六三〇〇円

身分制度が解体し、階層社会へ移行しつつあった近代初期、「下等社会」という言葉が生まれた。民衆の啓蒙を目的とした説諭や投書を素材に、近代日本における階層認識の形成と変遷を、新聞というメディアを分析し解明。

大戦間期の対中国文化外交 外務省記録にみる政策決定過程

熊本史雄著

A5判・三六八頁／一一五五〇円

第一次大戦後、米国が提唱した平和的な「新外交」へ日本はどう転換したのか。「対支文化事業」への外務省の対応を、史料学的アプローチを用いて分析。対中国文化外交政策の意義と特質を解明し、従来の外交史像を見直す。

満洲出版史

岡村敬二著

A5判・三五二頁／八九二五円

日露戦争後、日本は満洲国建国を経て敗戦まで、政治・経済に限らず数多くの文化活動を展開した。これまで未開拓分野であった満洲出版史に光を当て、法制や諸団体、各出版社の実態を解明。法令や規約など資料編を付す。

人と「自然環境」の歴史を問う

環境の日本史 全5巻 刊行中

A5判

4 人々の営みと近世の自然

水本邦彦編

三〇四頁・原色口絵四頁／五〇四〇円

大規模な開発が進んだ江戸時代。鉱山開発と資源枯渇、津波など自然災害の恐怖、出産や医療、里山利用と動植物の生態、各地の名産品、農業と害虫などから、人々がどのように自然と向き合ってきたのかを解明。

【既刊】

1 日本史と環境 人と自然

平川南編

四五一五円

歴史から導きだす、新たな自然観・環境観。

鎌倉遺文研究 第30号

鎌倉遺文研究会編――A5判・二〇〇頁／二一〇〇円

古文書研究 第74号

日本古文書学会編―B5判・一五〇頁・口絵二頁／三九九〇円

交通史研究 第79巻

交通史学会編――A5判・七四頁／二六二五円

神宮神事図録（増補大神宮叢書㉕）

原色図版多数！

神宮司庁蔵版――菊横判・四一六頁／一二六〇〇円（予約出版）

歴代天皇・年号事典
米田雄介編
四六判・四四八頁／一九九五円

公家事典
橋本政宣編
菊判・一一〇四頁／二一〇〇〇円

源平合戦事典
福田豊彦・関　幸彦編
菊判・三六二頁／七三五〇円

戦国人名辞典
戦国人名辞典編集委員会編
菊判・一一八四頁／一八九〇〇円

戦国武将・合戦事典
峰岸純夫・片桐昭彦編
菊判・一〇二八頁／八四〇〇円

明治維新人名辞典
日本歴史学会編
菊判・一一一四頁／一二六〇〇円

日本古代中世人名辞典
平野邦雄・瀬野精一郎編
四六倍判・一二二二頁／二一〇〇〇円

日本近世人名辞典
竹内　誠・深井雅海編
四六倍判・一三二八頁／二一〇〇〇円

日本近現代人名辞典
臼井勝美・高村直助・鳥海　靖・由井正臣編
四六倍判
一三九二頁／二一〇〇〇円

歴代内閣・首相事典
鳥海　靖編
菊判・八三二頁／九九七五円

日本女性史大辞典
金子幸子・黒田弘子・菅野則子・義江明子編
四六倍判
九六八頁／二九四〇〇円

事典 日本の名僧
今泉淑夫編
四六判・四九六頁／二八三五円

日本仏教史辞典
今泉淑夫編
四六倍判・一三〇六頁／二一〇〇〇円

神道史大辞典
薗田　稔・橋本政宣編
四六倍判・一三七六頁／二九四〇〇円

福田アジオ・神田より子・新谷尚紀・中込睦子・湯川洋司・渡邊欣雄編
日本民俗大辞典 上・下（全2冊）
四六倍判
上＝一〇八八頁・下＝一一九八頁／揃価四二〇〇〇円（各二一〇〇〇円）

精選 日本民俗辞典
菊判・七〇四頁
六三〇〇円

新谷尚紀・関沢まゆみ編
民俗小事典 死と葬送
四六判・四三八頁／三三六〇円

神田より子・俵木 悟編
民俗小事典 神事と芸能
四六判・五一〇頁／三五七〇円

渡邊欣雄・岡野宣勝・佐藤壮広・塩月亮子・宮下克也編
沖縄民俗辞典
菊判・六七二頁
八四〇〇円

鈴木敬三編
有識故実大辞典
四六倍判・九一六頁／一八九〇〇円

加藤友康・高埜利彦・長沢利明・山田邦明編
年中行事大辞典
二九四〇〇円

西本豊弘・新美倫子編
事典 人と動物の考古学
四六判・三〇八頁／三三六〇円

木下 良著
事典 日本古代の道と駅
菊判・四三四頁／八四〇〇円

大石 学編
江戸幕府大事典
菊判・一一六八頁／一八九〇〇円

倉田喜弘編
幕末明治見世物事典
A5判・二四〇頁／三一五〇円

吉川弘文館編集部編
日本史必携
菊判・七二〇頁／六三〇〇円

吉川弘文館編集部編
近代史必携
菊判・四九六頁／四九三五円

世界の文字研究会編
世界の文字の図典【普及版】
菊判・六四〇頁／五〇四〇円

知っておきたい日本の名言・格言事典
大隅和雄・神田千里・季武嘉也・山本博文・義江彰夫著
A5判・二七二頁／二七三〇円

知っておきたい日本史の名場面事典
大隅和雄・神田千里・季武嘉也・森 公章・山本博文・義江彰夫著
A5判・二八六頁／二八三五円

知っておきたい名僧のことば事典
中尾 堯・今井雅晴編
A5判・三〇四頁／三〇四五円

知っておきたい日本の年中行事事典
福田アジオ・菊池健策・山崎祐子・常光 徹・福原敏男著
A5判・二二四頁／二八三五円

日本仏像事典
真鍋俊照編
四六判・四四八頁／二六二五円

日本の食文化史年表
江原絢子・東四柳祥子編
菊判・四一八頁／五二五〇円

日本史総合年表 第二版
加藤友康・瀬野精一郎・鳥海 靖・丸山雍成編
四六倍判・一一八二頁／一四七〇〇円

日本軍事史年表 昭和・平成
吉川弘文館編集部編
菊判・五一八頁／六三〇〇円

誰でも読める［ふりがな付き］日本史年表 全5冊
吉川弘文館編集部編
菊判・平均五二〇頁

古代編 五九八五円　近代編 四四一〇円
中世編 五〇四〇円　現代編 四四一〇円
近世編 四八三〇円　全5冊揃価＝二四六七五円

第11回 学校図書館出版賞受賞

大好評のロングセラー

日本史年表・地図
児玉幸多編
B5判・一三六頁／一三六五円

世界史年表・地図
亀井高孝・三上次男・林 健太郎・堀米庸三編
B5判 二〇四頁 一四七〇円

律令国家と土地支配
三谷芳幸著
A5判・三二〇頁／九九七五円

奈良朝の政変と道鏡（敗者の日本史❷）
瀧浪貞子著
四六判・二五〇頁・原色口絵四頁／二七三〇円

小野道風（人物叢書273）
山本信吉著
四六判・二〇四頁／一九九五円

環境の日本史❷古代の暮らしと祈り
三宅和朗編
A5判・三三二頁・原色口絵四頁／五〇四〇円

成尋と参天台五臺山記の研究
森　公章著
A5判・三一四頁／一〇五〇〇円

東国武士団と鎌倉幕府（動乱の東国史❷）
高橋一樹著
四六判・三〇〇頁・原色口絵四頁／二九四〇円

近世郷村の研究
藤田和敏著
A5判・二六四頁／九四五〇円

永青文庫叢書　細川家文書　絵図・地図・指図編Ⅱ
熊本大学文学部附属永青文庫研究センター編
A4判　一〇六頁・別刷原色図版一八二頁　二三一〇〇円

江戸の刑罰（読みなおす日本史）
石井良助著
四六判・二二二頁／二二〇五円

開国前夜の世界（日本近世の歴史❺）
横山伊徳著
四六判・四〇〇頁・原色口絵四頁／二九四〇円

幕長戦争（日本歴史叢書69）
三宅紹宣著
四六判・三二〇頁予定・口絵二頁／価格は未定

明治の政治家と信仰　クリスチャン民権家の肖像（歴史文化ライブラリー363）
小川原正道著
四六判・二〇八頁／一七八五円

近代家族と子育て
沢山美果子著
A5判・二八八頁／四七二五円

朝鮮総督府官僚の統治構想
李　烱植著
A5判・三五〇頁／九四五〇円

「大東亜共栄圏」の経済構想　圏内産業と大東亜建設審議会
安達宏昭著
A5判・二八八頁／九四五〇円

モダン・ライフと戦争　スクリーンのなかの女性たち（歴史文化ライブラリー364）
宜野座菜央見著
四六判・二四〇頁／一七八五円

代の惣領制の変質・解体の中から形成されてきたところの領主と血族関係にある同名・同族衆の存在がある。第二には、それ自体としては在地における自立した経済的基盤を有しながらも領主との間に被官関係をとり結び本貫地の安堵と給恩地の給付をうけ、次第に在地性を喪失し武士身分化したところのいわゆる給人層の存在である。第三には、なお在地において家父長制的大経営に従事するところの農民的存在であり、領主に対して経営地に対する年貢・課役を負担しながらも直営地部分に対しては給恩として免除され、それに相当する軍役奉仕を義務づけられたところのいわゆる在地小領主・軍役衆の存在である。

戦国期の在地領主権力（多くの場合戦国大名の地頭・給人となっているが）においても、基本的にはこうした構成に変化は認められないが、次第に同名・同族衆の分立・非血縁化＝給人化が進み、一方では小領主層の編成がかれら自体の在地性を失わせて行くことになって、結果としては給人層の充実という傾向にあり、それが個々の領主権力の軍事力の強弱を規定していたといえよう。

葛山氏の家臣構成においても基本的に右の一般的傾向と同じであったと考えられるが、第一の同名・同族衆の存在については、後述するような分立と糾合といった傾向以外明らかにしえない。ここでは第二・第三のグループについて具体的にみておきたい。

第二のそれ自体としてはすでに武士身分化し、葛山氏の権力を直接的に構成していたところの給人層としては、これまでも掲げてきた文書にも散見しているものを含めて、表9のようなものが存在していた。これら以外にも、葛山氏の城館址周辺にはいくつかの土塁を伴う屋敷址が残り、それらは伝承ではあるが「葛山四天王」と呼ばれる半田・萩田・岡村・古池氏のものであるといわれており(73)、表9の給人は、葛山氏の給人層の一部であって、その全体はかなりの数にのぼるのではないかと考える。また、葛山氏より所領の寄進・安堵をうけていた寺社も、葛山氏との関係ではこのグループに含めることができよう。

次に、第三のグループとして考えられるのは、それ自体としては在地の有力農民であったり、内浦湾沿岸にあって立網漁の元締として津元経営を行っていたり、宿駅にあって問屋業を営んだり伝馬輸送を管理していたところの先述してきたような諸氏が考えられる。

かれらは、その存在にかかわって領主に対する奉仕・負担を行うとともに、一定の給地・給分が与えられることによって、権力の末端に組織されていたのである。ただ、葛山氏の領主支配においては、こうした小領主層を文字通り家臣団としてとらえてよいかどうかについては、かれらの存在基盤の多様性と在地性の強さを考えた場合、なお検討されなければならないであろう。

表9　葛山氏給人表

職称	給人名	地域	出典
台所	野中源左衛門尉		C—23
(検地奉行)	植松長門守盛信		『県史料』1—636
(〃)	小見主計助盛吉		
(〃)	植松兵庫助元俊		
	垪和山城守		C—7
	渡辺備前守		
	吉野郷三郎	富士郡山本	C—2
	植松藤太郎	口野郷獅子浜	C—6
	町田郷左衛門	口野郷尾高	C—10
	植松弥太郎	熊野堂	C—26
	植松小次郎	口野郷江浦	C—38
	植松右京亮	口野郷尾高	
	町田甚十郎	口野郷獅子浜	
	橋本内三	〃	
	富永河内守	口野郷田連	
	小者衆	口野郷田飛	
小者	秋若		C—40

次に、葛山氏がこうした家臣をどのように組織していたかについてであるが、実際的なところはほとんど明らかにしえない。ただ、その発給文書においてみてきたように、「城衆」（A—3）、「（富士）警固衆」（C—34）、「宿中給衆」（C—21）、「何給衆」（C—35）といったような記載がみえ、かれらが「〇〇衆」という形で一定の集団に編成されていたものと思われる。しかしそれらが固定されたものであったのか、また、どのような内部構造をもったものかといった点

については不明である。

次に、支配機構の問題であるが、まず権力の中枢を形成するものとしては、前述の「葛山四天王」と呼ばれたようないわゆる家老クラスの重臣を核として、表9のように「台所野中源左衛門尉」とか、神山宿代官武藤に対して領主の意向を取り次ぐものとして登場する垪和山城守や渡辺備前守とか、あるいは検地奉行といった吏務的給人が存在しており、また、領主葛山氏やそうした中枢権力の雑役に従事したところの小者の存在もみとめられる。

そして、こうした中央に形成された中枢権力に対して、在地に設定された権力機構として、神山政所とか須走役所と記された一種の出先機関が存在したり、代官支配が行われていたことは先述したとおりである。このように、郡規模の領主としての葛山氏は、中枢・在地の両面にわたってかなり強力な階級結集と支配組織をつくり出していたといえよう。恐らくこうした葛山氏から給地・給分を与えられた給人・軍役衆を一覧表にすれば、それはすでによく知られている下野国国人領主茂木氏や上杉領国安田氏の給分帳・分限帳(74)ときわめて近いものとなるであろう。

おわりに

以上、まず葛山氏研究上の史料条件、研究状況を概括し、その上で十五世紀室町期における葛山氏の歴史的位置について、それが将軍家御家人であり在国の奉公衆であったこと、また歴史的性格は国人領主に他ならなかったことを明らかにした。次に、戦国期におけるそのおかれた駿東郡の地理的・歴史的条件を検討した。

そして、戦国期の葛山氏の領主支配の実際について、支配領域、裁判権、検地政策、収取内容、交通・流通支配及び権力構造の諸点から具体的に解明した。そこで明らかにしえたことは、裁判権については、小和田氏の見解とは異なって最終的にも葛山氏に帰属していたこと。検地政策では、明らかに今川氏の施行原則とは異なって、どちらかといえば北条氏の施行原則の枠の中に位置づけられるものといえるが、葛山氏独自の検注権にもとづく固有の施行原則によって実施されたものであったということ。次に収取内容については、葛山氏の領域支配の全体にわたって貫高制のシステムがとられていて、ここでも今川氏の収取体制とは異なってより明確な体制の構築が行われていたことなどを明らかにすることができた。さらに、交通・流通支配についても、その地理的・歴史的条件の中でいかにしてその不安定性を克服して支配領域の防備と経済体制の伸展をはかったかということで、葛山氏が意をこらしたであろう交通路の確定、関・宿・問屋・伝馬の整備・管理、さらには、市・商人・職人支配について、史料上可能なかぎり具体的に明らかにした。そうした中で、葛山氏の支配領域における独自の流通経済圏の存在と編成をうきぼりにするとともに、それがもつ公的性格ゆえに、そこに上位権力としての守護今川氏の支配体系が覆いかぶさっていたことを指摘した。最後に権力構造の面では、その家臣編成、支配機構の両面において、かなり強力な階級結集と組織化が行われていたことを明らかにした。

以上のような戦国期葛山氏の領主支配の実際と特質を前提として、今日の戦国期研究の課題に引きつけて、葛山氏の歴史的位置と性格をいかにとらえればよいかというのが残された課題である。

そのことについてまず、葛山氏がほぼ駿東郡の規模において相対的に自立した領主支配を貫徹してきたことについて最早論を俟たないであろう。そもそもその支配領域の領主権自体、前代の将軍家よりの所領宛行を唯一の根拠として実力でもってかちとってきたものであって、守護今川氏の領国一元化の動きとは一線を画されたものであった。そして、その支配領域における給人・寺社への所領・所職の給付も独自の判物・印判状でもって行われ、土地検注権はもとより年貢収取をはじめとして反銭・棟別銭等諸役の賦課・免除権も有し、そこに展開する領域経済圏の掌握を現実的背景として、その有する領域の支配権・裁判権を排他的・一元的に掌握していたところのまさに一個の独立した領域世界をつくり出していたのである。それゆえ、葛山氏が従来通説的にいわれてきたアプリオリに今川氏の家臣・給人であったであろうといった性格づけは最早許されない。むしろ、こうした領主支配の起点が十五世紀に形成されたいわゆる国人領主の順調な発展の結果という意味では、戦国期国人領主と呼ぶにふさわしいものともいえる。あるいは、下村氏のいわれるように「小戦国大名」と規定することも可能であろう。さらに、矢田氏のいう「郡規模の領域を判物で支配する領主を、戦国期の基本的領主と考え、戦国領主と呼ぶ[75]」とするならば、まさにその限りでは「戦国領主」と規定することもできよう。しかしながら、こうした一個の相対的に自立した権力を個別的にいかに規定しようとそれはそれだけのことで、問題はそうした個別的権力が外部権力といかなる関係をつくり出し、戦国期社会全体の中でいかに位置づけうるかということである。

巨大な典型的戦国大名でそれ自体独立した「家産制国家」をつくり出していたといわれるものであっても、中世的原理の枠組の中にあって礼の秩序に編成されていたといわれ[76]、同盟・敵対関係を繰り返しつつ、離合集散・天下統一へ動乱の体現者としてあらわれたのである。一方、一個の国人領主にあっても、その政治・軍事・経済的不安定性と矛盾を克服せんがための一揆的結合＝連合の道を歩むか、戦国大名への服属・被官化の道をたどり、自己の権力保持をはかったのである。あるいは、「戦国領主」と規定した場合にも、かれらは、「戦国期守護」を盟主としたところの連合体制を組まざるをえなかったのである。

こうした戦国期の領主権力が指向する外部権力との関係についての、歴史的そしてそれは研究上においても考えられている道筋について、葛山氏のそれを考えた場合、果してどのように規定しうるかである。ただその場合、あらかじめその結論の限界として指摘しておかなければならないことは、葛山氏自体の分析もなお不十分さを残しており、また、冒頭に指摘したように、今川領国におけるこうした観点からの研究がほとんど皆無であることによって、今川氏によって構築された今川領国の構造と原理がなお未確定であり、今川領国内において葛山氏と同様の経過をたどったであろう他の領主権力の動向もその深みにおいてかならずしも解明されていないという状況の中で、ここでの結論がきわめて個別的なものとならざるをえないことである。そうした意味において本稿があくまで中間的報告でしかないことをおことわりしておく。

さて、葛山氏の外部権力との関係についてであるが、具体的なことはすでに指摘してきた。問題はそれらの関係をいかに整合的に一つの論理の中にくみこむかということである。そこでまず第一に検討しなければならないことは、葛山氏を「小戦国大名」と性格づけることが可能かという問題である。そのことを考えさせてくれるのが、葛山氏支配領域周辺の今川氏支配下の寺社等へ出された今川氏発給文書である。そこで顕著にうかがえることは、今川氏はそれらの寺社（沼津日枝神社・岡宮浅間神社・桃園定輪寺）に対して、不入権を与えた上で「可抽国家安全之精誠」とか、「弥国家安全之懇祈不可有怠慢」と命じ、それ自体として「国家」意識を表明していることである。勿論、この「国家」は、近代的な概念としての国家ではありえず、国郡制にもとづく駿遠三の三ヵ国を統一したところの分国をその範囲として、守護公権を正統に引きつぐ今川氏の「家」＝主人権によって統合されたところのいわゆる「家産制国家」といいうるものであろう。問題は、今川氏にあっては、他国と区別されてのこうした統治権力としての「国家」意識が鮮明にもたれていたにもかかわらず、葛山氏のこうした寺社に発給された文書はもとより、全ての発給文書において、こうした文言や意識のあらわれは一切みとめられないことである。ここに今川氏と葛山氏と同じ領主権にもとづく権力でありながら、きわめて対照的な相違をみせていることである。

今川氏がこうした「国家」意識を表明するに至った道筋については、改めて解明されなければならないであろうが、少なくとも今川氏が戦国大名と称せられる最終的帰結がこの点にあることは、大方の同意をうることができよう。そういう意味において、葛山氏の権力を小とはいえ戦国大名と規定することには躊躇せざるをえない。それはあくまで一個の領主権力でしかありえず、統治権力にまで高まっていなかったということであろう。

次に、葛山氏を戦国期の国人領主と規定しようとする場合に問題となるのは、その関係史料から一揆的結合＝連合が形成されていたかのごとき徴証が何らみとめられないことである。この場合問題となるのは、一つは葛山姓を同じくする同名諸氏との関係であり、他の一つは、葛山氏の宗家であったと考えられる大森氏からわかれ、駿東郡に本領をつちかったであろう同族諸氏との関係である。しかし、戦国期の駿東郡に限った場合、そのいずれの存在も史料上みとめることができない。

ただ、駿東郡をこえて考えた場合、西隣の富士郡には、富士信仰の道者坊として著名な村山三坊の一つ辻坊の所職を継承する葛山氏や「富士大宮司代官職」を有した葛山氏など、葛山姓のものが史料上散見する。(77)一方、北条領国においては、「小田原旧記」(78)に駿河衆四家の一つとして葛山家が記載されているし、「小田原衆所領役帳」(79)には、武蔵国稲毛平之村において一一貫文余を給付された江戸衆の一人としての葛山氏が存在する。このように、戦国期の東駿から北条領国にかけて葛山氏なるものが幾流か分立していたことは確かであり、恐らくそれらは時代的にさかのぼれば同じ家からわかれた同名諸氏と考えられるが、その系譜関係はもとより、戦国期における相互関係についても一切明らかにしえない。

他方、大森氏を祖とする同族関係についても、駿東郡北部を本貫の地とする竹下氏とか藤曲氏などの諸氏が存在し、室町期では葛山氏と同等の社会的存在であったことがうかがえる先掲のような史料（一二三頁）も存在するが、戦国期になるとそうした史料はみられず、むしろ別稿(80)で指摘したように竹下孫八左衛門維正一七代播磨守貞氏が葛山姓を名乗り、葛山氏元の父にあたっていることを考えれば、葛山氏はこうした同族諸氏と姻戚関係を結んで行くことによって、葛山姓のもとに糾合していったことがうかがえ、駿東郡における領主支配の拡大は、一方ではそうした同族諸氏の独立性を失わせていったことを物語る。こうした同名・同族諸氏の葛山氏との分立と糾合という歴史的経過においてもその一揆的結合はみとめがたいのである。こうして、駿東郡においては葛山氏が唯一の領域支配者として存在したわけで、守護なり上位権力に対して、また、在地諸勢力に対して、一揆的結合＝連合によって、その領主権力を維持したといったいわゆる国人領主制研究で追究された国人領主としての歴史的性格はみとめがたいということになる。

次に、矢田氏の提唱された「戦国領主」概念についてであるが、矢田氏は個々の領主権力が第一次立法権・裁判権などの諸権限を独自に有するものとして「戦国領主」概念を定立されたが、他方ではこれまで戦国大名によって一元的に掌握されていたとされるいわゆる大名領国が、そうした「戦国領主」の連合体として存在し、戦国大名自体も本質的にはそうしたものであって、それが守護権を継承していることによって連合の盟主となりえて「国家」を存立させていたという、「戦国期守護」概念と一体のものとして提唱されているのである。それゆえ問題は、葛山氏が「戦国領主」であったかどうかということで、矢田説の妥当性なりその適用の可否が云々されるのではなく、今川領国を構成する諸権力がまさに「戦国領主」の連合権力であったかどうかが問われるべきであり、さらに、今川氏がそうした「戦国期守護」と位置づけられるかどうかも問題となる。

しかし、これらの点になると、先述したように今川領国全体の権力構造についての分析を欠いている現在、結論を急ぐことはできない。ただ、本稿で明らかにしたような一個の相対的に自立した領主権力としての葛山氏に相当するような権力の存在を今川領国においてさし当りみつけることができない以上、矢田氏の見解を全面的に今川領国に適用することはむつかしいと考える。ただ、葛山氏にとってその存在が駿河守護の管轄下にある国内《くにうち》にあったがゆえに、全体として守護今川氏によって掌握されていた分国＝今川領国の一部として存在せざるをえず、その軍事行動や伝馬制に顕著にみられるような公的権限に属する問題については、その権限に包摂される存在であった。その限りにおいて、葛山氏と今川氏という特定の関係を矢田氏のいうごとく「戦国領主」―「戦国期守護」という関係に比定することも可能といえよう。

以上、これまで研究上とり上げられてきた戦国期の領主権力の性格と位置づけについての諸説に対して、本稿でその領主支配の実態を明らかにしてきた葛山氏の存在を対置させて検討してみたが、かならずしもこれまでの諸説によって説明しうる存在ではないことが明らかとなった。

では、最終的に葛山氏をどのように規定すればよいであろうか。一個の相対的に自立した領主権力である葛山氏が、その私的な姻戚関係によって強く結びつけられた北条氏の支配方式を導入して、より安定的な領主支配を実現するとともに、他方では公的権限を継承する守護今川氏の領国にあって、その公的支配を受け入れることによって、自らの公的位置を明らかにしようとしていた。それは表相的にはまさに今川・北条氏に両属する存在ということになる。しかも、そのことが国境に位置する地理的・歴史的条件の中で、公私の両面にわたって自己の存在を保持する唯一可能な道であったといえよう。戦国期の領主権力は、その動乱期にあって、自己の位置をどのように確定するかの選択は、かならずしも従来いわれてきたような被官化か連合かの道だけでなく、自立しつつ両属するというきわめてポリティカルな選択もあったのではないかということが、さし当り本稿の結論としえるところである。

注

（1）拙編『戦国大名論集11　今川氏の研究』（吉川弘文館、一九八四年）「解説」、及び拙稿「中世後期の成果と課題」（静岡県地域史研究会編・発行『静岡県地域史研究の成果と課題―中世史・近世史―』、一九八四年）。

(2) 静岡県編・発行『静岡県史料』(全五輯、一九三二〜一九四一年、のち角川書店復刻、一九六六年)。
(3) 沼津市誌編纂委員会編『沼津市誌』(全三巻、沼津市、一九五八〜一九六一年)。
(4) 御殿場市史編さん委員会編『御殿場市史』(全八巻、御殿場市役所、一九七五〜一九八一年)。
(5) 関口宏行編「葛山氏略年表」(今川氏研究会編『駿河の今川氏』第五集、一九八〇年)。
(6) 葛山氏発給文書目録については、すでに注(5)とともに関口氏によって、『駿河の今川氏』第五集に併載されており、文書点数そのものはそれにつきるが、そこには若干の誤記がみられ、また、本稿での引用文書の典拠を一括提示する必要上、それとの重複をいとわず表7として掲載した。
(7) 『続群書類従』〔補遺〕一・二所収。
(8) 小和田哲男『駿河今川一族』(新人物往来社、一九八三年)。
(9) 『群書類従』〔雑部〕第一八輯所収。
(10) 和歌史研究会編『私家集大成』中世V上巻(明治書院、一九七六年)。
(11) 「国書刊行会叢書」全五冊、一九一五年。
(12) 『小田原編年録』(名著出版)第一巻所載「北条系図」など。
(13) 『群書類従』〔雑部〕第一六輯所収。
(14) 拙稿「戦国期葛山氏の系譜と『氏時』」(戦国史研究会編『戦国史研究』一一号、一九八六年)。
(15) 『続群書類従』〔合戦部〕第二一輯上所収。
(16) 『改定史籍集覧』〔通記類〕第五冊所収。
(17) 相田二郎『中世の関所』(畝傍書房、一九四三年。のち吉川弘文館復刻、一九八三年)。
(18) 同右「駿河駿東郡御厨地方の中世交通史料」(『歴史地理』第五〇巻六号、一九二七年。のち前掲注(17)に収録)。
(19) 同右「戦国時代に於ける東国地方の宿・問屋・伝馬―特に今川・北条・武田三氏の分国を中心として―」(『歴史地理』第五一巻三・五・六号、一九二八年。のち前掲注(17)に収録)。
(20) 福田以久生『駿河相模の武家社会』(清文堂、一九七六年)。
(21) 関口宏行「今川氏国人衆の葛山氏と後北条氏との関係」(東国戦国史研究会編『関東中心戦国史論集』、名著出版、一九八〇年)、

及び「戦国大名今川氏の国人領主葛山氏元の領国支配の展開」(『駿河の今川氏』第五集、一九八〇年)。

(22) 小和田哲男「戦国大名今川氏の家臣団構成」(『歴史教育』第一五巻八号、一九六七年)。

(23) 同右「戦国期の村落構造と領主権力—天文〜天正期の駿河国駿東郡—」(同著『後北条氏研究』吉川弘文館、一九八三年)。

(24) 矢田俊文「戦国期甲斐国の権力構造」(『日本史研究』二〇一号、一九七九年。のち柴辻俊六編『戦国大名論集10　武田氏の研究』吉川弘文館、一九八四年)。

(25) 拙稿「今川領国における伝馬制」(『歴史公論』一一五号、一九八五年)。

(26) 柴辻俊六『戦国大名領の研究—甲斐武田氏領の展開—』(名著出版、一九八一年)「第一章　戦国大名領の形成」を参照。

(27) 「永享以来御番帳」「長享元年常徳院殿様江州御動座当時在陣衆着到」「康正二年造内裏段銭并国役引付」(『群書類従』〔雑部〕第一八輯)。

(28) 「伊勢家書」所収文書(『御殿場市史』第一巻、一八一頁)。

(29) 「今川記(富麓記)第二」(前掲注(15))、「鎌倉大草紙」(『群書類従』〔合戦部〕第一三輯)、広島大学所蔵「今川家古文章写」(長倉智恵雄「広島大学所蔵『今川家古文章写』の再検討」、『駿河の今川氏』第四集)など。

(30) 前掲「今川記(富麓記)第四」。

(31) 「二岡神社文書」(『静岡県史料』第一輯、六八八頁)。

(32) 「米良氏諸国旦那帳」(『御殿場市史』第一巻、一七六頁)。

(33) 「大森葛山系図」(『続群書類従』〔系譜部〕第六輯上)。

(34) 「和簡礼経」所収文書(『御殿場市史』第一巻、一七七頁)。

(35) 伊礼正雄「御殿場地方の中世城址」(『御殿場市史研究』創刊号、一九七五年)。

(36) 福田以久生「御宿監物について」(『同右』三号、一九七七年)。

(37) 拙稿「戦国期葛山氏の軍事的位置—その今川氏家臣説の検討を通じて—」(『地方史静岡』一四号、一九八六年、本書第四章)。

(38) 具体的には、駿東郡桃園定輪寺、岡宮浅間神社、沼津日枝神社及び富士郡吉原矢部家に残る文書である。これらの寺社・給人に対しては、今川氏より所領・所職の給付・安堵を示す発給文書が存在し、逆に葛山氏の発給文書上にはそうした内容はみられない。そうしたことから、これらの寺社・給人は今川氏支配下のものであって、葛山氏の直接的な領主支配の及ばないものであったと考えられる。
(39) 小和田前掲注(23)論文。
(40) 佐脇栄智「後北条氏の検地」(『日本歴史』一七七号、一九六三年。のち同著『後北条氏の基礎研究』吉川弘文館、一九七六年)。
(41) 「柏木文書」(『静岡県史料』第一輯、六三五頁)。
(42) 下村效「戦国大名今川氏の検地」(『国史学』七九号、一九六九年。のち同著『戦国・織豊期の社会と文化』吉川弘文館、一九八二年)。
(43) 拙稿「戦国大名今川氏の歴史的性格—とくに『公事検地』と小領主支配について—」(『日本史研究』一三八号、一九七四年。のち拙編前掲『今川氏の研究』に収録)。
(44) 永原慶二『日本の歴史14　戦国の動乱』(小学館、一九七五年)。
(45) 山中恭子「中世のなかに生れた『近世』—戦国大名今川氏の場合—」(『史学雑誌』第八九編六号、一九八〇年。のち拙編前掲『今川氏の研究』に収録)。
(46) 安良城盛昭「戦国大名検地と『名主加地子得分』・『名田ノ内徳』—勝俣鎮夫『戦国法成立史論』によせて—」(『史学雑誌』第九〇編八号、一九八一年。のち同著『日本封建社会成立史論』上巻、岩波書店、一九八四年)。
(47) 勝俣鎮夫「遠州浜名神戸大福寺領注進状案について—戦国大名今川氏検地の一事例—」(『日本歴史』三二〇号、一九七五年。のち同著『戦国法成立史論』東大出版会、一九七九年に改題収録、また拙編前掲『今川氏の研究』に収録)。
(48) 小和田前掲注(23)論文。
(49) 「判物証文写今川二」所収「杉本文書」(『静岡県史料』第一輯、六二〇頁)。
(50) 「諸州古文書廿四」所収「旧長崎村民助左衛門文書」(『静岡県史料』第一輯、五一〇頁)。
(51) 「判物証文写今川四」所収文書(『静岡市史』「中世近世史料二」、二五六頁)。
(52) 同右(同右、二九七頁)。
(53) 拙稿「今川検地の事例検出について」(『日本歴史』四三六号、一九八四年)。
(54) この内二通は、永禄十三年二月二十五日付今川氏真印判状で、一通は三浦小次郎宛(「記録御用所本古文書」注(51)、五七六頁)であり、他の一通は三浦弥三宛(「中村不能斎採集文書」)である。残る一通は、同年三月二十一日付興津弥四郎宛今川氏真印判状

（ｶ）（「興津文書」『静岡県史料』第二輯、七七〇頁）である。

(55)「西原文書」（『静岡県史料』第一輯、三六〇頁）。

(56)安良城盛昭「太閤検地の歴史的前提」（『歴史学研究』一六三・一六四号、一九五三年。のち同著前掲注(46)に収録）。

(57)大山喬平「戦国大名領下の荘園所領―遠江国浜名神戸大福寺―」（小葉田淳教授退官記念事業会編・発行『国史論集』所収、一九七〇年）。

(58)勝俣前掲注(47)論文。

(59)前者については、安良城前掲注(46)論文で指摘されている。後者についても安良城氏より口頭で指摘された。

(60)一例は面積宛行（A―4）で、他の二例は所付宛行（C―3・42）であり、米高・俵高宛行の例はない。

(61)佐藤進一他編『中世法制史料集』第三巻武家家法Ⅰ（岩波書店、一九六五年）。

(62)小和田哲男「戦国期土豪の知行と軍役―後北条氏着到状の紹介を中心として―」（『民衆史研究』一二号、一九七四年。のち同著前掲注(23)に収録）。

(63)佐脇栄智「後北条氏の税制改革について―反銭・懸銭を中心に―」（『日本歴史』一六三号、一九六二年。のち同著前掲注(40)に収録）。

(64)この「後藤文書」には、享禄二年十二月七日付五とうせんゑもん宛寿桂尼印判状が残されている（『沼津市歴史民俗資料館紀要』三号）。そこに「さはたのかう《沢田郷》のうちにしふん《西分》、五とうせんゑもん《後藤善右衛門》あいかかゆるてんはくやしき《田畠屋敷》の事」として、一六三貫六〇〇文が百姓職（年貢納所義務）として安堵されている。この記載から、当文書の「西修理進一跡屋敷・田畠」とは右の所職の継承と考えられる。ということになれば、この後藤氏は農民的身分（百姓職所持者）から給人（宛行）化したものと考えられる。

(65)『駿河志料』（歴史図書社版）（二）、七一二頁。

(66)「山田文書」（『御殿場市史』第一巻、二〇一頁）。

(67)豊田武『中世日本商業史の研究』（岩波書店、一九四四年。のち一九五二年増訂版刊行）他。

(68)佐々木銀弥「戦国大名支配と商業」（永原慶二他編『戦国時代』吉川弘文館、一九七八年）他。

(69)「駿河志料」所収「友野文書」（『静岡県史料』第三輯、二五〇頁）・「寺尾文書」（同上第二輯、七八五頁）。

(70)『御殿場市史』第一巻、二四七頁。

(71) 拙稿前掲注(25)論文。
(72) 相田前掲注(19)論文。
(73) 前掲『駿河志料』(二)、六二三頁、及び伊礼前掲注(36)論文参照。
(74) 茂木氏給分帳「茂木文書」(『栃木県史』史料編中世二、九三頁)・安田領検地帳「北方文化博物館所蔵文書」(『新潟県史』資料編4、七一〇頁)。
(75) 矢田俊文「戦国期権力論の一視点」(『歴史科学』七九号、一九七九年)。
(76) 石母田正「解説」(同他編『中世政治社会思想』上巻、岩波書店、一九七二年)。
(77) 「旧辻坊葛山氏文書」「旧大宮司富士家文書」(いずれも『静岡県史料』第二輯)。
(78) 三鷹市教育委員会編『三鷹叢書』第一集「小田原旧記」。
(79) 杉山博校訂『小田原衆所領役帳』(近藤出版社、一九六九年)。
(80) 拙稿前掲注(14)論文。

第四章　葛山氏の軍事的位置

はじめに

筆者は、最近戦国期に駿河国駿東郡に蟠踞して独自の領域支配を実現していた葛山氏について、その系譜的考察（以下先稿A論文と呼ぶ）[1]と領主支配の態様（以下先稿B論文と呼ぶ）[2]を明らかにし、その歴史的性格を論じた。それらは少なからず先学の史料収集や論証に負うてはいるものの、筆者なりに新史料の紹介を含めて、関係文書・記録史料の全面的検討と、先入観を排除しての論証を進めることによって、新しい独自の葛山氏像を導き出そうとしたものである。それが果して成功しているかどうかについては、先学・同学諸氏の厳しい御批判をうけたい。

そうした中でなお論じ残した問題として、葛山氏研究ではほぼ通説となっている、戦国期の葛山氏が戦国大名今川氏の家臣であったという先学の指摘である。そこで、本章ではその問題を再検討し、もって先きの拙稿を補完しておきたいと考える。

ただその際、葛山氏が今川氏の家臣であったという先学の指摘は、かならずしも戦国期だけに限られず、その前代の室町期からの関係として指摘されていることである。しかしながら、先稿B論文では、その室町期については、葛山氏に対する所領給付が、「満済准后日記」の記載より、幕府将軍家によってなされていることや、「文安年中御番帳」の四番在国衆中にその姓がみえることから、それが将軍家御家人であり奉公衆の一員でもあったことを明らかにし、そうした事実によって、室町期については、その今川氏家臣説を否定した。しかし、その論証では、奉公衆であったことを示す史料は、上記の「御番帳」のみで、他の同種の史料には欠落していると記しておいたが、今谷明氏の労作『室町幕府解体過程の研究』(3)に接することによって、その論稿中に今一つ、葛山氏が室町期将軍家奉公衆であったことを示す史料の存在することを教えられた。それは、「久下文書」所収の「四番衆交名」(今谷氏は「久下番帳」と名付けた)であり、その九九名の交名中の七九番目に「葛山兵庫助」とみえることである。今谷氏によれば、この「久下番帳」の成立は寛正六年(一四六五)八月を下らぬもので、その信憑性は高いということである。

これは、葛山氏研究にとっては数少ない室町期の新たな史料として、今後も検討されねばならないが、筆者にとっても、室町期葛山氏を将軍家奉公衆の一員と明言しながらも、その裏付けが先記のように「文安年中御番帳」のたった二文字ということから、いささか心許なく思っていたところであり、この史料の出現によって、そのことがさらに確かめられ意を強くするものである。以上のことから、室町期における葛山氏の位置づけについては、もはや多言を要しないであろう。それゆえ、本章では、戦国期に限って検討して行きたい。

そこでまず、葛山氏が戦国大名今川氏の家臣であったという通説の根拠が一体何んであったのかということを、これまで葛山氏研究を進められてきた福田以久生(4)、小和田哲男(5)、関口宏行氏(6)ら先学の論稿より整理すると次の四点にしぼられる。その一つは、葛山氏が今川氏当主を「御屋形」と尊称していたということであり、二つには、葛山氏の邸宅が今川氏の本拠である駿府に存在し、そこにしばしば滞在し、歌会を催おしていたということであり、三つには、とくに福田氏によって指摘されていることであるが、葛山氏が冷泉為和の今川氏に対する訴訟の仲介を行い、今川権力の評定衆の一員であったとも考えられることであり、四つには、葛山氏がしばしば今川氏の軍事行動に参戦し、その軍勢の一翼をになっていたということである。

論者によっては、こうした根拠から、単なる家臣であったという位置づけさえなされている。以下、これらの事実のより正確な把握と、そうしたことが果して葛山氏が今川氏の家臣・重臣であったことを根拠づける規定性を有するのかどうかについて、順次検討して行きたい。

なお、その検討に先立って、確認しておかなければならないことは、家臣説を主張する先学においても、その家臣説を最も直截に示す所領給付・安堵関係については何ら言及されていないことである。そういうことでは、先きの四つの根拠は、はじめから家臣説を根拠づける状況証拠でしかないということを指摘しておきたい。

一　家臣説諸根拠の検討

そこでまず、葛山氏＝今川氏家臣説の根拠の一つとされている、葛山氏が今川氏当主を「御屋形」と尊称している点について検討してみよう。

次の史料は、葛山氏当主氏広が、沼津の日吉神社宛に発給した判物である(7)。

大岡庄山王御神領之事

右、自御屋形為新寄進御判頂之上者、此方被官人等前之儀も、余之百姓並ニ可被所務、万一有及違儀者、自此方堅可加下知状、如件、

天文三甲午

十二月二日　　氏広（花押）

日吉神主殿

一方、同じく日吉神社神主宛に、同年二月二十一日付の今川氏輝発給の寄進状(8)も残されており、右の氏広判物中の「御屋形」が今川氏当主氏輝を指していることは疑問の余地がない。

また、永禄四年十一月二十八日付の葛山氏元の岡宮浅間宮神主宛の判物(9)においても、「御屋形御判」という文言があり、それが、その一〇数日前に発給されている今川氏真の判物(10)を指していることも間違いのないところであろう。

このように、葛山氏二代の当主が、今川氏二代の当主のことを、「御屋形」と尊称していることがはっきりし、そのことから、先学によってこれまでその家臣説が云々されてきた。しかし、「御屋形」と尊称していることが、すなわちその家臣であることを根拠づけることになるかどうかについては、何ら論証されていないのである。

そこで、次に今川氏関係文書中から、この「御屋形」という尊称語が用いられている事例を二、三検討してみたい。

その一つは、次の飯尾豊前守乗連等発給の松平甚太郎宛連署血判起請文(11)である。

甚二郎殿別儀付而具承候、御屋形様幷竹千代丸江忠節之事候間、甚二郎殿あとしき無相違渡可申候、(下略)

天文廿年
十二月二日
飯豊乗連(花押)
二近扶長(花押)
山新景隆(花押)

松平甚太郎殿参

右の連署者、飯尾豊前守乗連、二俣近江守扶長、山田新左衛門景隆が、いずれも今川氏の家臣・重臣であったことは、改めて説明を要しないであろう。そして、文中の「御屋形」が今川氏当主義元を指していることも疑問の余地がない。すなわち、当時の「御屋形」という尊称語が、主従関係にある家臣によって主人を尊称する際使われていた場合があったことがわかる。それゆえ、「御屋形」と尊称していることをもって、その家臣であるとみなす先学の根拠も一概に否定できないことになる。

しかしながら、では当時の「御屋形」の用例が、すべて主従関係にある人々の間での尊称語であったとみなすことができるであろうか。次の史料は、今川氏親後室寿桂尼が、その子である氏輝を指して「御屋形」と尊称している事例(12)である。

とおとうみの国にいの(新野)池なりしん田百ちやう(町)の事、そうせんし(増善寺＝氏親)殿ゆいこんにまかせ、まつ〳〵ふみわたし申へし、たたし御やかたよろつ事を御はからひのときハ、その時のなりにしたかうへき者也、仍如件

大永六年十二月廿六日　（朱印文「帰」）

しやうけいし(昌桂寺)

寿桂尼は、同じくその子であり次の今川氏当主となった義元に対しても、やはり「御屋形」と尊称している事例(13)もみられる。ということになれば、「御屋形」の尊称は、かならずしも主従関係にある人々によってのみ使用された用語とはいえないことになる。もっともこの場合は、同一権力内の血縁関係の間でのことであることから、主従関係の延長線上に位置づけられるということで、決定的反証となりえないかもしれない。

その点次の文書の場合はどうであろうか。

今度於参州十月十九日合戦、当手小勢之処、預御合力候、祝着候、御粉骨無比類之段、屋形様江申入候、猶自朝比奈弥三郎方可有伝聞候、恐々謹言

(永正五年カ)十一月十一日　宗瑞（花押）

謹上　伊達蔵人佐殿

これは、北条早雲から今川氏家臣伊達蔵人佐忠宗宛の書状(14)であって、文中の「屋形様」が今川氏親を指しているこ

とは、当時の歴史的状況からいって明白である。勿論、この段階では、早雲がいわゆる今川氏の客将の位置から独立して、関東一円を制覇しようとする一箇の大名権力を形成していたことはいうまでもない。当時の早雲と氏親の関係は、主従関係ではなく、同盟関係にあったのである。ということになると、「御屋形」の用例は、かならずしも主従関係に限定できないことになる。しかしながら、ここでも早雲と氏親の関係が、もとは主従関係にあったということで、その用例の意味をその延長線上で考えることもできるのではないかという疑問も生じてこよう。しかしながら、次の文書はそうした疑問も解消させてくれるであろう。

巳年之箱根竹未進候、急度人夫越候て可為切候、駿府御屋形御越候、さ様之普請彼是ニ入候間、早々越候て可為
切者也、仍如件

天文五年丙申二月二日（虎朱印）

那賀之郷

百姓中

これは、昨年度からはじまった静岡県史編纂事業の中で、その中世部会が行っている県内文書確認調査によって新しく発見された伊豆の松崎町土屋猛氏所蔵文書中の一通である。

文中の「駿府御屋形」が、それだけでも当時の今川氏当主氏輝を指しているといえるが、注目すべきことは、筆者が先に（先稿A論文）その重要性を指摘しておいた「今川為和集」[15]中に、天文五年「二月五日、於小田原今河五郎氏輝、彼地へ被越時也」として、為和が歌会を催して二首の和歌を詠んでいることが記されていることである。すなわち、天文五年二月五日に、小田原のおそらくは北条氏康邸であろうが、当主の氏康と今川氏輝や冷泉為和を交えた歌会が催されていることがわかる。右の文書は、まさにそうした氏輝の小田原下向の準備普請のために出されたものという

ことができ、「駿府御屋形」が氏輝を指していることが確かめられる。

とするならば、当時の氏輝と氏康の間は、同盟関係であっても、主従関係とは到底いえないわけで、「御屋形」が家臣による主人を尊称する語であると限定して使用され、逆に「御屋形」とあることからそこに主従関係をみようとする先学の根拠は、ここに至って全く成立しがたいことになる。もっともなお、氏輝と氏康の間には、氏輝の妹を媒介として義兄弟の関係にあったことから、主従関係の延長線上で解しようとする考えも生じるかもしれない。しかし、それは「御屋形」の用法を、あくまで主従関係でとらえようとする無理な理由づけにしか過ぎないといえよう。

筆者は、右にみてきたように、その用例から、やはり当時の「御屋形」という尊称語は、一般的に意味づけられているごとく、「貴人を敬っていう語」(16)であって、そこから、主従関係にある家臣説を導き出すことは、誤解を生みだすだけと考える。

次に、葛山氏＝今川氏家臣説の根拠としてあげられている二つ目の葛山氏の邸宅が駿府に存在し、そこにしばしば滞在していたことについて、それが果して根拠としえるかどうかについて検討したい。

先稿A論文でも明らかにしたように、確かに駿府に葛山邸が存在し、氏広、氏元がそこで歌会を催していたことは、従来知られていた以上に頻繁であった。しかし、こうした事実と葛山氏が今川氏の家臣であったという規定性とは本来無関係なことと考える。近世の城下町においては、確かに城郭の内外に存在する武家屋敷に居住する武士が、大名の家臣であったことは、幕藩制的身分制と城下町設定の原理からいって当然のことであったが、中世戦国期の大名城下町、就中古代の国府を前提とし中世にあっては守護所として形成されたところの駿府の性格とは、おのずから異なったものといえよう。戦国期の城下にはかならずしも城主である大名の家臣や、奉公関係にある商・職人にとどまらず、実に多様な立場と身分の者が出入し、居住していたことは、中世的都市研究の明らかにしてきた一つの特徴であるといってよい。現に、駿府において、わかっている限りでも、三条西殿、山科殿、冷泉殿といった公家衆や宗長・宗牧といった連歌師などが出入りし、滞在していたのである。

近時発掘調査と研究の進んだ越前の戦国大名朝倉氏の城下町一乗谷には、その城戸外とはいえ、御所（将軍足利氏）・斎藤（美濃国守護）・浅井（北近江戦国領主）殿などの地字が残り、それらの客館の跡と考えられているように(17)、かならずしも大名の家臣のみが集住するところではなかったのである。こうしたことから、今川氏と相対的に自立していたところの葛山氏の邸宅が駿府に存在していたとしても何ら異とすることではない。この点も通説にとらわれてはならないところである。

次に、家臣説の三つ目の根拠としてあげられているのが、葛山氏が今川氏に対する冷泉為和の知行地訴訟を次にみるように仲介していること(18)から、その有力家臣＝重臣であったという見解である。

> 有注と待るハ、今河代々別而当家扶助之処ニ、愚にもてあつかハれけれハ、かくなん彼分国に愚知行数ケ所待り、当今河親父氏親之代にハ、何も〳〵知行可相渡由被申候、先遠州小高《ヲタカ》郷、駿州小柳《ヲヤイ》津、此両所ハ、可渡相残分、遠州相良《サカラ》庄、同国高部《タカヘ》郷但、是ハ替地ヲ為、和に可渡由被申了、同国菅谷《スケノヤ》、水垂《ミツタリ》、御園《ミソノ》何も〳〵当給人に替地ヲ出可返由被申待るニ、其後遠行待る間、打過待る処ニ、当今河、此子細をも未申候、人〳〵にハ、侘事共申折節待る間、愚詠如此、小高郷ハ京着万疋運上之在所也、然間、其由申候処ニ、先是彼在所之分とて、黄金十両宛、氏親一両年運上之処ニ、無程遠行之間、無念至極、其旨にて于今黄金十両ハ毎年被出之間、此訴訟於葛山中書、岡部左京進等、内々申共不事行間、心底を申述許也、

残念ながら、これまでの今川氏研究において、いわゆる訴訟、裁判制度についての研究はかならずしも十分なされているとはいえない。それゆえ、右の事例がどのような位置と意味を持つものであるか明らかにしえない。そうした

中で、下村效氏の寄親寄子制を論じた研究[19]は示唆的といえよう。

下村氏は、結論的に「今川氏には氏親の代より、訴訟取次者として、奏者が存在し、取次事項に関し、その後も継続して、行政的機能を果してい」た。そして、「義元の天文十年代において、新しい家臣団の把握方式が現実の課題となったとき、奏者制は軍事・行政機能を一元的に実現する寄親寄子制の中に吸収されていった」ことを明らかにされている。われわれは、この結論に見る限り、この奏者が今川氏の家臣であり、しかもきわめて有力な寄親級の重臣であったと考えなければならないであろう。

こうした下村氏の明らかにされた今川氏の奏者制を考えた時、先きの冷泉為和の今川氏に対する訴訟を取次いだ葛山中書（中務少輔氏広）・岡部左京進が、右の奏者に相当すると考え、そこから葛山氏が今川氏の家臣・重臣であったとする見解はきわめて説得性をもつものといえよう。

しかしながら、そのように確定するためには、なお次の二つの問題を考えなければならない。一つは、下村氏の先きの研究においても、義元以前については、奏者制がかならずしも家臣団把握と一元化されるに至っていないということであり、その段階における奏者が家臣・重臣に限定されていたかどうかという事が問題となる。とくに、下村氏が、こうした今川氏の奏者制を室町時代の将軍家などにおける申次（制）にその淵源をみ、守護今川氏はそれにならったであろうという指摘は、葛山氏が先述したように将軍家奉公衆の一員であったことを考えれば、かならずしも家臣・重臣でなくとも、守護今川氏への訴訟の取次が可能であり、冷泉為和がそうした今川氏と葛山氏の関係にたよったものとも考えられ、一概にその家臣説を云々できないことである。二つ目には、右の訴訟取次が「内々申共」と記されていることである。すなわち、この取次が正規の今川氏奏者制にのっとったものではなく、「内々」に、すなわち私的に行われたものということになれば、さらにその家臣説の可能性はうすらぐということである。こうした検討が未解決の段階で、右の事例からその家臣説を特定することはなお検討を必要とするように思われる。

以上、先学の葛山氏＝今川氏家臣説の三つの根拠について逐一検討を加えてきたが、いずれもその決定的根拠とはなりえないことを明らかにしたと考える。

二　葛山氏の軍事行動

十六世紀戦国期に入って、現存する文書・記録史料からうかがえる葛山氏の軍事行動は、次の三つである。そして先学は、これら三つの軍事行動がいずれも今川氏の軍事行動の一翼をになったものであるとし、そうしたことから、先記したように葛山氏が今川氏の家臣であったという四つ目の根拠とされてきた[20]。

そこでまず、それら三つの葛山氏の軍事行動がいかなるものであったかを、今一度洗い直し、その上でそれらのことが今川氏家臣説を裏付けるものであるかどうかを検討してみたい。

その一つは、「今川家譜」[21]に記載されている次の戦乱である。

永正三年甲州武田次郎信縄兄弟不和ノ事アリテ牟楯ニ及フ、加勢合力ノ事再三誘ヒケレバ、氏親、葛山・庵原・福島等ニ命シテ、千余人差遣シ、甲斐国勝山ト云処ニ陣ヲ取ル、此時駿州人数スキタリト聞ヘケルニヤ、

ところで右の記載には、いくつかの疑問が生じる。一つは、「信縄兄弟不和ノ事」とは、武田氏の領国確立過程における抗争上の信縄・信恵兄弟の対立と考えられるが、その抗争は諸種の記録では延徳四年（明応元・一四九二）に始まったとされており[22]、記載の永正三年（一五〇六）というのは余りにも時期的にズレていることである。第二には、信縄は、通称五郎と呼ばれていたという[23]ことで、「武田次郎信縄」の記載とは一致しないことである。さらに、この時の抗争を

記した「王代記」[24]では、「駿河衆乱入、又云兄弟相論、此年七月廿二日ニ河合(市川)戦」となっており、その後もこの抗争では諸種の記録でも「勝山」の地名は登場せず、この点でも記載上の齟齬がみられることである。

　こうしたことから、右の「今川家譜」の一文にみえる戦乱は、永正十二年に引き起こった大井信達と武田信虎の抗争に際して、今川氏が大井氏を支援するために甲斐に侵入し、勝山に陣をはった時のことを記したものと解されたり[25]してきた。しかしながら、そのように解するとすれば、「武田次郎信縄兄弟不和ノ事」という、先きの一文の眼目でもある字句が全く理解しがたくなる。以上のようなことで、この一文をある特定の戦乱に比定することは困難となる。また、この一文以外に、この時期の甲駿間の動向を比較的正確に記録していると思われる「王代記」「妙法寺記」[26]「高白斎記」[27]「塩山向嶽祥菴小年代記」[28]などといった記録史料では、確実に駿東郡の葛山氏であるといえる記載はみられない。

　しかしだからといって、「今川家譜」の記載の葛山氏が今川氏親の軍勢の一翼として甲斐に侵入したという事を全く架空の出来事として捨て去ってよいかということになれば、それはそのように断定することはできないであろう。こうした記載がみられることは、それなりに一定の史実の反映と考えられるわけで、今川氏親が幾度かの甲斐の内乱に際して介入している中で、葛山氏が参戦した可能性は、その歴史的・地理的状況から十分に考えられることである。それが何時、いかなる戦乱であったかは確定できないとしても、そうした状況をも否定することはできない。問題は、そのような葛山氏の参戦が、葛山氏が今川氏の家臣であったからだと理解するところにある。そのことの是非については後述したい。

　戦国期葛山氏の軍事行動の二つ目は、天文十四年の駿東郡長久保城をめぐっての今川氏と北条氏の抗争に際してのものである。この戦乱は後述するように、微視的には、天文六年以降の富士川以東のいわゆる河東地域における今川氏と北条氏の国分《くにわけ》をめぐっての戦闘の再発ということであるが、巨視的には、北条氏に対する北の上杉氏、西の今川氏の呼応した北条包囲戦の一環としての戦乱であった。この戦乱において、葛山氏が参戦していたことは、葛山氏がその家臣である富士郡の吉野郷三郎に与えた次の感状[29]の存在からみて間違いのない事実といえる。

去十九日、於長久保城高橋仁馬前ニ馳合、鑓疵二ヶ所蒙之走廻之旨、甚以神妙感悦之至也、弥可抽軍忠也、如件

九月廿三日　　　　氏元（花押）

吉野郷三郎殿

なお、右の感状が年欠であることより、それが天文十四年のものであるかどうか問題が残るが、この戦乱の和与のために仲介人となった武田氏方の高白斎が記した日記には次のような記載がある。

天文十四乙巳年、九月大、九日己巳細雨未刻御出張向山迄、十二日本須御陣所、板垣・栗原ハ大石寺迄、夜大雨、十四日甲戌従北条氏康御状来ル、十五日大石寺ニ御着陣、十六日丙子辰刻吉原自落、馬見墓御陣所、以半途御対面、十七日義元御陣所ニ御留候、十八日辰刻打立、今井見付御陣所、十九日千本松原御陣所、廿日岡宮近所ノ原御陣取、義元ハ長窪、廿一日陣屋ヲカケル、廿四日甲申節、廿七日キセ川ノ橋掛サセラレル

右の「高白斎記」の記載と先きの感状の月日がほぼ一致することより、それがこの戦乱に際して出された感状とみなして誤りはないであろう。ただ問題は、葛山氏の軍事行動が今川氏方に属してのものか、北条氏方に属してのものかについては、一概に決せられないことである。その点を含めて、この戦乱に際しての葛山氏参戦の意味については後に検討したい。

三つ目の軍事行動は、今川氏の天文年間後期以降の三河・尾張への進攻に際しての戦乱である。この戦乱に葛山氏が参戦したことは、次の氏元の朱印状[30]と「信長公記」[31]の記載から明らかといえる。

今度尾刕へ出陣に、具足馬以下嗜之間、自当年千疋充可遣之、弥成其嗜可走廻者也、仍如件

天文十九庚戌

八月廿日〔　〕（印文「萬歳」）

植松藤太郎殿

「信長公記」の記載は次の通りである。

天文弐十弐年癸丑四月十七日、織田上総介信長公十九の御年の事に候、鳴海の城主山口左馬助、子息九郎二郎、廿年父子、織田備後守殿御目を懸けられ候処、御遷化候へば程なく謀叛を企て、駿河衆を引入れ、尾州の内へ乱入、沙汰の限りの次第なり、

一鳴海の城には子息山口九郎二郎を入置き、

一笠寺へ取出、要害を構へ、かづら山・岡部五郎兵衛・三浦左馬助・飯尾豊前守・浅井小四郎・五人在城なり、

ただ、今川氏の三河・尾張への進攻に際して、葛山氏が参戦していたことがうかがえる信頼のおける史料は右の二点しか見当らず、その参戦の具体的動向を知りうることはできない。

以上、勿論、戦国期の葛山氏の軍事行動は、右の三つ以外にも数多くあったであろうし、今川氏のそれということになると数限りなくあったわけで、そうした中で、葛山氏が今川氏方に属しておこした軍事行動も他に存在したことは考えられるわけであるが、今のところ史料的に確認できるのは、右の三つの戦乱であって、また、そうしたことから先学によって葛山氏が今川氏の家臣であったことが云々されてきた。以下、戦国期葛山氏のこの三つの軍事行動をめぐってその意味を考えて行きたい。そこで、こうした葛山氏の軍事行動が、その家臣説を裏付けることになるのかどうか、次の二つの面から検討して行きたい。

一つは、戦国期の軍事行動あるいは軍勢の構成の意味からであり、二つには、葛山氏の参戦がアプリオリに今川氏方に属してのものであったと理解されていることについてである。勿論、右の一つ目と三つ目の戦乱では、葛山氏が今川氏方に属して参戦したとみてよく、問題は、二つ目の天文十四年の長久保城攻防の戦乱についてである。繰り返すことになるが先掲の史料からでは、葛山氏が参戦していたことは明らかであっても、それが今川氏方としてなのかどうかについては明らかにしえない。あるいは、北条氏方としての参戦であったことも考えられるわけで、とすればそのことから、葛山氏が今川氏家臣であったという位置づけはその限りでは崩れるわけである。以下、右の二点について検討して行きたい。

戦国期の戦乱において、ある部将が一つの軍勢に参加する契機としては、一つは、その部将がその軍勢の大将の家臣であって、主人によって動員されたことによるのか、他の一つは、一揆ないし同盟関係にあって、その盟主によって要請されたことによるか、さし当り二通りのことが考えられる。ところが、葛山氏の場合、今川氏と一揆ないし同盟関係にあったとは、先稿B論文でもみたように、守護と国人領主という異なった社会的存在であった前代からの系譜を考えた場合考えられず、そうしたことから通説の家臣説が説得性をもつことになる。

しかしながら、葛山氏と今川氏の歴史的関係を具体的にたどった時、こうした二者択一的なとらえ方からだけで果して律しきれるかという問題が残る。というのは、葛山氏が今川氏の軍事行動に参加したのは、十六世紀の戦国期に入って始まるということではなく、すでに先稿B論文でも指摘したように、十五世紀段階からたびたびみられたことである。

そして、そこでの関係は、幕府将軍家あるいは鎌倉公方による幕府体制の維持ということから要請された守護と将軍家御家人の共同行動としての軍事行動であったといいうることである。そこでは当然に、軍事編成上における指揮統率の上下関係はあったとしても、本来的には幕府将軍家を媒介として、対等で相互に自立した存在としての軍事行動であったわけである。こうした十五世紀の今川氏と葛山氏の軍事行動上の関係は、戦国期に入って、名目的にも実質的にも幕府将軍家の権威、権力が失墜したことによって、変化して行くと考えるのは当然であって、一般的には、将軍家御家人である国人領主が、その後立てを失うことによって守護の被官化の道をたどるか、逆にその領域支配の拡充を背景として守護にとってかわるいわゆる下剋上の途をたどるか二つの途がみとめられ、戦国期における新たな支配・服属関係が編成されて行くのである。しかし、そこに第三の途を想定する可能性はないであろうか。すなわち、直接的には両者の有する勢力関係にドラスチックな変化がみられず、またなお共通の利害関係にある場合、従前の軍事行動上における共同関係が持続されて行く途である。戦国期における今川氏と葛山氏の軍事行動上における関係はまさにそうしたものではなかったかと考える。

問題は、先述した葛山氏が明確に今川氏の軍事行動に加わって参戦した二つの戦乱に際して、葛山氏が如何なる利害・立場から参加したかということである。

第一の戦国初期の甲斐武田氏の内乱に際しては、これが、守護武田氏からの守護今川氏親に対する要請をうけての軍事的介入であった場合が多く、また、先稿B論文で指摘したごとく、葛山氏が十六世紀初頭においては、甲斐国に隣接する駿東郡北部に対しては、安定的な領域支配を達成していなかったと思われる事情などを考えた場合、葛山氏にとって守護今川氏の要請をうけてその軍事行動の一翼をになうことは、駿東郡北部への勢力拡大を企てるという意味で十分メリットのあることであったと思われる。現に、葛山氏が駿東郡北部の二岡神社や宝持院に対して寺社領の安堵等を行ったことを示す当主の判物が発給される最初のものは、こうした戦乱が経過した大永年間である。(32) すなわち、守護武田氏の要請に応じた守護今川氏の軍事行動に加わることによって、葛山氏は駿東郡北部への支配領域の拡大をはかることができ、より安定的にして自立した領域支配権力を構築しえたのではないかと考える。

次に、天文年間後半以降の今川氏の三河・尾張進攻に加わった葛山氏の軍事行動についてであるが、ここでも、新行紀一氏(33)が明らかにされたごとく、今川氏の三河領国支配が駿遠守護としての守護公権の拡大にもとづいたものであったことを想起する必要があろう。その結果として、今川義元は永禄三年に三河守に補任されるのである(34)。

そして、筆者が別稿(35)で明らかにしたように、この戦乱の過程の天文二十二年から翌二十三年にかけて、尾張国苅谷・笠寺の陣中において、葛山氏支配領域内の駿東郡神山宿を含めた駿遠三の三ヵ国にまたがる伝馬制についての規定が、守護今川氏によって定められた形跡がみられることを考えた場合、この戦乱への参加が、駿河国に位置する葛山氏の領域支配にとって公的性格を付与する意味を有し、自己の安定的な領域支配の維持に大きなメリットをもたらすものであったといえよう。

以上のように、戦国期の戦乱において、ある部将が一つの軍勢に参加する契機として、その軍勢の大将と主従関係にあるとか、同盟関係にあるとか、といった関係だけに限らず、自己の領主支配にとって、そこに位置することがメリットがあると考えられた場合、その要請に応じ参戦しうる可能性があることは、応々にして考えられることであって、参戦しているからといって、その大将の家臣であったと即断する必要はないであろう。

逆にいえば、そのようにきわめて不安定な絆によって結合されていた軍勢であったがために、それがしばしば離反・分解・敵対関係に落ち入る危険性をもち、現にそうした事例が戦国期に多く見られたのではないかと考える。

三　「河東一乱」と葛山氏

そこで最後に、先きにあげた三つの戦乱の内、第二の戦乱である天文十四年の駿東郡長久保城攻防戦における葛山氏の位置づけについて検討したい。

先述したように、この天文十四年の長久保城攻防戦は、天文年間を通じて駿東郡南部を含んで富士川以東で展開したいわゆる「河東一乱」の一齣である。この「河東一乱」の経過やその背景・原因については、すでに大久保俊昭氏の考察[36]があり、また、その歴史的な意味については藤木久志氏[37]の言及がある。その詳細についてはさし当りそれらにゆずるが、その大筋は、天文六年に北条氏綱による「旧領回復」を標榜しての進攻から引き起こり、同十四年に一旦、「旧領」を今川氏に割譲する（守護本主権回復）という形で両者の間に講和が成立したものの、同二十三年に北条氏の再度の進攻がみられ、有名な駿甲相三国同盟によって漸く終息することとなったものである。ここには、もともとこの地域が北条早雲が今川氏の客将で興国寺城主であった時代に、その膝下所領として組みこまれていて、北条氏にとっては本領意識の強かったところであったということや、巨視的には駿甲相三国の国境にあって、今川・武田・北条三氏の角逐及び遠交近攻策による上杉氏との関係といった、まさに戦国動乱期の調略という問題がかかわっていたのである。

そうした中で、葛山氏の動向は、先学によって今川氏の家臣として今川氏方の軍勢に属したものとうけとめられてきた。それゆえ、先掲した葛山氏元の給人吉野郷三郎宛感状も何の論証もなく、葛山氏の今川氏方としての参戦を証するものとして注目されてきたのである。しかし、先掲の感状からだけではその戦功が今川氏方のものであったのか、北条氏方のものであったのかは直接的には示されていない。われわれは別種の史料からそのことを考えて行きたい。

この長久保城攻防戦については「関八州古戦録」(38)に次のような記載がみられる。

駿州長窪ノ城ハ、元今川家抱ヘノ要害ナリシヲ、先年北条氏綱侵シ取テ、舎弟葛山三郎長綱後号幻庵伊豆国竹ノ下ニ有リシニ附属シテ相守シメラル、故ニ今川治部太夫義元、是ヲ奪ヒ返サント欲シ、平井へ使者ヲ送リ、上杉憲政ト合体シテ加勢ノ事ヲ約シ、義元ハ駿河・遠江両国ノ人数ヲ率シテ、天文十四年己巳ノ秋一本天文十二年九月長窪ノ城へ押寄、

……

すなわち、この記録によれば、長久保城の当時の城主は、北条早雲の第三子であり当時の北条氏当主氏綱の末弟長綱であった。問題は、その長綱が右の「関八州古戦録」では、「葛山三郎」と記されていることである。「葛山三郎」なるものは、山科言継の筆になる「言継卿記」(39)にもその弘治年間の駿府滞在中の記事にみえ実在した人物である。また、氏綱の弟が葛山氏の養子になっていたことは、鶴岡八幡宮にかかわる「快元僧都記」(40)の次の記事からも確かめられる。

(天文七年)九月十九日、葛山殿為祈願両寺僧達、於透廊大般若読葛山氏綱舎弟也、

従来この舎弟は、氏綱の次弟氏時であり、葛山氏堯と同一人であると考えられてきた。しかし、筆者が先稿A論文で指摘してきたように、氏時が葛山氏の養子となったことはなく、氏時の子が養子(葛山氏広)となっていたことと混同されてうけとられたと考えられる。そのことから、右の「快元僧都記」の舎弟は、氏綱の末弟長綱しか考えられず、「関八州古戦録」の「(氏綱)舎弟葛山三郎長綱」という記載はその限りでは正しいといえよう。長綱については、早雲と葛山備中守娘(葛山殿)との間に出来た子であるという伝承もある。(41)とするならば、葛山氏が今川氏の家臣であって、この長久保城攻防戦においても今川氏方に属して攻撃を加えたということになれば、氏元は同名一族の長老ともいう

べき長綱の守備する長久保城を攻撃したことになり、その可能性はあっても一応の検討を要することであろう。
この点を更に検討させてくれるのが、次の文書である。(42)

新光院之時合力被申分、於上石田五貫文、長久保之内寺家地子銭之外千疋進之内、於小田原家中積之時、有半済五貫文ニ定之、然而於一所有御所務度之由承条、於長久保千疋進置之畢、（中略）仍如件

天文十一壬寅七月十日　　氏元（花押）

光長寺参

冒頭の「新光院」は「龍光院」の読み誤りで、これが葛山氏広を指すのではないかということは、すでに先稿A論文で推測しておいたところである。とすれば、この岡宮光長寺がすでに氏広の時代から葛山氏から「合力」されていた寺院で、葛山氏の支配領域下に属していたといえる。問題は、そうした光長寺の寺領の一部が、「小田原家中」において「半済」されていることをどのように解釈すればよいかということである。

これについては、従来は長久保城攻防戦において、北条氏と葛山氏が敵対関係にあったと解されていたことから、内容的に矛盾する記載ということになり、先学も種々苦慮されてきた。例えば、小和田氏は、この文書をもって、「葛山氏が後北条氏の傘下に入っていた時代のあったことを物語る」ということで一応の説明をされている。しかし、天文十一年の時点で北条氏の傘下にあった葛山氏が、なぜ同十四年の長久保城攻防戦では今川氏方に属し、北条氏と敵対するに至ったのかについて、その原因なり理由は何ら説明されていない。

問題のポイントは二つある。一つは、「半済」の対象となっているのが光長寺領の全体ではなく長久保の地だけに限られていることである。これは、長久保の地に右にみたように北条氏の守城があり、その城主が葛山姓を名乗る長綱であったということに関係する。一方、「半済」の意味である。これについては、戦国期の史料ではかならずしも多く

見出されない言葉であり、これまで明確な解釈がなされてこなかった。しかし、「半済」という言葉から想起されるのは、やはり室町幕府追加法の「半済法」[43]であろう。そこでは、兵糧調達のために、寺社本所領が均分され、その半分が守護方の軍勢に預置かれることが命ぜられている。右の「半済」もやはりそれにならったものとして解釈してよいであろう。

以上のことから、右の文書は、長久保城守備のために、その兵糧調達の必要上、小田原ではその膝下村落の年貢を「半済」として確保することを決定し、それを城主と同名関係にある葛山氏元が自己の支配下にある寺領についても追認したというのが、正鵠をえた解釈ではないかということである。そして氏元は北条氏方の一員として、その後の長久保城攻防戦に参戦したというのが歴史的経過であろう。丁度、「今川為和集」所載の駿府における葛山氏の歌会が、この「河東一乱」の引き起こった天文六年から、その一時的講和の成立する直後の天文十五年までの間に、一度も催されていないことは、単なる遇然というよりは、この間の葛山氏の位置を反映したものといえよう。

以上、天文十四年の長久保城攻防戦に葛山氏が今川氏方に属し、そうしたことから葛山氏が今川氏の家臣であったとする見解は、数々の矛盾を含み、むしろ、関連する史料を総合的に検討して行くならば、先学のそうした見解と逆に、葛山氏が北条氏方の一員として行動を起こしていたのではないかという位置づけが可能となる。

おわりに

以上、先学によって繰り返し指摘され通説ともなっている、葛山氏が戦国大名今川氏の家臣・重臣であったという位置づけについて、その根拠とされてきた諸点を逐一検討してきた。これまでの先学の指摘が、どちらかといえば思い込みによる面が強く、その根拠もきわめて表相的であったといわざるをえない。そして勿論、本章においても、史料的制約のため状況的認識に負う面が強いが、少なくとも、その軍事的位置を含めて事実関係の再検討によると、全体として、葛山氏が今川氏の家臣・重臣であったことを示す史料・根拠は何一つ見出されないということが明らかとなった。

では、葛山氏が今川氏の家臣・重臣でなかったとすれば、その戦国期の歴史的位置づけは如何なるものであるかが問われなければならないであろうが、筆者が先稿B論文において明らかにしようとした点もそのことにあり、そこでは次のように結論づけておいた。

「では、最終的に葛山氏をどのように規定すればよいであろうか。一個の相対的に自立した領主権力である葛山氏が、その私的な姻戚関係によって強く結びつけられた北条氏の支配方式を導入して、より安定的な領主支配を実現するとともに、他方では公的権限を継承する守護今川氏の領国にあって、その公的支配を受け入れることによって、自らの公的位置を明らかにしようとしていた。それは表相的にはまさに今川・北条氏に両属する存在ということになる。しかも、そのことが国境に位置する地理的・歴史的条件の中で、公私両面にわたって自己の存在を保持する唯一可能な道であったといえよう。戦国期の領主権力は、その動乱期にあって、自己の位置をどのように確定するかの選択は、かならずしも従来いわれてきたような被官化か連合かの道だけでなく、自立しつつ両属するというきわめてポリティカルな選択もあったのではないかということが、さし当り本稿の結論としえるところである」

本章の検討は、右のことを補完するものといってよい。

筆者が、本章執筆過程で新たに見出した次の葛山氏元の起請文は(44)、状況的にさらにそのことを示すものといえよう。

図11　葛山氏元起請文写

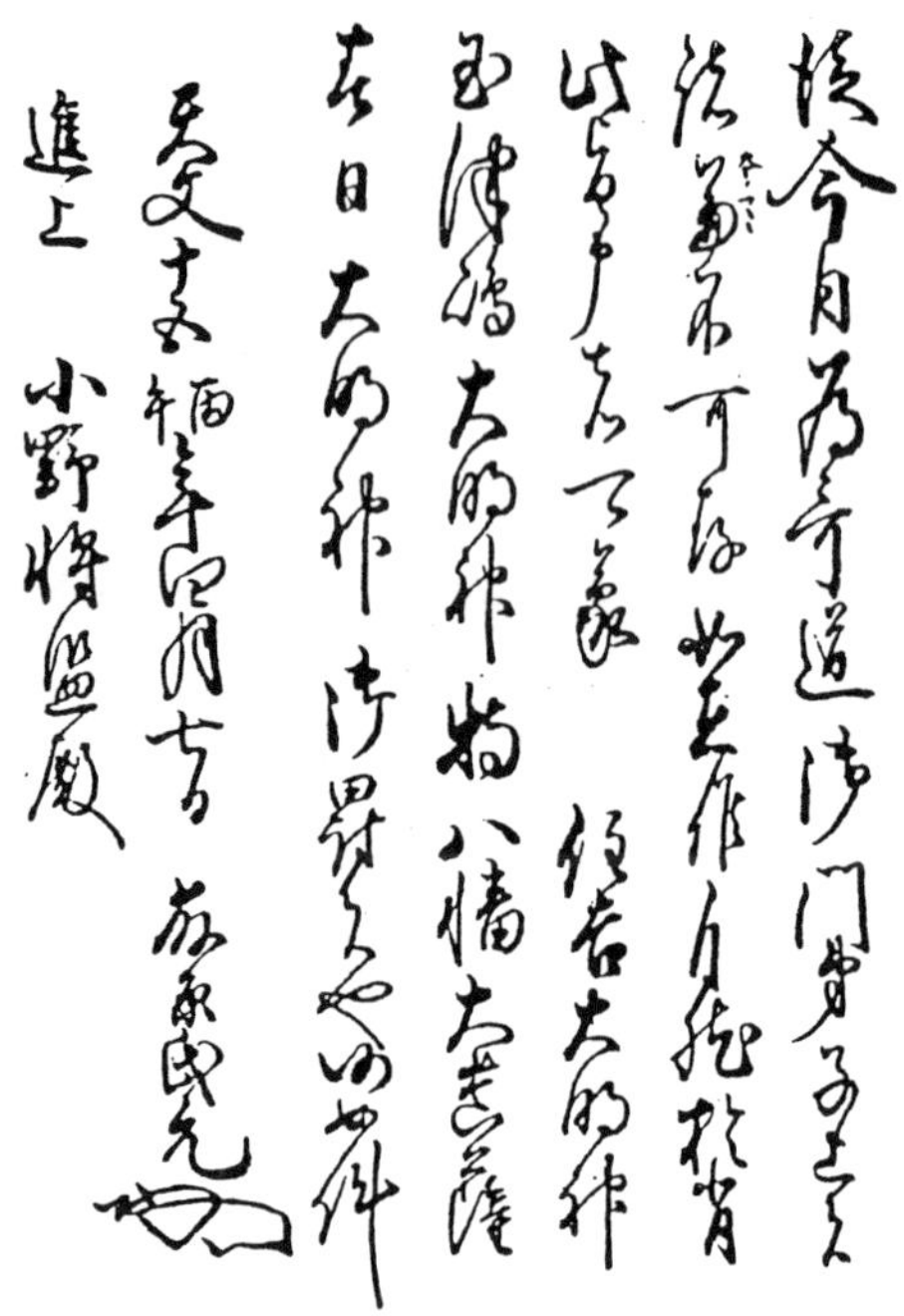

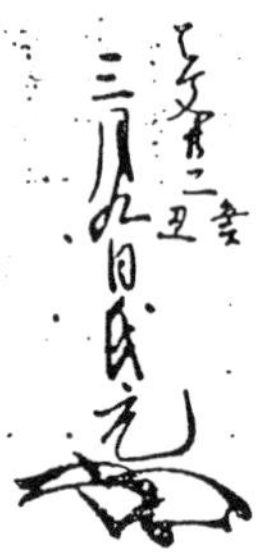

右　内閣文庫所蔵「古今消息集」より
静岡県史編纂室提供写真
左上　葛山氏元判物（武藤文書）
『御殿場市史』第一巻二一二頁より転載

従今日、為歌道御門弟子上者、諸□（篇カ）不可存如在候、自然於背此旨申者、可蒙　住吉大明神・玉津嶋大明神、特八幡大菩薩・春日大明神御罰者也、仍如件

天文十五丙午年四月七日　　藤原氏元（花押）

進上　小野将監殿

右の文書では、発給者名が「藤原氏元」となっているが、その花押影が図11の写真を見比べても、葛山氏元のそれときわめて相似であること、また「今川為和集」でも「葛山中務少輔藤原氏広」と記されているように、葛山氏についての諸種の系図が、いずれも「法興院入道殿藤原兼家」を始祖としていることからいっても、右の文書が葛山氏元の発給とみて間違いないであろう。

問題はその内容であるが、宛名の「小野将監」についてはは詳らかにすることはできないが、葛山氏元がそれ自身として歌道家に弟子入りしていることは注目すべきことであろう。近年、今川義元・氏真が冷泉家に弟子入りした際の誓約文書が冷泉家文書中に残されていることが明らかにされたが(45)、このように、戦国期の部将があい競うように中央の歌道家に弟子入りしていることは、それ自体として興味のあることである。それとともに、葛山氏が独自にそうした行動をとっていることは、それ自体が自立した領主権力であることを示してはいないかと考える。

以上、今日の戦国期研究においては、いささか瑣末な問題に拘泥しすぎるきらいが強いが、今日のいわゆる今川氏研究にとっては、基礎的作業として必要不可欠なことではないかとも考え、紙数を費すこととなった。先学・同学諸氏の御叱正を期待する次第である。

注

(1) 拙稿「戦国期葛山氏の系譜と『氏時』」(戦国史研究会編『戦国史研究』一一号、一九八六年)。
(2) 拙稿「戦国期領主権力の態様と位置—今川領国葛山氏の場合—」(拙編『戦国期権力と地域社会』吉川弘文館、一九八六年、本書第三章)。
(3) 今谷明『室町幕府解体過程の研究』(岩波書店、一九八五年)第二部第三章、三「『久下文書』の番帳」。
(4) 福田以久生『駿河相模の武家社会』(清文堂、一九七六年)。
(5) 小和田哲男「戦国大名今川氏の家臣団構成」(『歴史教育』第一五巻八号、一九六七年)及び「戦国期の村落構造と領主権力—天文〜天正期の駿河国駿東郡—」(同著『後北条氏研究』吉川弘文館、一九八三年)。
(6) 関口宏行「今川氏国人衆の葛山氏と後北条氏との関係」(東国戦国史研究会編『関東中心戦国史論集』名著出版、一九八〇年)及び「戦国大名今川氏の国人領主葛山氏元の領国支配の展開」(『駿河の今川氏』第五集、一九八〇年)。
(7) 「日枝神社文書」(『静岡県史料』第一輯、七一〇頁)、以下『県史料』一—七一〇と略記する。
(8) 「同右」(『県史料』一—七〇九)。
(9) 「岡宮浅間神社文書」(『県史料』一—五三八)。
(10) 「同右」(『県史料』一—五三六)。

(11)「東条松平文書」(『今川氏と観泉寺』、五四七頁)。
(12)「正林寺文書」(『県史料』四―三九二)。
(13)「妙覚寺文書」(『県史料』一―七二八)。
(14)「美作伊達文書」(『神奈川県史』資料編3古代・中世三下、一八四頁)。
(15)和歌史研究会編『私家集大成』中世Ⅴ上巻(明治書院)、なお、宮内庁書陵部所蔵本によって照合。
(16)小学館『日本国語大辞典』。
(17)水藤真「復原された城下町―朝倉氏の一乗谷―」(峰岸純夫編『地方文化の新展開』文一総合出版、一九七八年、のち勝俣鎮夫編『戦国大名論集4 中部大名の研究』吉川弘文館、一九八三年)。
(18)注(15)、五六九頁。
(19)下村效「『今川仮名目録』よりみた寄親寄子制」(『日本歴史』第二五五号、一九六九年、のち拙編『戦国大名論集11 今川氏の研究』吉川弘文館、一九八四年)。
(20)もっとも、先学が、葛山氏が今川氏の軍事行動に参戦していることをその家臣説の根拠としている場合、その軍事行動について全てを洗い出してそのことを主張しているわけではなく、一つ二つの史料の例示にとどまっている。本章で検討する三つの戦乱は、筆者が改めて葛山氏の軍事行動として拾い出したものであって、先学がそれらを念頭において立論されているわけではないことをおことわりしておく。
(21)『続群書類従』第二十一輯上「合戦部」所収、なお、「系図・伝記上下・富士記・證判」を内容とする「今川記」(同上所収)の記載もほとんど同文である。
(22)磯貝正義『武田信玄』(新人物往来社、一九七〇年)。
(23)上野晴朗『戦国史叢書4 甲斐武田氏』(新人物往来社、一九七八年)。
(24)磯貝正義・服部治則編修『影印甲斐戦国史料叢書第二冊王代記』(文林堂書店)。
(25)島津忠夫校注『宗長日記』(岩波書店、一九七五年)、一一頁下注、及び広瀬広一『武田信玄伝』(歴史図書社、一九六八年)。
(26)「妙法寺記」(清水茂夫・服部治則校注『第二期戦国史料叢書武田史料集』人物往来社、一九六七年)。
(27)「高白斎記」(同右所収)。

(28) 磯貝・服部編修『影印甲斐戦国史料叢書第一冊塩山向嶽禅菴小年代記』（文林堂書店）。

(29) 「山本吉野文書」（『県史料』二―三五七）なお、『駿河記』には、この氏元感状とほぼ同文の今川義元発給の感状が載せられている。これに対して『静岡県史料』の下註で、「（現品なし）今採らず」と記されている。本章でも、この『県史料』の判断に従っている。

(30) 「獅子浜植松文書」（『県史料』一―五五五）。

(31) 奥野高広・岩沢愿彦校注『信長公記』（角川文庫）。

(32) 「二岡神社文書」（『県史料』一―六八九）「宝持院文書」（同一―六八〇）。

(33) 新行紀一『一向一揆の基礎構造―三河一揆と松平氏―』（吉川弘文館、一九七五年）第四章「今川領国三河の支配構造」（なお、第四章は拙編前掲『今川氏の研究』に収録）。

(34) 『史料綜覧』巻十、永録三年五月八日条。

(35) 拙稿「今川領国における伝馬制」（『歴史公論』一一五号、一九八五年）。

(36) 大久保俊昭「『河東一乱』をめぐって」（『戦国史研究』第二号、一九八一年）。

(37) 藤木久志「戦国大名の和与と国分―合従連衡の条件―」（『月刊百科』二四八号、一九八三年）、のち同著『豊臣平和令と戦国社会』（東京大学出版会、一九八五年）。

(38) 『改定史籍集覧』第五冊「通記類」所収。

(39) 「言継卿記」弘治二年十二月十日条、同三年一月二十九日条。

(40) 『群書類従』第十六輯「雑部」所収。

(41) 鈴木覚馬『嶽南史』。

(42) 「光長寺文書」（『県史料』一―五四一）。

(43) 佐藤進一・池内義資編『中世法制史料集』第二巻「室町幕府法」第二部「追加法」五六・五七。

(44) 「古今消息集」（内閣文庫蔵）第六巻。

(45) 『アサヒグラフ』一九八二年七月一日増刊号など。

解説

本多隆成

昨年四月に有光友學氏が逝去されて、早くも一年近くになろうとしている。あらためて氏の業績を読み返し、今、解説を書いているのであるが、いまだに亡くなられたことが信じられない気持ちでいる。

思えば、有光氏にはじめてお会いしたのは大阪大学の先輩・後輩として、私が二年生の時であったから、実に五〇年近くもご厚誼をいただいてきたことになる。しかもその後、氏が今川氏、私が徳川氏と主たる対象は違っても、ともに東海地域を中心とする戦国期から近世にかけての研究に携わるようになったため、学問的な交流を通じて関係が深まり、多くの示唆を得ることができたことはありがたいことであった。横浜と静岡と、比較的お互いの本拠が近いこともさいわいであった。

有光氏は生前に、もう一冊著書をまとめたいとの希望をもっておられた。具体的な内容をうかがう前に亡くなられたため気になっていたところ、奥様からその構成案と思われる資料が送られてきた。奥様のご了解を得て、そこに含まれていた静岡県史や裾野市史の通史叙述などはすべて除き、論文を中心に再構成し、さっそく吉川弘文館と刊行に向けての相談をはじめた。その結果、主題を明確にしてさらに絞り込むことが必要となり、最終的に『戦国大名今川氏と葛山氏』となったため、「戦国前期遠駿地方における水運」(『横浜国立大学人文紀要第1類(哲学・社会科学)』四二号、一九九六年)と書評二本は割愛せざるを得なかった。

有光氏はすでに、『戦国大名今川氏の研究』(吉川弘文館、一九九四年)と『戦国史料の世界』(岩田書院、二〇〇九年)と、二冊の論文集を公にされている。今回、本書が刊行されることで、右の水運関係の論文を除き、氏の主要な業績はすべて公刊されることになった。出版事情がますます厳しくなっている折に、本書の刊行を引き受けて下さった吉川弘文館には、心からお礼を申し上げる次第である。

以下では、本書に収録した諸論文について、その内容と意義とを述べ、解説の責めをふさぐこととしたい。

まず総説であるが、これは『日本の時代史12　戦国の地域国家』(吉川弘文館、二〇〇三年)の編者として、東国を中心に冒頭の総論を書かれたものである。対象とした時期は、一四六七年の応仁・文明の乱の勃発から、一五八二年の本能寺の変までのおよそ一二〇年間ということで、その間における畿内から東国にかけての権力抗争の帰趨を概観されたものである。西国については、岸田裕之氏が担当されている。本書のシリーズは一般向けという面もあり、画像や系図類も多用されている。今回の収録にあたっては、論文集という性格上、図表については生かしたが、それらについては割愛した。また出典などの注も、本文中に収めた。

有光氏が編者としてこの総論を担当されたことは、それまでの今川氏を中心とする東海地域にとどまらず、関東はもとより、さらに畿内や北陸・東北までへと、大きく視野を広げられることに繋がったであろう。放送大学静岡学習センターでは、二〇一一年度二学期の面接授業(スクーリング)の一つを、有光氏にお願いした。私は今川氏を中心とする授業になるのかと思っていたところ、「東国戦国大名の歴史—北条・今川・武田氏の支配—」というテーマで、東国全般におよぶ内容であった。二日間、八コマにわたる授業の個別テーマをみると、有光氏のいわば到達点がうかがわれるので、参考までにあげておこう。

①東国戦国時代の幕開け―北条早雲の登場―

②戦国大名の相続争い―花蔵の乱―

③戦国大名相互の抗争―河東一乱から桶狭間合戦―

④戦国大名間の同盟と破綻―東国三大名の抗争―

⑤戦国大名今川氏と公家―文化の地方伝播―

⑥判物と印判状―大名発給文書の色々―

⑦検地と交通政策―貫高制と伝馬制―

⑧分国法の世界―自力救済から法治主義へ―

第一章は今川氏の権力機構について扱われたもので、本多隆成編『戦国・織豊期の権力と社会』（吉川弘文館、一九九九年）に発表されたものである。今川氏の場合はその史料的制約により、北条氏や武田氏などと比べると、権力編成や支配機構の実態・特質を明らかにすることが難しい状況にある。有光氏は「今川かな目録」や表3にみられるような発給文書を手がかりに、城主・城代、宿老・評定衆・奉行人、目代・代官・公方人などについて、可能な限りその実態を明らかにしようとされた。その成果を図示したのが図5・図6の概念図であり、なお十分な解明に到っていないという面はあるが、主題に関して、これを越える研究がいまだあらわれていないというのが実状である。

第二章は静岡県史の講演会の記録ではあるが、研究史上大きな意義のある指摘が含まれている。前半は今川義元の略年譜によりながら、その生涯の概略を話されているが、問題は第二節、花蔵の乱と家督相続のところである。当主である兄氏輝が若くして亡くなると、ともに出家していた庶兄良真（母は側室福嶋氏娘）と承芳（義元、母は正室寿桂尼）

との家督争いとなった。従来は、寿桂尼―雪斎―承芳のラインが良真や福嶋氏を破って、義元の家督相続がなったと考えられてきたのであるが、有光氏は史料⑮の「高白斎記」に「氏照（輝）ノ老母、福嶋越前守宿所へ行、花蔵ト同心シテ」とあることや、㉕の岡部左京進宛今川義元感状などに着目して、寿桂尼は良真方に荷担したといわれたのである。寿桂尼の立場がこれまでの理解とまったく異なることになり、賛否両論が起こった。この問題については、有光氏が人物叢書の『今川義元』（吉川弘文館、二〇〇八年）でさらに詳しく展開されているので、関心のある方はぜひご覧いただきたい。

第三章は駿河国駿東郡に本拠を置く葛山氏の研究で、有光友學編『戦国期権力と地域社会』（吉川弘文館、一九八六年）に発表され、原題は「戦国期領主権力の態様と位置―今川領国葛山氏の場合―」であった。室町幕府の御家人かつ奉公衆であったとする室町期の葛山氏から説き起こし、戦国期の葛山氏については、支配領域と裁判権、検地政策と収取内容、交通・流通支配、権力構造の四点から、そのあり様を詳細に検討された労作である。小和田哲男氏の、武田氏領に関する矢田俊文氏の説を援用して規定された葛山氏＝「戦国領主」説への批判、葛山検地を今川氏の枠組みの中で実施された検地であるとする主張に対する批判などは、いずれも妥当であろう。そして最終的に、葛山氏は私的な婚姻関係によって強く結びつけられた北条氏の支配方式を導入するとともに、他方では公的権限を継承する守護今川氏の領国にあってその公的支配を受け入れているように、まさに今川氏・北条氏に両属する存在であったといわれたのである。

最後の第四章も関連する葛山氏の研究で、同年の『地方史静岡』一四号に発表され、原題は「戦国期葛山氏の軍事的位置―その今川氏家臣説の検討を通じて―」であった。戦国期の葛山氏が戦国大名今川氏の家臣であったとする通説を批判しようとされたものである。葛山氏＝今川氏家臣説の根拠とされた三点、すなわち、①葛山氏が今川氏当主を「御屋形」と尊称していること、②葛山氏の邸宅が駿府にあったこと、③葛山氏が今川氏に対する冷泉為和の知行地訴訟を仲介していること、つまり有力家臣＝重臣であったという見解について検討し、いずれも決定的根拠にはなり得ないとされた。さらに、④今川氏の軍事行動の一翼を担ったといわれる三つの軍事行動についても検討された。ただ、これらの諸点は家臣とみる根拠ともなりうるもので、家臣であることを否定しようとする想いが勝ちすぎて、やや説得性に欠けるきらいがある。両属的な存在であったといわれるのであるから、これらの点では今川氏の家臣としての側面があらわれているとしてよいのではなかろうか。

なお、有光氏は葛山氏に関する右の二本の論文と同年に、さらに「戦国期葛山氏の系譜と『氏時』」（『戦国史研究』一一号、一九八六年）を発表されている。この論文は系図の関係として、すでに『戦国史料の世界』（前掲）の第四部に収録されている。そしてその末尾の〔付記〕で、その後の史料条件の格段のレベルアップや葛山氏研究の進展について詳細に述べられている。すなわち、史料的には領主の発給文書だけでも大幅に増えたとして、第三章表7の四五点に対し、六五点に増えた新たな付表「葛山氏」発給文書目録を掲げられている。また研究面では、黒田基樹氏二点、池上裕子氏一点、氏自身二点の新たな成果に基づき、六点の問題点をあげて検討されているので参照されたい。

本書や前二著も含めた有光氏の研究方法は、基本的に関係史料を博捜・網羅して、自ずから納得がいく結論を導くという意味では、まさに実証的研究の王道を行くものであるといえよう。有名な今川氏の「公事検地論」なども、そのような手法と考察によって生みだされたものである。本書でも、表3・表7などに基づく考察は、同様の方法による成果であるといえよう。他方ではまた、一点の史料もゆるがせにはせず、そこから従来の通説を覆す大胆な提言を行われることもある。第二章について述べた花蔵の乱における寿桂尼の立場の見直しなどは、⑮「高白斎記」にみる一点の史料を基に従来の通説を覆されたもので、まさにその典型的な事例であるといえよう。

いずれにしても、今川氏の研究を中心とした有光氏の諸業績は、研究史の上に確固たる位置を占めるものであることはいうまでもない。おそらくは、なお追究したい課題などもおもちだったことであろう。また、本書もご自身がまとめられればもう少し違った形になったであろうし、少なくとも、その後の研究の進展を踏まえた〔付記〕などが添えられて、いっそう学恩に浴することができたであろう。しかしながら、今となってはいずれもかなわないことであり、あらためて心からご冥福をお祈りしながら、つたない解説を閉じることとしたい。

あとがき

二〇一二年四月十四日、友學が急逝してから早一年近く。あまりにも突然の旅立ちに、呆然自失していた私が、彼の仕事上のノートパソコンを開いたのは、夏も終わりの頃でした。これまでの研究の足跡を残すパソコンのデスクトップに、「戦国の諸相」と題するものを見つけ、あけてみると『東国戦国大名と社会』（仮題）とする論文集の目次と概要でした。

それは四部の構成で、多くは今までに雑誌等に発表した論文からなっていましたが、第二部領主の項「由比氏の歴史的性格」だけは「新稿」となっており、同じファイルの中には完成された「由比氏関係史料目録」が入っていました。この史料を基に新稿をあたためていたのでしょうか。しかし「新稿」なる論文は、残念ながら見つかりませんでした。そういえば「自分の集大成として、まとめたものを出したい」と話していたのを思い出し、あの話の論文集ではないかと思い当たりました。その後東日本大震災が起り、その話がどのように推移していたのか、話題になることもなく、今に至りました。

何かの参考にと、友學の大学の後輩であり、五〇年近くともに研究生活を歩んでこられた本多隆成先生にお送りすると、先生もこの本の出版について、彼からお聞きになっていたとの由、出版に向けてご尽力いただけることになりました。本多先生にはお忙しい中、論文集の再構成や出版社との交渉など迅速に進めていただき、『戦国大名今川氏と葛山氏』として、一周忌の偲ぶ会に合わせて、刊行できる運びとなりました。帰らぬ人となった今、このような形で彼の遺志が実現出来たことは、本当にうれしく心より感謝しております。

思えば、一九六八年静岡大学に赴任し、『静岡県史料』全五巻に出会ったことから、今川氏研究が彼のライフワークとなりました。横浜国立大学に移ってからも、一九八五年から静岡県史編纂の中世部会専門委員として、一〇年余にわたり携わってきました。「ここでえた経験と知見は、その後の私の研究に決定的な道筋を与えた」と自ら言うように、彼の人生にとって、県史編纂と今川氏研究は研究生活の中核であり、さらに一九八七年に裾野市史の専門委員代表になると、まさに史料と格闘しながら情熱を注ぐ日々となりました。

大学での教育・研究・校務に加え、週末には調査が入る多忙さなどものともせず、体力・気力にあふれ、精力的に飛び回りました。元々アクティブで旅好き。好奇心あふれる彼にとって、調査で知らない土地にでかけ、新しい文書と出会い、多くの方と議論することは望むところであり、これ以上の喜びはなかったことでしょう。その後、学部改組の渦中、その運営にかかわることになり、滅私奉公を口癖に、忙しさとストレスに謀殺されたことを考えれば、まさにこの時期こそ「人生の最も充実した時」であったように思います。定年退職後は江川文庫の調査にも参加、江川新出文書等の紹介・報告や神奈川地域史研究会での文化財保存にと活動の幅を広げていました。東日本大震災後、史料保存のネットワークづくりに動き出し、神奈川歴史資料保全ネットワークを立ち上げ代表に就任、やっと緒につけたところでした。

二〇〇二年の人間ドックで病気が発覚してからも、「これは加齢によるものであって、病気ではない、その時はその時」と、大胆に前向きに過ごしてきました。以来一〇年、幸いにも病気は進行せず、健康体と変わらぬ生活を送り、彼は自分の体調の良さから、七五歳までは大丈夫と人生設計を立てていたようです。彼の意図した「戦国の諸相」の論文集や神奈川歴史資料保全ネットワークの立ち上げも、人生終盤の仕事と位置づけ、「さあこれから」という時に一ヵ月の入院を宣告され、まして初めての入院で帰らぬ人となろうとは、本人は勿論、誰が想像したでしょうか。突然の旅立ちに、やり残したことは、多々あった筈。彼の無念さや心残りはいかばかりかと思わずにはいられません。

しかし優れた先輩・友人・同僚・教え子達に出会い、静岡県史に巡り会い、自分の好きな研究に全力を注ぎ、持ち前の楽天性と大胆さで、「太く短く」の彼の言葉どおり、七〇年を骨太に全力で駈け抜けていきました。少し早すぎましたが、友學らしい潔い人生だったように私には思えます。

今ここに、皆様方のご尽力で、彼の遺作を『戦国大名今川氏と葛山氏』として一周忌に友學に捧げることが出来ました。さぞかし彼も喜んでいることでしょう。

改めて、論文集出版に向けて、諸々の労を快くお引き受け下さり、刊行にまで漕ぎつけて下さった本多先生、校正をお手伝い下さった千葉真由美さん・糠谷幸裕さん、出版を快諾いただいた吉川弘文館をはじめとして、お力添えいただきました皆様方に心より感謝、御礼申し上げます。

二〇一三年一月

有光麗子

著者略歴

一九四一年　大阪市に生まれる
一九六八年　大阪大学大学院文学研究科博士課程中退
一九六八～一九七二年　静岡大学人文学部に勤務
一九七二～二〇〇七年　横浜国立大学教育学部・教育人間科学部に勤務
一九九四年　大阪大学「博士（文学）」取得
二〇〇七年　定年退職・横浜国立大学名誉教授
二〇一二年四月十四日　死去

〔主要編著書〕
『戦国大名今川氏の研究』（吉川弘文館、一九九四年）
『日本の時代史12　戦国の地域国家』（編著、吉川弘文館、二〇〇三年）
『戦国期印章・印判状の研究』（編著、岩田書院、二〇〇六年）
『今川義元』（吉川弘文館、二〇〇八年）
『戦国史料の世界』（岩田書院、二〇〇九年）

戦国大名今川氏と葛山氏

二〇一三年（平成二十五）四月一日　第一刷発行

著　者　有《あり》光《みつ》友《ゆう》學《がく》

発行者　前田求恭

発行所　株式会社　吉川弘文館
郵便番号一一三―〇〇三三
東京都文京区本郷七丁目二番八号
電話〇三―三八一三―九一五一（代）
振替口座〇〇一〇〇―五―二四四番
http://www.yoshikawa-k.co.jp/

印刷＝株式会社　ディグ
製本＝株式会社　ブックアート

ISBN978-4-642-02912-4